GRIBOUILLAGES ET DESSINS D'ENFANTS

Howard Gardner

Griboullages et dessins d'enfants

Leur signification

Traduit de l'américain par Gérard De Valck

Troisième édition

MARDAGA

© 1980 by Howard Gardner

Pour l'édition française
© Pierre Mardaga éditeur
Hayen 11 - B-4140 Sprimont
D. 1997-0024-20

Pour Rudolf Arnheim

Remerciements

L'élaboration d'un ouvrage où les illustrations occupent une place aussi importante que les mots a posé toute une série de problèmes. J'ai été extrêmement heureux d'obtenir l'assistance de nombreux amis, collègues et gribouilleurs de talent. Je tiens à remercier les personnes suivantes :

Tom Carothers, Judy Gardner, David Pariser, Ellen Winner et Dennie Wolf, pour leur lecture consciencieuse des premières versions de cet ouvrage et pour leurs observations;

Alexander Alland, Larry Fenson, Al Hurwitz, David Pariser, Frank Peros, Brent Wilson, Marjorie Wilson et Joan Travers de la Brooks School, pour leurs renseignements, conseils et documentation;

Midge Decter, Vincent Torre et Phoebe Hoss, pour leur compétence en matière de publication, et Donna Wilke, pour l'élaboration de l'index;

Kerith, Jay et Andrew Gardner, pour leur patience et aimable tolérance envers la curiosité de leur père;

Dean Askin, pour son travail photographique soigné;

Judith Frame, une fois encore, pour son impeccable disposition du manuscrit et pour son empressement à donner un coup de main en cas d'urgence;

Les familles Demos, Helm, Jingozian, McIntosh, Kaempfer, Polonsky et Weber qui m'ont permis d'observer (puis, de camoufler) les milieux où grandissent de jeunes talents;

Eve Mendelsohn, pour les centaines d'heures consacrées à m'aider avec entrain à la réalisation de cet ouvrage et ce, dans tous ses aspects, qu'il s'agisse de l'obtention d'illustration difficiles à se procurer ou du relevé des erreurs de raisonnement ou de présentation.

Enfin, je suis infiniment redevable au professeur Rudolf Arnheim qui est, aujourd'hui, le plus éminent des psychologues de l'art, pour son encouragement constant dans mes premiers travaux dans ce domaine, pour son merveilleux enseignement, pour sa brillante critique de la première ébauche de ce livre, et, surtout, pour son amitié. Je suis honoré qu'il m'ait permis de lui dédier cet ouvrage.

Je tiens à remercier les personnes et les éditeurs suivants qui m'ont permis de reproduire du matériel assujetti aux droits d'auteur :

Le professeur Alexander Alland, pour son autorisation à reproduire des exemples d'art enfantin de différentes cultures ;

Le professeur Rudolf Arnheim, les Presses de l'Université de Californie, pour leur autorisation à reproduire le dessin aux « rayons X » d'un gorille en train de dîner, extrait de R. Arnheim, *Art and Visual Perception*, 1974 ; et pour l'autorisation de citer des passages de R. Arnheim, *The Genesis of a Painting : Picasso's Guernica*, 1962 ;

Madame Nane Cailler, Galerie La Gravure, pour l'autorisation de reproduire l'illustration des visages, empruntée à l'*Essai de Physiognomonie*, de Rodolphe Töpffer, 1845 ;

Le professeur M. Fortes, du Kings College, Cambridge, Angleterre, pour l'autorisation de reproduire des dessins parus dans M. Fortes, « Children's drawings among the Tallensi », *Africa*, 1940 ;

Les professeurs N.H. Freeman et S. Hargreaves, de l'Université de Bristol, pour leur autorisation à reproduire des illustrations tirées de N.H. Freeman et S. Hargreaves, « Directed movements and proportion effect in pre-school children's human figures drawings », in *The Quarterly Journal of Experimental Psychology*, 1977 ;

Les docteurs R. Allen Gardner et Beatrice Gardner, de l'Université du Nevada, pour l'autorisation de reproduire les dessins de Moja, extraits de R.A. Gardner et B.T. Gardner, « Comparative Psychology and language acquisition », in *Psychology the State of the Art*, publié par K. Salzinger et F. Denmark, Annals of the New York Academy of Science, mai 1977 ;

Le professeur Gertrude Hildreth, pour l'autorisation de reproduire les dessins de trains, extraits de G. Hildreth, *The Child Mind in Evolution : A Study of Developmental Sequences in Drawings*, Kings Crown Press, 1941 ;

Le docteur E.M. Koppitz, pour l'autorisation de reproduire des dessins d'enfants retardés, extraits de E.M. Koppitz, *Psychological Evaluation of Children's Human Figure Drawings*, Grune & Stratton Publishers, 1968;

Madame Diana Korzenik, de l'Ecole des Beaux-Arts du Massachusetts, pour l'autorisation de reproduire les «dessins de saut», extraits de D. Korzenik, «Children's drawings: Changes in representation between ages five and seven», thèse de doctorat non publiée;

Madame Joan Travers et l'Ecole Brooks, Concord, Massachusetts, pour l'autorisation de reproduire des œuvres d'enfants;

Monsieur Jean Vertut qui a procuré des photographies d'exemples de l'art de la période glaciaire, et en a autorisé la reproduction;

Le professeur John Willats, de l'Ecole Polytechnique de Londres Nord-Est, pour l'autorisation de reproduire des dessins extraits de J. Willats, «How children learn to draw realistic pictures», in *The Quarterly Journal of Experimental Psychology*, 1977;

Les docteurs Brent Wilson et Marjorie Wilson, de l'Université de Pennsylvanie, pour l'autorisation de reproduire des dessins d'Anthony;

L'Academic Press, pour l'autorisation de reproduire des dessins extraits de N.H. Freeman et S. Hargreaves, «Directed movements and body proportion effect in pre-school children's human figure drawing», et de J. Willats, «How children learn to draw realistic pictures» (copyright by Experimental Psychology Society), in *The Quarterly Journal of Experimental Psychology*, 1977; et pour l'autorisation de reproduire des dessins de Nadia, extraits de L. Selfe, Nadia: *A Case of Extraordinary Drawing Ability in an autistic Child*, 1977;

Les Editions Fratelli Alinari, pour avoir fourni les photos de *La Dernière Cène* de Léonard de Vinci et de *La Dernière Cène* d'Andrea del Castagno;

Les publications Arts in America, pour l'autorisation de reproduire *N° 5* de Jackson Pollock;

Le British Museum, pour avoir fourni la photographie du *Rhinocéros* d'Albert Dürer et en avoir autorisé la reproduction;

La Société Brunner-Mazel, pour l'autorisation de reproduire des dessins d'enfants retardés, extraits de J. Di Leo, *Children's Drawings as Diagnostic Aids*, 1973;

Les presses Diablo, pour l'autorisation de reproduire des dessins extraits de H. Read, «Art as a unifying principle in education», et de H.

Schaefer-Simmern, « The mental foundation of art education in childhood », in *Child Art: The Beginnings of Self-Affirmation*, publié par Hilda Lewis, 1966;

La S.A. Elsevier Sequoia, pour l'autorisation de reproduire des illustrations extraites de Phillips, Hobbs et Pratt, « Intellectual realism in children's drawing of cubes », in *Cognition*, 1978;

La Société Grune & Stratton, pour l'autorisation de reproduire des dessins extraits de E.M. Koppitz, *Psychological Evaluation of Children's Human Figure Drawings*, 1968;

Les presses de l'Université Harvard, pour l'autorisation de reproduire des dessins de têtards, extraits de J. Goodnow, *Children Drawing*, 1977;

L'International African Institute, pour l'autorisation de reproduire des dessins Tallensi, extraits de M. Fortes, « Children's drawings among the Tallensi », in *Africa*, 1940, *13*;

Le Kunstmuseum de Berne, pour avoir fourni les photographies et en avoir autorisé la reproduction, des œuvres de jeunesse de Paul Klee. Autorisation de la Fondation Paul Klee, musée de Beaux-Arts, Berne, copyright COSMOPRESS, Genève, et S.P.A.D.E.M., Paris;

Little, Brown et Cie, pour l'autorisation de reproduire un dessin extrait de *Make a World* de E. Emberley, 1972;

La Mayfield Publishing Company, pour des extraits de *Analyzing Children's Art*, de Rhoda Kellog. Copyright 1969, 1970, Rhoda Kellog;

La Charles E. Merrill Publishing Company, pour l'autorisation de reproduire l'illustration de la recherche de Clark, extraite de B. Lark-Horovitz, Lewis et Luca, *Understanding Children's Art for Better Teaching*, 1973;

Les Editions Mouton, pour l'autorisation d'utiliser des passages de R. Weir, *Language in the Crib*, 1962;

Le Musée de Castelvecchio, pour l'autorisation de reproduire le *Portrait d'un enfant du début du seizième siècle, tenant en main le dessin schématique d'un homme*, de Francesco Caroto;

Le Museum of Modern Art, pour avoir fourni les photographies — en avoir autorisé la reproduction — d'œuvres de Theo van Doesburg et Pablo Picasso;

La National Gallery, pour avoir fourni la photographie de *La défaite de San Romano* d'Uccello, reproduite avec la permission du conseil d'administration de la National Gallery, Londres;

Pantheon Books, section de la Société Random House, pour l'autorisation de reproduire *Les souris*, poème de E. Richardson, *In the Early World*, 1964;

La société anonyme Routledge & Kegan Paul, à Londres, pour l'autorisation de reproduire des dessins extraits de H. Eng, *The Psychology of Children's Drawings*, 1931, et de H. Eng, *The Psychology of Child and Youth Drawings*, 1957;

La société Simon & Schuster, pour l'autorisation de reproduire le poème «J'aime les animaux» de H. Farley, extrait de R. Lewis, *Miracles*. Copyright 1966, Richard Lewis;

Le Smithsonian Institute, pour avoir fourni les photographies — et en avoir autorisé la reproduction — de *Small's Paradise* de Helen Frankenthaler, de *Three Discs* d'Adolph Gottlieb, et de *Woman VIII* de Willem de Kooning. Avec la permission de la National Collection of Fine Arts, Smithsonian Institute;

La Société de la Propriété Artistique et des Dessins et Modèles, pour l'autorisation de reproduire les œuvres de jeunesse de Paul Klee. Copyright S.P.A.D.E.M., Paris; COSMOPRESS, Genève; et pour l'autorisation de reproduire les œuvres de jeunesse de Pablo Picasso, copyright S.P.A.D.E.M., 1979;

Les Presses de l'Université de Californie, pour l'autorisation de reproduire le dessin «aux rayons X» extrait de R. Arnheim, *Art and Visual Perception*, 1974; pour l'autorisation de citer des passages de R. Arnheim, *The Genesis of a Painting: Picasso's Guernica*, 1962; et pour l'autorisation de reproduire un dessin extrait de H. Schaefer-Simmern, *The unfolding of Artistic Activity*, 1948;

Les Presses de l'Université de Chicago, pour l'autorisation de citer des passages de E.H. Gombrich et Q. Bell, «Canons and values in visual arts: A correspondence», in *Critical Inquiry*, 2(3), 1976;

Ernst Wasmuth, pour l'autorisation de reproduire des exemples d'art primitif, extraits de L. Adam, *Nordwestamerikanische Indianerkunst*, 1923.

Cambridge, Massachusetts
Août 1979

Chapitre 1
Introduction : l'examen des dessins d'enfants

Il y a un siècle ou deux, peu de gens auraient pu concevoir, encore moins prendre au sérieux, un ouvrage sur les dessins d'enfants. La simple suggestion que ces réalisations juvéniles pussent faire l'objet de réflexions ou être considérées comme des œuvres d'art aurait semblé absurde. A cette époque, on ne considérait pas l'enfance comme une période importante de la vie; aussi ne considérait-on pas les activités auxquelles s'adonnaient de jeunes enfants comme un sujet digne d'une investigation savante. En outre, l'idée que des dessins d'enfants pussent être beaux ou intéressants n'eut-elle pas trouvé crédit. Il eut été difficile à une société qui appréciait les dessins réalistes d'un Ingres, d'un Millet, d'un Constable, d'apprécier les gribouillages d'apparence peu soignée des enfants.

Dans la perspective actuelle, il apparaît que le charme des dessins juvéniles a échappé à nos ancêtres ou, à tout le moins, qu'ils aient manqué de perspicacité pour en évaluer la signification. Considérons la manière dont les quelques travaux reproduits ci-après rappellent d'importants courants de l'histoire de l'art. Le premier de ces travaux, par Danny, a été réalisé en juxtaposant d'étroites bandes de papier adhésif (1)*; avec ses angles brusques, ses espaces clos aux proportions variées, et son triumvirat de carrés, il rappelle les constructions minimales de Theo van Doesburg (2) et Kazimir Malevich. L'éclatante aquarelle de Kathy a été réalisée en moins d'un quart d'heure (3); ses traînées de peinture,

---

* Tout au long de cet ouvrage, les numéros entre parenthèses renvoient aux illustrations dont il est question.

14 GRIBOUILLAGES ET DESSINS D'ENFANTS

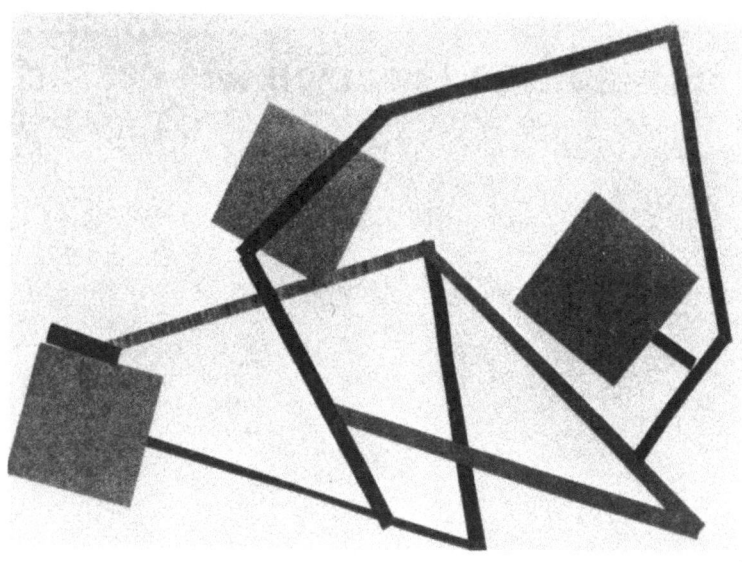

1

2. Theo van Doesburg. *Contre-Composition simultanée*. 1929-30. Huile sur toile. Collection Sidney & Harriet Jarvis, Musée d'Art Moderne, New York.

3

ses couleurs primaires et vives, sa fougue explosive font penser aux œuvres de Jackson Pollock (4) et autres expressionnistes abstraits. La figure toute simple peinte par Thomas (5) offre un contraste frappant; par sa gaieté, sa vivacité, son enjouement, elle se rattache, en esprit, aux travaux « à la manière enfantine » dus aux pinceaux d'artistes tels que Miró, Picasso et Klee (6). Tout aussi différent, le croquis d'une scène équestre par Nadia (7): par la précision du trait, le raccourci, et le mouvement vif, il participe au style de maîtres de la Renaissance tels que Paolo Uccello (8). Cet ensemble de travaux est tellement varié qu'il renvoie à toute une série d'écoles et de périodes, de styles et de maîtres. Cela est d'autant plus surprenant qu'ils ont tous été réalisés par des enfants de moins de sept ans.

De même que les dessins d'enfants suscitent aujourd'hui un intérêt considérable, de même les phénomènes entourant leur production se sont avérés passionnants. L'enfant de deux ans empoigne un marqueur et gribouille avec enthousiasme toute surface disponible. Un enfant de trois ans trace une grande variété de formes géométriques, y compris l'énigmatique mandala: une croix inscrite dans un cercle ou un carré. L'enfant de quatre ou cinq ans crée et recrée sans cesse des représenta-

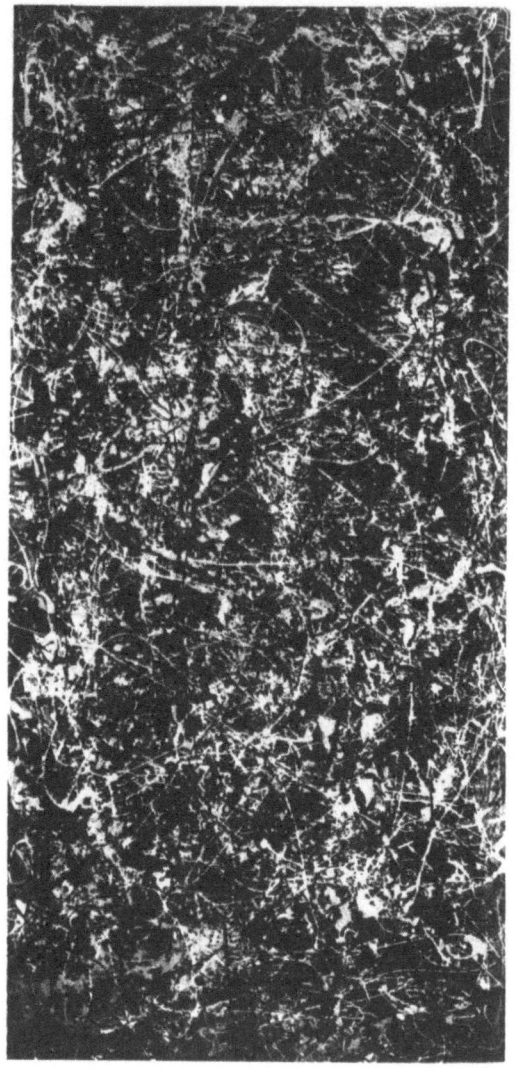

4

tions d'objets, traduisant souvent des entités familières exactement de la même manière que l'ont fait de jeunes dessinateurs de régions lointaines et de milieux divers. Les dessins des jeunes écoliers sont souvent leurs créations les plus frappantes : vibrantes, expressives, témoignant d'une solide maîtrise de la forme, et réellement belles. En fait, on peut dire sans exagération que les dessins d'enfants passent par un cycle de vie complet qui leur est propre. C'est comme si le jeune enfant, à peine hors du berceau, commençait à créer sa propre progéniture : un univers

5   6

complètement distinct, un univers pourvu de signes, de formes, d'objets, de scènes et de travaux artistiques naissants. Personne ne montre à l'enfant comment faire cela; et, ce qui est tout aussi surprenant, chaque enfant normal, progressant à son propre rythme, semble passer par cette séquence. Aujourd'hui, nous considérons comme un signe d'ignorance, pour ne pas dire de négligence grave, le fait de ne pas s'occuper de ces réalisations de nos enfants ou de faire peu de cas de celles que réalisent les jeunes d'ailleurs.

Néanmoins, le cycle des dessins d'enfants soulève nombre de questions qui, pour être passionnantes, n'en sont pas moins épineuses. Un ensemble de questions concerne les facteurs rendant possible, et sous quelle forme, l'évolution des dessins au cours de l'enfance. Nous sommes amenés à nous demander si des travaux remarquables comme ceux représentés en 1, 3, 5 et 7 sont caractéristiques de tout enfant ou s'ils ne sont le fait que de quelques jeunes exceptionnellement doués. Nous recherchons l'origine de tels travaux. Sont-ils d'habiles copies? Dépen-

7

8

dent-ils de directives données par des professeurs, ou bien reflètent-ils un phénomène de développement naturel ? Sont-ils dus à un heureux hasard ou le résultat d'un plan méticuleux ? Nous sommes curieux d'en connaître les antécédents. Sont-ils le fruit d'un long et difficile processus de développement intellectuel et social ou bien ont-ils surgi « tout prêts » — hommage d'une main et d'un esprit « réglés d'avance » ? Et nous nous interrogeons aussi sur le sort futur des jeunes artistes. Ces enfants continueront-ils de produire des travaux de plus en plus intéressants, qui seraient non seulement pleins de charme mais aussi source d'inspiration ? Ou bien l'intérêt de ces jeunes pour le dessin s'évanouira-t-il quand ils découvriront des moyens plus appropriés et plus souples pour exprimer leurs sentiments, croyances et pensées ? Bref, une comparaison critique de ces dessins incite une époque qui s'intéresse au développement à se pencher sur leur origine et leur évolution.

De même que nous avons commencé à nous intéresser aux facteurs donnant naissance aux dessins d'enfants, de même, plusieurs d'entre nous en sont venus à réfléchir à leur valeur réelle et à leur signification. On a discuté la question de savoir s'il fallait les considérer comme d'authentiques œuvres d'art, participant valablement à des traditions associées à Uccello, Mondrian ou Klee ; ou s'il valait mieux regarder ces dessins comme des exercices juvéniles qui, bien que séduisants pour l'esprit occidental contemporain, reflètent des processus et des aptitudes éloignés de ceux qui caractérisent les grands maîtres de la peinture.

Dans le débat sur la valeur esthétique des dessins d'enfants, on peut citer d'éminents spécialistes dans les deux camps. Déjà en 1848, un pédagogue et artiste suisse réputé, Rodolphe Töpffer, suscita l'intérêt de ses contemporains en avançant l'idée que : « il y a moins de différence entre le jeune Michel-Ange gribouillant et Michel-Ange, artiste immortel, qu'entre le Michel-Ange immortel et Michel-Ange apprenti ». Et quelques années plus tard, Charles Baudelaire voyait dans l'enfant l'archétype accompli du « peintre de la vie moderne ». A notre siècle, plusieurs artistes ont étudié les travaux d'enfants et leur ont rendu hommage. Jean Dubuffet collectionnait l'art enfantin, lisait beaucoup sur le sujet et effectua même une recherche sur les graffiti dans les rues de Paris. Pablo Picasso étudia de près les dessins d'enfants et finit par publier un ensemble de croquis basés sur des représentations enfantines de corridas. Le grand maître fit un jour cette curieuse remarque : « Autrefois, je dessinais comme Raphaël, mais cela m'a pris toute une vie pour apprendre à dessiner comme les enfants ».

Cependant, on a fait de sérieuses réserves sur l'habitude d'attribuer une signification aux dessins d'enfants. André Malraux, cherchant à approfondir la relation entre l'art de l'enfant et celui de l'adulte, fait cette observation : « Si l'enfant est souvent artiste, il n'est pas *un* artiste. Car son talent le possède, et lui ne le possède pas. Son activité est distincte de celle de l'artiste en ce que l'artiste entend ne rien perdre, ce que l'enfant ne cherche jamais... La séduction des œuvres d'enfants est vive parce que, dans les meilleures d'entre elles comme dans l'art, le monde perd son poids... La séduction des images enfantines venait de ce qu'elles étaient étrangères à la volonté; l'intrusion de celle-ci les détruit. On peut tout attendre de l'art des enfants — sauf conscience et maîtrise: on passe de leurs images à la peinture comme de leurs métaphores à Baudelaire. Leur art meurt avec leur enfance». Nancy Smith, professeur d'art, a exprimé plus récemment une opinion similaire: «L'enfant et l'artiste abordent différemment la relation de la forme ou de la composition avec le sujet... l'enfant et l'adulte vivent différemment ces questions de fond». Maria Montessori tournait en dérision la notion de l'enfant artiste: «L'œil de l'enfant n'est pas éduqué, sa main est inerte, son esprit insensible au beau comme au laid». Et l'un des principaux artistes de notre temps, Paul Klee, qui étudia ses propres dessins d'enfance, observa son fils Félix quand il dessinait, et consacra beaucoup de temps à l'étude des travaux des jeunes enfants, faisait finalement cette mise en garde:

> Ne comparez pas mes travaux à ceux des enfants... Ce sont des mondes à part... N'oubliez jamais qu'un enfant ne connaît rien à l'art... l'artiste, au contraire, est soucieux de la composition formelle de ses toiles; leur signification figurative est voulue et se réalise grâce aux associations de l'inconscient.

Etant donné que la nature et le statut de l'art des enfants ont été largement débattus par les spécialistes, nous pourrions nous attendre à ce qu'on soit arrivé à un consensus, ou, tout au moins, qu'un progrès considérable ait été réalisé pour clarifier les problèmes. Après tout, d'innombrables éducateurs, parents et autres personnes intéressées ont recueilli des réalisations artistiques enfantines et des douzaines d'ouvrages ont été écrits sur ce sujet au cours des dernières années. De même, étant donné l'intérêt soutenu manifesté par le monde artistique pour les œuvres des peintres naïfs, des primitifs et des artistes du vingtième siècle peignant à la manière enfantine, on pourrait légitimement s'attendre à ce qu'ait été depuis longtemps établie la relation entre ces œuvres et celles des jeunes enfants. En réalité, cependant, les problèmes soulevés sont demeurés dans un état d'oubli relatif: un intérêt considérable, mais relativement peu de progrès. Pour un peu comprendre les raisons de cette situation, il sera utile de passer en revue l'histoire de l'intérêt porté aux travaux artistiques des enfants.

Dès que l'on entreprend des recherches en vue d'établir une histoire de l'art des enfants et que l'on examine les attitudes existant à cet égard lors des périodes précédentes, on découvre que les gribouillages des enfants ne sont entrés que très récemment dans la conscience du public. Sans doute, les enfants ont-ils toujours dessiné; sans doute aussi, des parents pleins de fierté ont-ils regardé avec admiration les signes que leur progéniture traçait sur le sable, leurs barbouillages sur des vitres ou leurs gribouillages sur des rochers. Pourtant, on cherche en vain dans la préhistoire, dans les récits classiques et même dans les écrits de la Renaissance des témoignages prouvant que les enfants dessinaient, et encore moins que l'on accordait quelque importance à de tels dessins. [Les seules exceptions que je sois parvenu à repérer sont un portrait de Giovanni Francesco Caroto (9), datant du début du seizième siècle, et représentant un enfant tenant en main le dessin schématique d'un homme; et une esquisse sur une ardoise d'enfant, datant de l'époque minoenne (10).] Manifestement, avant les temps modernes, peu de gens appréciaient et conservaient les travaux d'enfants.

D'ailleurs, ce désintérêt vis-à-vis de l'activité graphique est entièrement conforme à l'attitude générale vis-à-vis des enfants, dont était imprégnée la civilisation occidentale jusqu'aux derniers siècles. Certes, on aimait les enfants, mais tant qu'ils n'avaient pas atteint l'âge de raison (peu après la septième année), on ne les prenait pas au sérieux. Et le moment capital de rationalité une fois atteint, on traitait essentiellement les enfants comme des adultes en miniature. En vérité, jusqu'à l'époque de Jean-Jacques Rousseau au milieu du dix-huitième siècle, on ne se

9

10

doutait guère que les enfants pussent passer par des étapes de développement, et encore moins que leurs langage, pensées, comportement et dessins pussent révéler (ou refléter) des conceptions du monde qualitativement distinctes.

Dans la seconde moitié du dix-huitième siècle, l'attrait rousseauiste pour l'innocence enfantine, joint à l'intérêt scientifique croissant pour le développement de l'intelligence, avait conduit les éducateurs et les scientifiques à prêter à nouveau attention aux dessins des jeunes. En même temps, les papiers et les marqueurs devinrent plus largement disponibles (et moins chers), accroissant ainsi les occasions de dessiner. Reflétant ce nouvel intérêt pour la croissance et l'éducation des enfants, nombre de pédagogues entreprirent d'examiner leurs dessins; ils découvrirent rapidement un développement remarquablement similaire à des milliers de kilomètres de distance et à travers des dizaines de cultures. Suite à ces études, maints aspects majeurs des dessins d'enfants en vinrent à être solidement établis.

Il en émergea un consensus, suivant lequel un enfant commence à gribouiller au cours de sa deuxième année, prenant plaisir, au départ, aux sensations motrices que lui procure le fait de donner des coups sur le papier avec son marqueur, mais commençant bientôt à apprécier les contrastes entre les lignes sombres qu'il a gribouillées et la surface blanche. La combinaison de certaines formes géométriques — cercles, croix, rectangles, triangles — associée à une propension toujours plus grande à agencer ces signes dans des motifs plus compliqués est un développement fondamental de la troisième et de la quatrième années.

L'enfant établit un vocabulaire de lignes et de formes — éléments de base du langage graphique — qui, comme les sons du langage, s'agencent finalement en unités significatives et référentielles. Et, en effet, un moment essentiel survient au cours de la troisième, quatrième ou cinquième année : l'enfant, pour la première fois, produit une représentation reconnaissable de *quelque chose* appartenant au réel : dans la plupart des cas « l'homme-têtard » omniprésent, qui incarne Tout-homme.

L'enfant d'âge préscolaire élabore certains motifs ou schémas fixes, servant à représenter les objets de son univers familier : une ligne adossée à un cercle, pour une fleur ; un rectangle refermant des croix tracées dans des carrés, pour une maison avec ses fenêtres ; un cercle d'où rayonnent des lignes, pour le soleil. Et une fois qu'il a maîtrisé de telles stratégies graphiques et acquis une certaine intelligence des possibilités spatiales qu'offre le papier, il produit des scènes organisées : parfois d'heureuses combinaisons d'objets familiers et de personnes, parfois des configurations plus abstraites dans lesquelles sont disposées diverses formes géométriques.

Dans l'un et l'autre cas, selon la plupart des spécialistes, un sommet de talent artistique est atteint à la fin de la période préscolaire. Ainsi que l'indiquent nos exemples de départ, les dessins réalisés par les jeunes de cet âge, se caractérisent par la vivacité de leurs coloris, leur équilibre, leur rythme, leur expressivité et ils communiquent quelque chose de divers et de vivant relié à la maîtrise artistique. On a vivement le sentiment que ces dessins constituent pour le jeune enfant un véhicule d'expression important et peut-être essentiel. Et les réalisations souvent saisissantes renforcent l'idée générale que l'enfant de cet âge est un artiste : un individu participant de manière significative aux processus de création, d'élaboration et d'expression de soi.

Cependant, cet apogée, cet épanouissement, ne dure pas. On estime généralement que, durant les premières années à l'école, l'intérêt de l'enfant pour la libre expression graphique connaît un déclin : il est tantôt remplacé par un intérêt pour le langage, les jeux ou les relations sociales, tantôt par la ferme détermination d'arriver par le dessin à un réalisme photographique, de manière à faire voir toutes choses exactement comme elles apparaissent au travers d'un appareil photographique. Quel que soit le cas, cependant, le sommet exubérant des premières années est submergé, du moins pour un temps ; il ne refait surface que chez un groupe privilégié de jeunes : ceux-là peut-être qui possèdent un talent spécial, peut-être ceux qui n'ont pas d'autres moyens d'expression, ou ceux qui sont soutenus soit par leur milieu, soit par une motivation inhabituelle ou par une obstination particulière.

Cela donc, tout au moins a été reconnu : une description des dessins d'enfants à laquelle la plupart des experts peuvent souscrire. Pourquoi, alors, notre connaissance est-elle encore si fragmentaire? Pourquoi ne comprenons-nous qu'en partie ce sujet? A mon avis, l'approche classique, bien que fondamentalement juste, est restée beaucoup trop indifférente : en exposant en termes neutres les étapes du dessin, elle a seulement caractérisé les dessins d'enfants comme on décrirait un code antique récemment déchiffré ou bien les stades du développement d'un embryon. On reste ainsi avec une vision stérile, statique de l'enfant qui dessine : jamais nous n'apercevons le jeune enfant en sarrau dépenaillé, entouré par l'odeur de la peinture et le contact des pinceaux, absorbé dans le dessin, essayant avec acharnement d'interpréter son univers, ses pensées, ses sentiments, grâce au fait même de crayonner sur un papier ou de le barbouiller. Un exposé du dessin, en tant que faisant partie du processus global du développement, reste à faire.

Certes, il y a une autre approche, celle-là résolument « intéressée », peut-être exagérément. Alors que les experts dont j'ai parlé se sont contentés pour la plupart d'une description toute objective, d'autres investigateurs ont tenté de découvrir les « significations » ou même « la signification » de l'art enfantin. Ces auteurs ont souvent été attirés par une vue unilatérale et donc trompeuse des travaux d'enfants : une vue qui ne tient pas compte de la variété des processus que ces travaux peuvent, en fait, comporter.

Examinons les diverses causes auxquelles a été sacrifié dans le passé le dessin des enfants. Certains auteurs le traitaient comme un simple reflet de l'état affectif de l'enfant : considérant un dessin d'enfant représentant un gorille dont l'estomac, avec sa nourriture partiellement digérée, est visible de l'extérieur (11), ils insistent sur la peur que l'enfant ressent à l'égard de cet animal, sur son désir de satisfaction orale, sur l'humeur sombre qui a dicté le choix de la couleur noire. Le sujet traité servait de « voie royale » vers les préoccupations inconscientes de l'enfant. D'autres analystes remplaçaient cette insistance excessive sur la vie émotionnelle de l'enfant en adoptant un point de vue cognitif, tout aussi maladroit : « l'enfant dessine ce qu'il connaît plutôt que ce qu'il voit ». Dans cet esprit, ils mettaient l'accent sur le besoin compulsif de l'enfant d'indiquer le contenu de l'estomac, afin de montrer qu'il savait bien où la nourriture était allée; ou bien ils insistaient sur son manque de maîtrise des relations spatiales, illustrée par son impuissance à se rendre compte que certains organes sont situés derrière d'autres et ne peuvent donc s'offrir pleinement à la vue dans une représentation véridique. Choisissant encore un autre angle de cette approche cognitive, d'autres auteurs utilisaient les dessins d'enfants comme une mesure de l'intelligence : l'enfant qui incluait plusieurs caractéristiques du gorille était considéré plus intelligent que celui qui n'en incluait que quelques-unes, sans tenir compte du degré d'expressivité ou de stylisation avec lequel ce dernier avait représenté l'animal. Et d'autres experts encore

11

s'enthousiasmaient « tout simplement » pour les dessins d'enfants. L'un d'eux remarquait : « Les dessins d'enfants sont les indices de phénomènes de la vie plus généraux. On peut les considérer comme des expressions de notre quête en vue d'ordonner un univers complexe, comme des exemples de communication, comme des indices du type de société dans laquelle nous vivons, comme des rappels de notre vitalité et de notre innocence perdues ». Un autre spécialiste a vu les ravages pouvant résulter d'un manque d'occasions de dessiner : « L'enfant qui n'a pas accès aux stimulations d'un programme artistique est systématiquement coupé de la plupart des moyens grâce auxquels il peut percevoir le monde. Son cerveau en subit un préjudice systématique ». Si ces observations bien intentionnées ont pu contribuer à attirer l'attention sur les dessins, elles furent en fin de compte inefficaces, car si les dessins sont reliés à tous les aspects de la vie d'un enfant, ils seraient aussi difficiles à expliquer que la vie elle-même.

En classant ainsi et en critiquant les pionniers de l'étude de l'art enfantin, mon intention n'est pas de nier, minimiser ou dénaturer leurs réalisations. Comme je l'ai indiqué, presque tout ce que nous savons sur la nature, l'évolution et la signification des dessins d'enfants nous est venu de chercheurs appartenant à l'une ou l'autre de ces traditions, et une bonne part de ce que je présente ici se fonde directement sur leurs contributions. A mon avis cependant, le travail principal requis pour la compréhension de la signification et de l'importance du dessin enfantin ne sera pas réalisé tant que nous n'aurons pas examiné des aspects qui n'ont guère retenu l'attention jusqu'ici : les raisons pour lesquelles l'art enfantin suit son cours caractéristique (aussi bien que les raisons pour lesquelles il s'écarte de ce cours); les relations précises existant entre le dessin de l'enfant et d'autres aspects de son développement mental, social et affectif; et la valeur esthétique du travail qu'il produit. Ces questions occuperont une place de premier plan dans les pages qui suivent.

Dès à présent, envisageons brièvement chacun de ces problèmes. A commencer par les dessins eux-mêmes : j'estime qu'il ne suffit pas de dire que les enfants, d'abord, gribouillent, puis tracent des formes géométriques, et dessinent ensuite des têtards. Il convient qu'une étude scientifique débute par ce genre de descriptions, mais elle ne doit pas en rester là. Même si les explications finales et complètes continuent à nous échapper, nous devons néanmoins les rechercher. Je tenterai donc ici une analyse très détaillée, visant à débrouiller les facteurs menant les dessins d'enfants d'une étape à une autre. Et même, à chaque étape, j'examinerai les défis auxquels l'enfant se trouve confronté : comment, par exemple, au cours de la première enfance, de simples lignes en viennent à former des espaces clos; quels facteurs rendent les jeunes écoliers capables d'organiser les objets de manière à réaliser des scènes; à quels processus le pré-adolescent fait appel quand il tente de façonner des formes qui ressemblent fidèlement à ce à quoi elles se rapportent. Et en même temps, j'offrirai une explication à certaines déviations : pourquoi certains jeunes en arrivent à élaborer un style propre, avant l'âge de la scolarité; et comment une enfant exceptionnelle comme Nadia, l'enfant autistique citée plus haut et qui dessine des chevaux (7), peut réaliser ses splendides représentations.

En ce qui concerne les rapports entre le dessin et le développement, il me paraît évident que le dessin ne peut — et ne devrait pas — être considéré séparément du développement des autres aptitudes de l'enfant. Pourtant une sorte de mise à part de «l'organe dessinant» a caractérisé la plupart des exposés, très probablement parce que les gens s'intéressant le plus aux dessins d'enfants possédaient rarement une connaissance approfondie du développement humain. En tant que psychologue du développement, j'ai été souvent frappé par les liens étroits et pourtant généralement ignorés existant entre le dessin de l'enfant et ses autres facultés naissantes : l'enfant qui manie pour la première fois un crayon ou un pinceau, apprend, dans bien des domaines de sa jeune vie, comment utiliser un outil : le bambin qui réussit de simples espaces clos «ressemblant à quelque chose» a établi des catégories fondamentales et des classes d'objets dans tous les secteurs de la vie; «l'artiste» de six ans est engagé, dans d'autres domaines de la vie, dans un jeu symbolique exubérant, produisant des façons de parler, des histoires, des danses et des chants qui rivalisent souvent en charme et en originalité avec ses dessins; le réalisme obstiné que manifestent les dessins de l'écolier reflète avec une surprenante fidélité l'adoption à l'école d'un langage conforme à la réalité et le rejet, se faisant sentir un peu partout dans le tissu de la vie sociale, de toute dérogation aux normes et conventions. Même les caractéristiques énigmatiques de l'art adolescent (l'émergence d'un intérêt pour le motif pur, une concentration sur la forme humaine, un souci de rendre le volume spatial, un rejet des œuvres qui ne répondent pas à ses propres critères de plus en plus exigeants) sont toutes des manifestations tangibles, dans le domaine du dessin, des facteurs qui envahissent la conscience des individus au seuil de l'âge adulte. Ces considérations soulignent le besoin pressant d'une analyse effectuée dans la perspective du développement; et pourtant, à de rares excepions près, on a totalement évité, ou laissé implicites, les affinités existant entre le dessin et le développement.

Enfin, je me tourne vers ce qui est peut-être la question la plus délicate et la plus embarrassante de toutes : la valeur artistique des travaux d'enfant. Que de telles œuvres puissent nous émouvoir et aient sur d'autres ce même pouvoir, cela n'est pas en cause. On peut même dire que ces travaux ne seraient pas si largement étudiés, s'ils n'avaient, d'abord, séduit beaucoup d'entre nous. Pourtant nous ne pouvons éluder la question de savoir s'ils ont la même signification pour un enfant que pour un adulte; si un jeune dessinateur est significativement impliqué dans le résultat ou s'il est entièrement absorbé par les processus créatifs; et si, quelle que soit son attitude vis-à-vis de son travail, son savoir-faire utilise des processus analogues à ceux des artistes adultes de talent.

En affrontant cette question de la valeur artistique, je vais me trouver pris en plein milieu d'un dangereux feu croisé où sont impliqués de brillants philosophes, des esthètes érudits, des artistes-penseurs, et même toute personne qui aurait réfléchi à la nature de l'expérience esthétique, des fins esthétiques ou des réalisations esthétiques. Peu de domaines s'avèrent aussi décourageants à définir ou à étudier. Il est pourtant vain d'espérer réaliser quelque progrès dans l'établissement de la valeur esthétique des œuvres enfantines, si nous ne sommes pas disposés à préciser ce qu'implique l'activité artistique. En outre, je soutiens que l'on a fait peu de progrès à ce sujet *précisément* parce que la plupart des auteurs, quelles que fussent leurs opinions ultimes, ont omis de considérer les critères entrant en jeu dans le génie artistique et ont donc présumé résolus les problèmes mêmes qu'ils cherchaient à clarifier.

C'est peut-être par un exemple tiré d'un autre domaine, celui du langage figuré, que nous pourrons le mieux faire comprendre la manière adoptée ici pour aborder l'art. Considérons un jeune de quatre ans qui dit, des traces laissées dans le ciel par un avion publicitaire : «Regarde cette cicatrice dans le ciel». Nous ne voulons pas prêter à un enfant de moins de six ans la maîtrise de la métaphore, simplement parce qu'il utilise mal à propos le mot « cicatrice » ou parce qu'il n'en connaît pas la signification précise. Par contre, si nous pouvons établir qu'il sait effectivement ce qu'est une cicatrice, s'il ne confond pas l'avion (ou la trace qu'il laisse) avec autre chose, et qu'il prend plaisir à s'exprimer de cette façon, nous serons enclins à conclure qu'il est engagé dans une activité artistique. De même, nous ne voulons pas automatiqument traiter d'artiste un enfant — ou un chimpanzé ou un ordinateur — simplement parce qu'il lui arrive de tracer un ensemble de lignes que nous trouvons plaisant. Mais si un enfant nous révèle en d'autres occasions qu'il sait varier l'emploi de la ligne, qu'il prête attention à des aspects tels que la couleur, la force expressive et les ombres; qu'il se propose de produire un certain effet, et que lui (et d'autres) tirent plaisir des résultats de son activité, alors nous pourrons à juste tire voir en cet enfant un jeune artiste.

Notre perspective sur le talent artistique est, alors, incontestablement cognitive. Nous recherchons des preuves de connaissances dans au moins deux sens. D'une part, l'artiste doit savoir *comment* : il faut qu'il soit capable d'utiliser efficacement le moyen d'expression, d'en modifier les éléments de base, de les combiner de diverses façons, d'arriver à certains effets. Mais en plus, l'artiste doit aussi savoir *que* : il doit savoir que des options sont possibles, que chacune présente ses avantages et ses inconvénients, et que ce qu'il aura finalement réalisé produira des effets à la fois sur des spectateurs et sur lui-même.

En fin de compte, je ne m'attends pas à réussir là où les plus savants ont échoué. Je ne résoudrai pas la question de ce qu'est — et de ce que n'est pas — l'art; je ne prouverai pas que les œuvres des enfants sont — ou ne sont pas — de l'art. Cependant le fait de poser cette question sera justifié si elle nous permet de progresser dans l'établissement de la signification de l'activité graphique de l'enfant. Le travail artistique des enfants n'est certainement pas identique à celui que produisent les adultes, mais j'essayerai aussi de montrer qu'il n'est nullement une entité complètement séparée: dans ses sources, ses processus, sa signification ultime, il présente, avec le génie artistique des adultes de talent, des analogies très nettes qu'il est possible de préciser.

Il est possible, je pense, de tracer une ligne de démarcation, certes non exempte de sinuosités, entre la démarche des jeunes gribouilleurs, entrevue précédemment, et les activités des artistes les plus talentueux — qu'il s'agisse de Gérôme, voué à la tradition, ou de Picasso, expérimentateur inlassable. Mais pour préciser ce qui rapproche — et ce qui sépare — ces deux extrêmes, bien des pages seront nécessaires. Il est essentiel d'examiner comment un enfant apprend à regarder ce qu'il a dessiné, comment il apprend à regarder ce que d'autres ont réalisé, et comment il en vient à contrôler progressivement le moyen d'expression qui, au début, lui est dur et étranger. La trajectoire normale du développement, telle que réalisée par la plupart des enfants dans la culture occidentale, et, selon toute probabilité, dans le monde entier, constituera l'échafaudage fondamental de ma version des faits, le cadre dans lequel on peut étudier ses principales énigmes.

En parcourant les différentes étapes du développement artistique, je rencontrerai tout naturellement d'autres problèmes embarrassants. J'examinerai, par exemple, la relation entre l'art produit par des enfants et celui réalisé par diverses «populations particulières»: les dessins faits par des primates non humains, les croquis produits par des individus souffrant d'une lésion cérébrale, et ces œuvres étranges créées par des individus élevés dans des cultures différentes, y compris les artistes des grottes préhistoriques; les artistes contemporains appartenant à des cultures ne connaissant pas l'écriture, et ces peintres naïfs que l'on rencontre de temps en temps et qui, aujourd'hui encore, sont tapis dans certaines poches reculées de notre propre culture. J'examinerai, en plus, les rapports entre le dessin et les autres activités du jeune enfant: l'écart croissant entre le dessin, l'écriture et d'autres systèmes symboliques présente un intérêt particulier, de même que l'émergence d'autres sortes d'activités graphiques non artistiques, ou encore les rapports entre le dessin et les tentatives impliquant d'autres formes d'art, allant de la musique à l'art de conter.

Je mettrai surtout l'accent sur le comportement typique des enfants normaux; après tout, ce que nous cherchons, c'est un tableau du développement artistique tel qu'il s'est réalisé dans l'espèce. Par conséquent, la plupart des exemples présentés ici sont pris chez des enfants sans talents artistiques particuliers. Mais toute recherche en art, particulièrement si elle s'intéresse aux sources des réalisations artistiques, doit nécessairement aborder la question du talent: la situation des individus qui, grâce à l'hérédité, au milieu ou à quelque amalgame indissoluble des deux, possèdent des dons spéciaux. Plusieurs enfants-artistes talentueux ont volontairement accepté de se soumettre à une analyse intensive; ils se sont généreusement prêtés à ce que je m'entretienne avec eux, à ce que je photographie leurs travaux, et à ce que je les observe pendant qu'ils se livraient à leurs activités artistiques. En raison de leur jeune âge, et parce que je ne peux prévoir ce qui leur arrivera en fin de compte, ou ce qu'ils penseront finalement de leur coopération juvénile avec un psychologue investigateur, je ne les ai pas nommément identifiés: mais je tiens ici à leur exprimer mes vifs remerciements ainsi qu'à leurs familles pour m'avoir aidé à faire comprendre la nature d'une activité complexe et extrêmement personnelle.

Il est encore un autre défi que je dois relever ici, encore plus chargé de sens en ce qui me concerne. En préparant cet ouvrage, j'ai recueilli et étudié pendant plusieurs années les dessins de mes trois enfants. Eux aussi, m'ont généreusement permis de reproduire leurs dessins et, dans un souci de leur laisser un minimum d'intimité, j'ai changé les noms de Kerith, Jay et Andrew en une paire hypothétique : Kay et Jerry. Ils ont commencé à s'intéresser — ce n'est pas étonnant — aux étranges activités de leur père et c'est en cela que réside le défi mjeur.

Dernièrement, un de mes enfants s'est mis à visiter mon cabinet de travail et à se pencher sur les dessins que lui-même ou son frère et sa sœur avaient produits. Ayant appris mon intention d'écrire un ouvrage sur les dessins d'enfants, il me demanda un soir : « Papa, pourquoi les enfants dessinent-ils autrement à mesure qu'ils grandissent ? ».

En invétéré psychologue du développement que je suis, j'ai tout de suite renvoyé la question : « C'est précisément là-dessus que je désire écrire. Pourquoi penses-tu, toi, qu'ils changent ? ».

Mon fils a réfléchi quelques instants et puis il a répondu, de sa façon la plus sérieuse : « Quand on avance en âge, je crois qu'on regarde autrement. On regarde les choses avec plus d'attention. On pense plus aussi, on réfléchit avant de se mettre à dessiner ».

Si cet ouvrage réussit à dépasser le bon sens d'un jeune garçon sensé, sans pour autant devenir inutilement obscur ou provocateur, j'aurai atteint le but que je me suis proposé.

Chapitre 2
Premiers gribouillages

A dix-huit mois et trois jours, mon fils Jerry se saisit d'un marqueur qui se trouvait devant lui sur la table. Il le fit aller et venir contre un morceau de papier, recommença et puis s'arrêta. Ne constatant aucune marque, il retourna le marqueur, de sorte que cette fois, le bout feutre pouvait toucher le papier. Comme n'apparaissait toujours aucune marque (car le feutre était desséché), Jerry déposa le marqueur et alla en chercher un autre. Il arrondit sa main autour de celui-ci, sans trop le serrer afin de garder de la souplesse, assez solidement toutefois pour assurer un certain contrôle sur la direction de ses mouvements.

Cette fois, ses grands coups furent couronnés de succès (12). Utilisant son coude en guise de pivot, il exécuta un rapide mouvement semi-circulaire qui produisit un arc sur la page. Répétant ce geste à plusieurs reprises, des arcs se chevauchant finirent par couvrir le centre de la feuille. Regardant résolument le papier et continuant à gesticuler fébrilement comme seul le peut un bambin surexcité, il se mit alors, à plusieurs reprises, à frapper le papier avec le marqueur, poussant un cri aigu à chaque coup, et produisant, ce faisant, une série de petits points. Avec un large sourire, Jerry déposa alors le marqueur, souleva le papier et me le tendit en annonçant avec satisfaction: «Papa».

Jerry avait produit un gribouillage, ce n'était pas le premier ni même sans doute le plus touchant, mais c'était incontestablement un gribouillage, une série de marques sur une page, le résultat de deux minutes d'activités des muscles de sa main, de son poignet et de son avant-bras. Peu de gens seraient disposés à qualifier cette réalisation d'un terme plus honorifique que «gribouillage», et, en vérité, ce terme est souvent

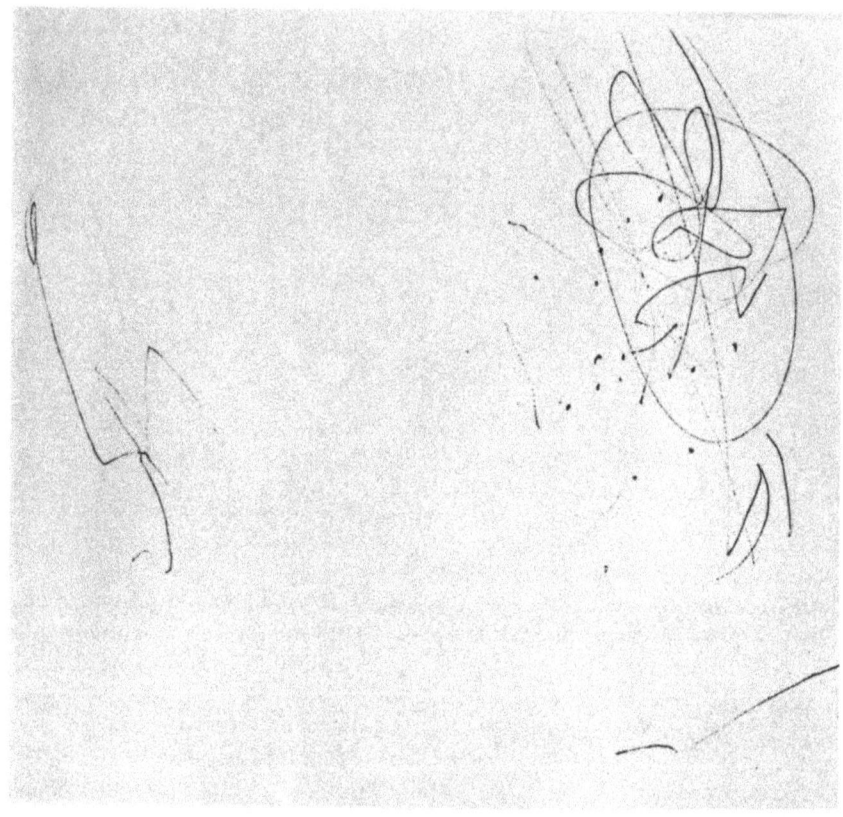

12

utilisé — y compris par des éducateurs qui devraient avoir plus de bon sens — comme une expression de dénigrement. Mais pour Jerry, ce gribouillage représentait un exploit: c'est en effet ce que représentent de tels gribouillages pour un jeune enfant.

Certes, l'écart est énorme entre ce que Jerry avait dessiné au cours de sa deuxième année, et le genre d'images soignées que réalise un adulte ou même un enfant artiste de six ou sept ans. Il n'y avait aucune trace de ce contrôle sur les formes géométriques, que l'on trouve habituellement dans les dessins « préfiguratifs » des enfants de deux ou trois ans; aucun des schémas* reconnaissables d'êtres humains, animaux et mai-

---

* Selon la terminologie courante en psychologie, on utilise le mot « schéma » pour désigner les formes graphiques fondamentales servant à représenter les objets. En revanche, on emploie le mot « schème » pour indiquer toute conduite susceptible de se répéter. Les enfants utilisent divers schèmes perceptifs et moteurs pour produire le schéma d'un être humain.

sons (avec cheminées!) que l'on trouve dans le carnet de croquis de beaucoup d'enfants de cinq ans; aucune des scènes bien agencées et enjolivées que compose le jeune écolier; rien du réalisme photographique des rendus de bateaux, avions, chevaux ou maisons à la portée d'un enfant normal de dix ans.

La distance est encore plus grande entre le gribouillage de Jerry et les activités quotidiennes d'un artiste en exercice. Aujourd'hui, presque tous les peintres qualifiés peuvent produire, moyennant un modeste effort, une ressemblance satisfaisante des personnes, objets et événements de leur milieu. Les aspects essentiels de l'expression, de l'humeur et de la personnalité son également à la portée du technicien compétent (cependant, seul l'artiste authentique peut capter les nuances avec précision). Il convient aussi de remarquer que les diverses ressources du répertoire de l'artiste peuvent interagir avantageusement. Il est capable de représenter fidèlement sur la toile les multiples formes et objets qu'il voit autour de lui et dans son esprit. Ou bien, partant de ce qui est déjà sur la toile, il peut transformer même le griffonnage ou la fioriture la plus fortuite en un motif saisissant ou en un portrait convaincant. Il n'est pas simplement un appareil ou un programme servant à convertir les perceptions en contours et les contours en ressemblances. L'artiste de talent favorisera la correspondance entre ses sentiments et sa palette. Il peut transmettre des émotions et des messages, et susciter chez celui qui regarde son œuvre les sentiments et les sensations qui eurent pour lui de l'importance.

Ces effets réciproques entre les perceptions, le comportement et les sentiments ne sont naturellement pas à la portée d'un jeune enfant, même passablement plus avancé dans son développement artistique que mon gribouillant bambin. Et pourtant, si la distance que Jerry doit encore franchir est immense, l'est aussi la portion du parcours qu'il a déjà réalisée. En effet, moins de deux ans après sa venue dans le monde, il a pu progresser jusqu'au seuil de la réalisation artistique.

Considérons, en revanche, le modeste répertoire des conduites du nourrisson à la naissance. Quoique possédant un ensemble de réflexes bien développés, le nouveau-né n'a que fort peu de contrôle sur les mouvements de ses doigts et de ses membres. Ils battent l'air presque à volonté, reflétant peut-être son degré d'excitation, mais sans but. On peut, tout au plus, prouver une relation naissante avec l'univers perçu : le nouveau-né peut se concentrer avec sûreté sur des points de luminosité contrastée, sur les bords d'un angle, et (d'après certains chercheurs) sur la «zone yeux» d'un visage. Mais il n'existe pas de signes laissant supposer le nouveau-né capable de voir un univers d'objets ou de personnes ou même une forme géométrique complète.

Quant aux sentiments du nouveau-né (ou même les sentiments de n'importe quel « sujet »), les psychologues ne peuvent que se livrer à des spéculations. Quoiqu'on puisse supposer chez le nourrisson une certaine discrimination entre le bien-être et la gêne, entre le plaisir et la douleur, des discriminations plus subtiles paraissent improbables. Et l'idée qu'il soit d'une certaine façon capable d'exprimer ses sentiments par des moyens d'expression symboliques — tels qu'une ligne sur un papier — semble pour le moment aussi improbable que la possibilité pour les rythmes des réflexes néo-nataux de receler la structure fondamentale d'un poème symphonique.

Après un développement supplémentaire de six ou huit mois, on rencontre un organisme qui s'est adapté avec une rapidité et une adresse surprenantes au monde dans lequel il s'est trouvé plongé. L'enfant voit déjà les personnes et les visages comme des totalités organisées, comme des *gestalts* significatives, plutôt que comme une agglomération de traits ne présentant vraisemblablement pas de lien entre eux. Il reconnaît les personnes familières, leur sourit facilement et signale sans ambiguïté son malaise à la vue de choses ou de gens inconnus (ou menaçants). Les objets familiers — ours en peluche, hochets, le biberon — eux aussi suscitent des signes de reconnaissance ainsi que des séquences d'actes appropriés. Il sourit au hochet, puis le secoue énergiquement dès qu'on l'a placé dans sa main.

Le système moteur, lui aussi, a mûri considérablement. L'enfant peut à présent atteindre un objet avec sûreté, le tenir bien serré, et essayer sur lui une série d'activités de préhension. Voyant un marqueur, il tâchera de l'atteindre, le saisira sans doute avec succès au premier coup, puis le placera dans sa bouche, y mordra et, le trouvant sans saveur, le laissera tomber par terre. Ou bien il découvrira qu'il aime le son que fait le marqueur quand il le frappe sur une surface, et continuera tout un temps à le cogner. Et s'il trouve plaisant le son qu'une autre personne fait avec le marqueur, il y a des chances pour qu'il répète des activités dans lesquelles il a été lui-même engagé, avec l'idée erronée (mais charmante) que ce sont ses propres activités qui ont produit ce bruit intéressant.

Néanmoins, à l'approche de son premier anniversaire, le nourrisson se signale par ce qu'il ne réussit pas à comprendre. Le marqueur, pour lui, n'est qu'un objet intéressant sur lequel il peut s'adonner à ses activités les plus familières — prendre en bouche, manger, sucer, jeter, cogner — un objet qu'il est amusant de tenir en main ou de rejeter. Il le tient par le bout qu'il a saisi et ne fait aucun effort pour l'orienter correctement ni même avec esprit de suite. Il ne marque aucun intérêt non plus pour le marqueur une fois qu'il a disparu de sa vue; pour lui, les objets n'existent que dans « l'ici et maintenant », et une fois hors de vue, ils sont aussi hors de l'esprit. Sa reconnaissance de l'univers des objets a progressé, mais il semble encore ignorer le monde des images. Certes, son attention sera attirée par une image aussi bien que par un objet à trois dimensions et il se concentrera sur les « aspects informatifs » du matériel imagé, tels que des lignes épaisses. Mais il n'est pas encore évident qu'il puisse établir la relation entre une représentation à vue et l'objet réel correspondant.

Finalement, notre enfant de six mois doit encore se détacher du monde qui l'entoure. Il n'a encore aucun sens de lui-même en tant qu'être distinct, avec ses pensées, croyances et besoins. Ses actions propres ne se différencient pas encore de celles des autres; son reflet dans un miroir est vu simplement comme une autre personne; et bien qu'il ait développé des liens d'attachement avec certaines personnes proches, son implication avec elles reste entièrement d'ordre pratique. Ces personnes fonctionnent comme sources de nourriture et de bien-être corporel, ou peut-être aussi comme participants à certains jeux.

Laissons s'écouler une autre année, et les transformations dans l'univers de l'enfant sont aussi considérables que celles intervenues pendant la première année. En fait, on pourrait aller jusqu'à affirmer que l'enfant a fait une série de pas décisifs qui, indiscutablement, ont fait de lui un jeune individu à part entière. En particulier, il est arrivé à comprendre les deux univers qui l'entourent: celui des choses et celui des personnes. Il se rend compte à présent que les choses existent dans l'espace et dans le temps et continuent d'exister même quand elles ne sont plus visibles. Ce savoir — apparemment simple mais, en fait, décisif — permet à l'enfant de vivre dans un univers prévisible plutôt que chimérique, sur lequel on peut compter car il n'est pas régi par le hasard. Il peut maintenant s'attendre à trouver les choses (du moins la plupart) là où il les a laissées; il peut s'attendre à ce que les choses fonctionnent comme précédemment, à ce que les mêmes causes produisent les mêmes effets, à ce que les mêmes actes entraînent les mêmes conséquences. Son univers est à présent confortablement « newtonien » et tout y marche bien.

Tout comme l'enfant habite désormais dans un univers de choses prévisibles, il vit dans un univers comportant une distribution de personnes habituelles. D'abord et avant tout, il y a ceux qui l'entourent et en qui l'on peut avoir confiance: ses parents, ses frères et sœurs et ceux qui prennent soin de lui. Avec chacune de ces personnes, il a progressivement formé une relation d'attachement, un sentiment de sécurité et de bien-être. Le prix douloureux de ce confort, c'est le chagrin que lui cause leur départ ou leur absence.

Mais si le développement s'est déroulé normalement, l'enfant est également capable d'entreprendre par lui-même de petites escapades loin de ces personnes, c'est-à-dire d'établir une première autonomie. Un développement encore plus important accompagne cette réalisation. Conscient désormais de l'existence d'autres personnes ayant leurs noms, leurs corps, leurs besoins, leurs apparences et leurs opinions propres, l'enfant est en bonne route pour se différencier de ces autres êtres. Autrement dit, en termes plus positifs, il est sur le point de se reconnaître comme une personne à part entière, de savoir qu'il a un nom, un corps, et une existence distincte. Fini le temps de dévisager avec perplexité l'étranger là, dans le miroir. Il essayera plutôt de nouvelles expériences, examinera son corps, le comparera avec son reflet, et finira par offrir les signes indubitables et joyeux de sa propre existence en tant qu'entité propre — une personne humaine vivant en société.

La découverte d'un univers d'objets et d'un univers de personnes est une acquisition d'une portée considérable. L'enfant est dorénavant en mesure de prévoir avec assurance ce qu'il va rencontrer au cours de ses activités quotidiennes et gagne une confiance croissante dans son aptitude à maîtriser son milieu. Cette connaissance multiplie aussi les moyens d'établir des rapports avec le milieu. Pourvu de connaissances sur les propriétés des choses et les façons des gens, il n'est plus obligé d'y réagir d'une manière simplement mécanique; il peut s'en servir, en tirer parti, et même les manœuvrer avec succès en vue d'atteindre ses propres buts.

L'usage d'un outil devient enfin possible. Les objets ne sont plus limités à une seule fonction: ils sont envisagés plutôt — et appréciés — comme des moyens pour obtenir ce dont on a envie. Si l'enfant désire une bouchée de nourriture, il ne lui faut plus mettre la main dessus. Il peut utiliser un instrument comme extension de ses membres — un bâton, une tige, une cuillère — pour amener vers lui le morceau désiré. De même, il peut se servir d'une personne comme d'un outil, soit en l'appelant pour qu'elle lui apporte la nourriture, soit simplement en la tirant par la jupe, ce qui, très probablement, aboutira au même résultat. Les personnes et les objets ne sont plus de simples entités; ils sont devenus des moyens sûrs et fréquemment utilisés pour obtenir une foule de choses.

Dans les explorations de Jerry, on peut voir à l'œuvre ces différentes découvertes. Désormais, quand il voit un marqueur, il ne se contente plus d'essayer un de ses schèmes les plus exercés (et souvent inadéquats), mais il s'attend à ce que le marqueur fasse une marque. Si cette attente est contrariée, il entreprend un programme d'action: il le retourne de manière à s'assurer qu'il a placé le bon bout sur la surface. Plus tard, il en saura assez pour découvrir, en l'examinant avec soin, quel est le bout qui convient. En cas d'échec, il a encore une autre option, car il en est venu à s'attendre à ce que des marques puissent être faites non seulement avec ce marqueur-là, mais avec n'importe quel marqueur d'une catégorie maintenant familière, allant du crayon au pinceau. Et si, une fois encore, il est contrarié, il peut passer à un autre ordre de moyen : un signe ou un appel à son père lui apportera un marqueur en bon état de marche.

Les satisfactions que retire Jerry à utiliser son marqueur sont encore primitives. On pourrait difficilement prétendre qu'il tient en réserve quelque schéma figuratif grandiose. Mais ses joies sont loin d'être négligeables. Auparavant, il prenait plaisir simplement à la sensation de fraîcheur du marqueur dans sa main et aux brusques mouvements musculaires de son avant-bras. A présent, il désire contempler le résultat; il se sent frustré quand aucune marque n'est laissée, et il prend plaisir à contempler le papier rempli du fruit de ses efforts. Le marqueur commence à fonctionner comme un outil, un moyen d'obtenir un résultat désiré: des lignes en travers d'un morceau de papier. Il ne faudra pas longtemps à Jerry pour découvrir qu'il n'a pas besoin d'un instrument à écrire pour orner des surfaces avec de telles lignes. Au cours des mois suivants, Jerry fera des marques qui lui plaisent avec du porridge barbouillé dans un bol, avec de la buée sur une vitre, avec l'eau de la baignoire, avec une barre de chocolat qui fond, et avec ce qu'il extrait adroitement des interstices d'un lange mal ajusté.

Ce plaisir, cependant, n'existe pas que pour lui seul. Jerry est à présent instruit de l'existence d'autres personnes, qui lui témoignent leurs sentiments, leurs goûts et dégoûts, leurs espoirs et leurs craintes. Aussi, trouve-t-il naturel, une fois ses travaux terminés, d'en partager avec eux le produit. De même qu'il promène avidement son regard autour de la pièce en quête de signes de reconnaissance et d'approbation quand il a prononcé un mot, renversé un verre d'eau, ou éteint la lumière, de même, il cherche à établir un lien avec les autres grâce à son dessin. Il le donne à son père, mais le cadeau est secondaire. Ce qui importe ici, c'est le lien entre le dessin et la communication : son rôle dans l'échange social. De plus, il arrivera à Jerry d'incorporer son dessin dans un rite d'échange social, en faisant un bruit chaque fois que quelqu'un d'autre fait une marque, en traçant des lignes par-dessus celles tracées par quelqu'un d'autre, ou en imitant, aussi fidèlement qu'il le peut, les mouvements d'une autre personne qui a fait courir un marqueur sur du papier.

Certes, dans ces premiers marquages, Jerry doit encore découvrir toutes les virtualités de son comportement. Il n'a pas encore la moindre idée que ses marques peuvent représenter des objets ou des événements; il ne peut façonner des formes constituant des entités telles que des cercles ou des croix; son activité est limitée à ce qu'on la nomme :

du pur gribouillage. Pourtant, il s'est déjà passé quelque chose d'important. Car dans le passage entre le nourrisson qui n'est pas conscient des produits de sa plume et l'enfant qui se préoccupe de ce qu'une marque ait été faite, s'est opérée une prise de conscience capitale: à savoir que, grâce aux mouvements de sa main, il peut créer quelque chose, quelque chose qui subsiste, qui a de l'importance pour lui, et (à en juger par leurs réactions), qui en a également pour ceux qui l'entourent. Le pouvoir de créer une chose qui importe — une marque qui peut exister par elle-même — représente pour l'enfant l'une des premières indications de son efficacité, de sa capacité naissante à utiliser un outil, et, grâce à celui-ci, à créer quelque chose. A cette période où l'enfant se sépare progressivement de ceux qui prennent soin de lui, et tente d'établir son autonomie, cette preuve (aussi claire qu'une ligne noire sur un fond blanc), qu'il peut lui-même produire quelque chose, prend, au point de vue de son développement, une importance capitale. De même que les soins qu'il prodigue à son ours en peluche illustrent qu'il est désormais capable d'assumer certains des rôles ordinairement tenus par les adultes puissants qui l'entourent, de même le fait qu'il est, lui aussi, capable d'aimer, de soigner et de gronder, de produire des lignes sur une page, montre sa capacité de manier les outils de sa culture pour créer une trace qui a de l'importance. Quelle importance? Il lui appartiendra de le découvrir au cours des mois suivants, tandis qu'il effectue la transition entre de simples marques et des marques qui peuvent représenter les objets et les personnes qu'il a appris à connaître.

Premier intermède
L'évolution du gribouillage

Jerry allait atteindre vingt-trois mois quand, par un matin ensoleillé de printemps, il s'assit à la table de cuisine, et, équipé de tout le matériel requis, il produisit à la file une série de vingt-quatre dessins. Bien que plusieurs marqueurs fussent à sa disposition, il s'en tint résolument au bleu, n'utilisant un marqueur rose tout proche que pour quelques coups occasionnels. Son intense concentration pouvait laisser supposer qu'il savait exactement ce qu'il voulait faire ; il semblait maître de la situation tout aussi bien quand il remplissait toute une page que quand il se contentait d'une seule marque et disait : « Encore une image » (c'est-à-dire : « Encore une feuille de papier, s.t.p. »). Dans un sens, la série de dessins n'était pas remarquable, car en d'autres occasions, Jerry avait déjà produit passablement le même genre de série. Pourtant, il semble qu'il vaille la peine de s'arrêter à ces séances de gribouillage, car c'est à partir de séances de ce genre, apparemment banales mais, en fait, fertiles en événements, que les gribouillages désordonnés et capricieux du début cèdent lentement la place à la maîtrise de la forme géométrique, à la représentation figurative et aux ressemblances fidèles.

Dans cette frénésie de gribouillage, Jerry présentait « en direct » le processus appelé *microgenèse* : la séquence de développement, minute après minute, pas à pas, de l'activité humaine. A tout moment du développement, l'individu possède un certain ensemble d'habiletés, un assemblage donné de schèmes perceptifs et moteurs, et le sens d'une direction, plus ou moins explicite. Il se peut que cette orientation, ce mouvement vers un but, ne soit que vaguement perçu, mais la progression du processus de croissance chez les individus normaux n'en est pas moins réelle ni puissante, même si elle échappe à la conscience. Dans le cas de Jerry, il possédait déjà une série de schèmes ou de « démarches » dans le domaine graphique : il pouvait exécuter des mouvements circulaires, des motifs en pointillé, des lignes entortillées comme celles de l'écriture. Chacun de ces schèmes, tout comme un muscle en développement, requérait des exercices continus de manière à déployer toutes ses virtualités, et, globalement, le résultat de ces exercices était résolument positif. Plutôt que de rester à un point d'équilibre ou statique, l'activité de Jerry progressait tous les jours, si bien que, d'une semaine à l'autre, on pouvait déceler une nette évolution. En examinant en détail le cours des événements d'un dessin au suivant, on peut se faire une idée du processus du développement lui-même et peut-être même entrevoir directement ce processus.

Suivons donc Jerry dans son cheminement d'un dessin à l'autre. Il a commencé par une série de cercles bleus déchaînés, construits d'un seul trait continu, et rendus dans un tourbillon d'activité (13). Le dessin suivant (14) a failli représenter un cercle. On dirait un cercle délibérément tracé, mais vu que Jerry a été incapable de renouveler cet exploit avant plusieurs mois, il vaut mieux la décrire comme un heureux hasard, une de ces préfigurations occasionnelles de réalisations futures. Après avoir complété le cercle, il y a placé, à coups rapides, quelques formes ressemblant à des lettres. La forme circulaire dominante, où il plante encore quelques traits, caractérise aussi les deux dessins suivants (15, 16); dans le second, le placement de quelques touches à l'intérieur du cercle apparaissait incontestablement voulu.

Dans les cinq dessins suivants, Jerry ne s'est plus concentré sur les espaces circulaires, mais a porté toute son attention à faire de petites marques, produites en se penchant sur le papier et en émettant un son à chaque coup : « oh », « ah », « oh ». Le premier dessin (17) a été présenté sans commentaires; le suivant (18) a été appelé « un portrait ». Les motifs de cercles et de petites marques ont été combinés dans les deux dessins suivants (19, 20); il semblait désireux de conserver à la fois le schéma circulaire et celui des petites marques.

Jerry a passé beaucoup plus de temps sur le neuvième dessin de la série (21) et il est parvenu à remplir le plus clair de la page. Le motif circulaire était de nouveau en évidence, mais, surtout au bas de la page, quelques petites marques firent de nouveau leur apparition. Il s'appliqua aussi à tracer des lignes dans différentes directions, effort souligné par les contorsions de son poignet.

Les séries de dessins produits dans un court laps de temps, présentent un rythme caractéristique. Ils viennent, semble-t-il, en ensembles, chaque groupe de trois, quatre ou cinq dessins étant l'exploration d'un schème moteur, d'un geste, ou d'un motif particulier. Une fois qu'il a

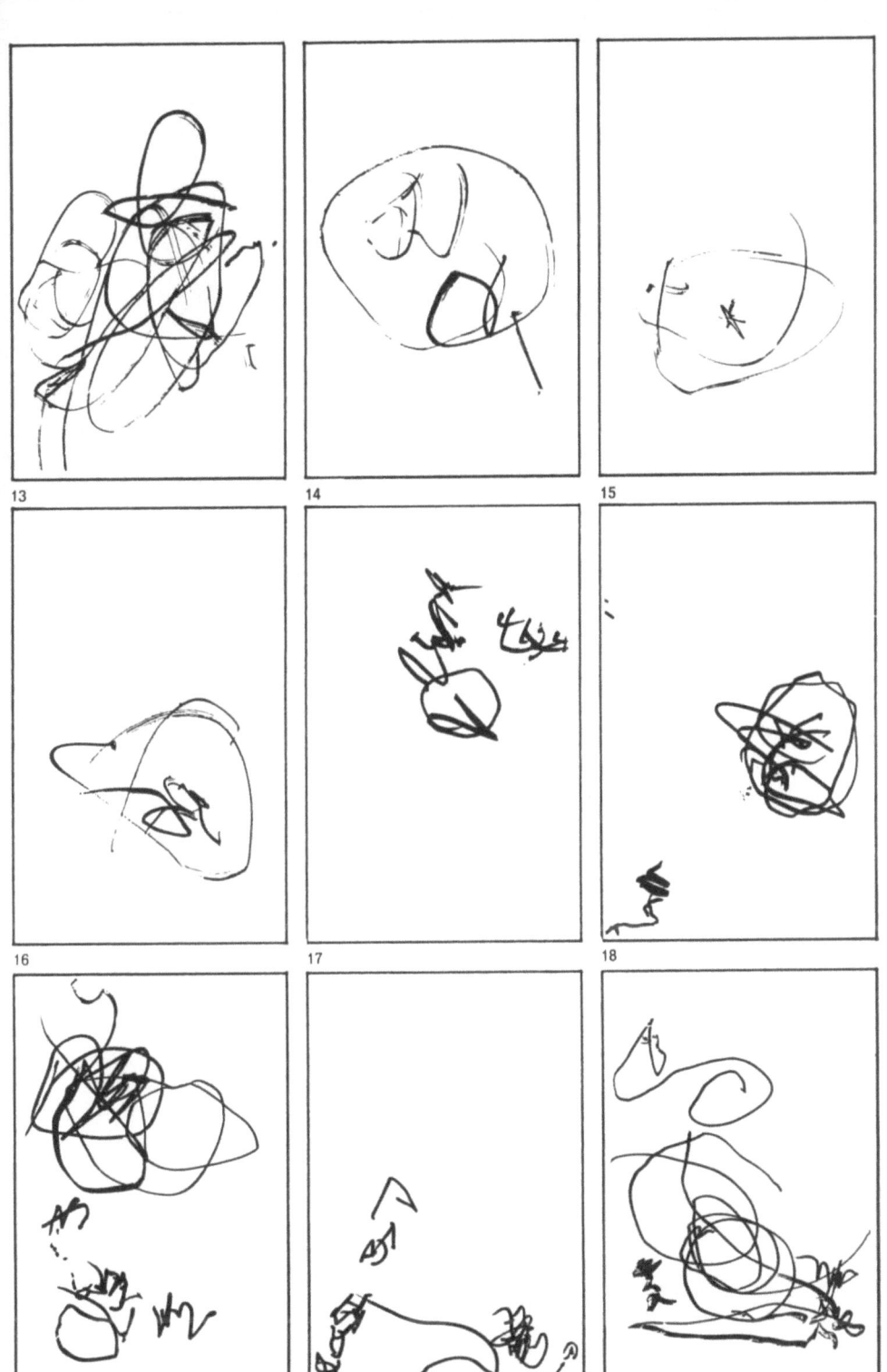

épuisé un schème, pendant un temps qui peut être très variable, l'enfant semble passer à un problème ou à un défi un peu différent et, de nouveau, il répète ce schème pendant un certain temps. Cependant, il est rare que les premiers schèmes soient complètement abandonnés; d'abord gardés en réserve, ils sont, soit repris explicitement dans des séquences ultérieures, soit, plus généralement, ils sont partiellement incorporés dans des explorations subséquentes avec des formes apparentées.

On peut constater un autre changement de tempo dans les quelques dessins suivants. Alors que Jerry avait fourni un effort considérable pour remplir la page dans son neuvième dessin, voici à présent quatre autres dessins (22-25; faits en rose) qui ont été exécutés très rapidement. Ils consistent en juste une ou deux lignes, presque comme la signature d'un homme d'affaires pressé. On sent une pause, destinée peut-être à récupérer son énergie. Il s'est impliqué beaucoup plus dans le dessin suivant (26). Ici, encore, Jerry fait appel aux formes circulaires et à celles de l'écriture et puis, tout d'un coup, il trouve un nouveau type d'activité : une rafale d'une douzaine de points qui remplirent le coin supérieur droit de la feuille. Jerry a manifestement pris plaisir à cette activité explosive, et, pour des raisons qui, je le regrette, me restent obscures, appela cette zone criblée « un p'tit oiseau ».

Les motifs en pointillé, nouvellement découverts et aussitôt privilégiés, dominèrent aussi plusieurs dessins suivants. Localisés en un seul endroit dans le premier (27), ils étaient répandus plus librement à travers la page dans les trois suivants (28, 29, 30), et, en fait, supplantèrent les marques genre « écriture », en tant que concurrents du motif circu-

| 22 | 23 | 24 |

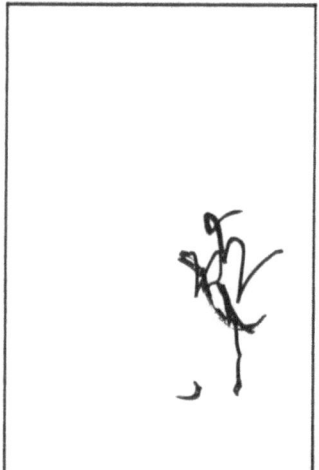 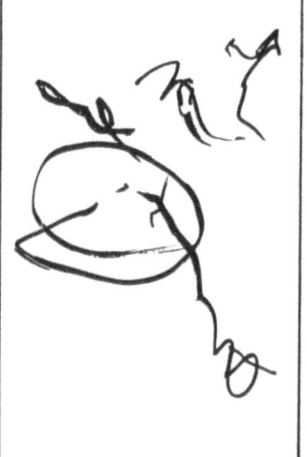 

25

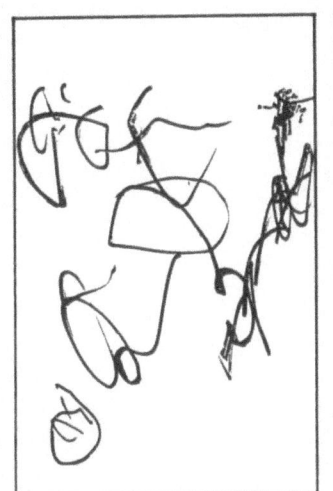
26

27

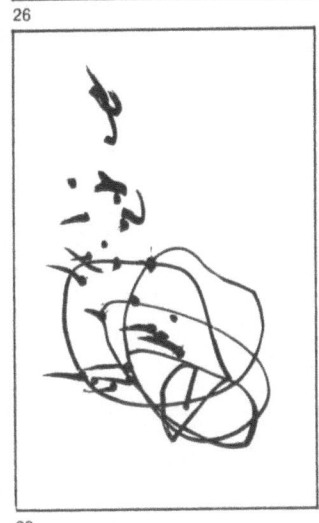
28

29

30

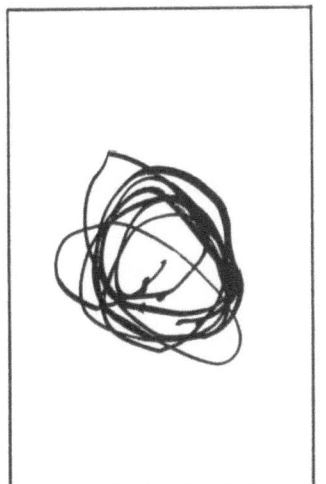
31

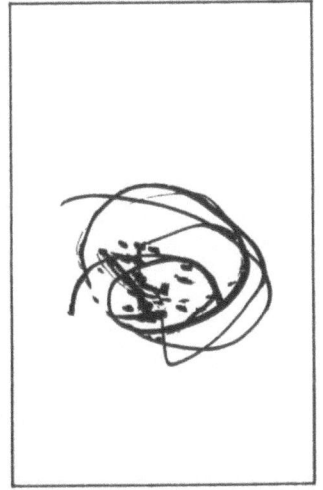
32

laire dominant. Les cercles concentriques tracés à grande vitesse revinrent en force, cependant, dans le groupe suivant (31, 32); mais on pouvait encore apercevoir de petits points, occupant cette fois le centre du cercle comme l'avaient fait, plus tôt, les petites marques.

L'application commença finalement à flancher dans les quatre derniers dessins de la série (33-36). Jerry eut juste assez d'énergie pour faire quelques cercles incomplets, une poignée de points isolés. Nous ne saurons jamais s'il aurait continué la série et peut-être encore découvert de nouvelles sources d'inspiration ou d'énergie, car sa sœur aînée est arrivée et a commencé à imiter son frère (37). Les expériences contrô-

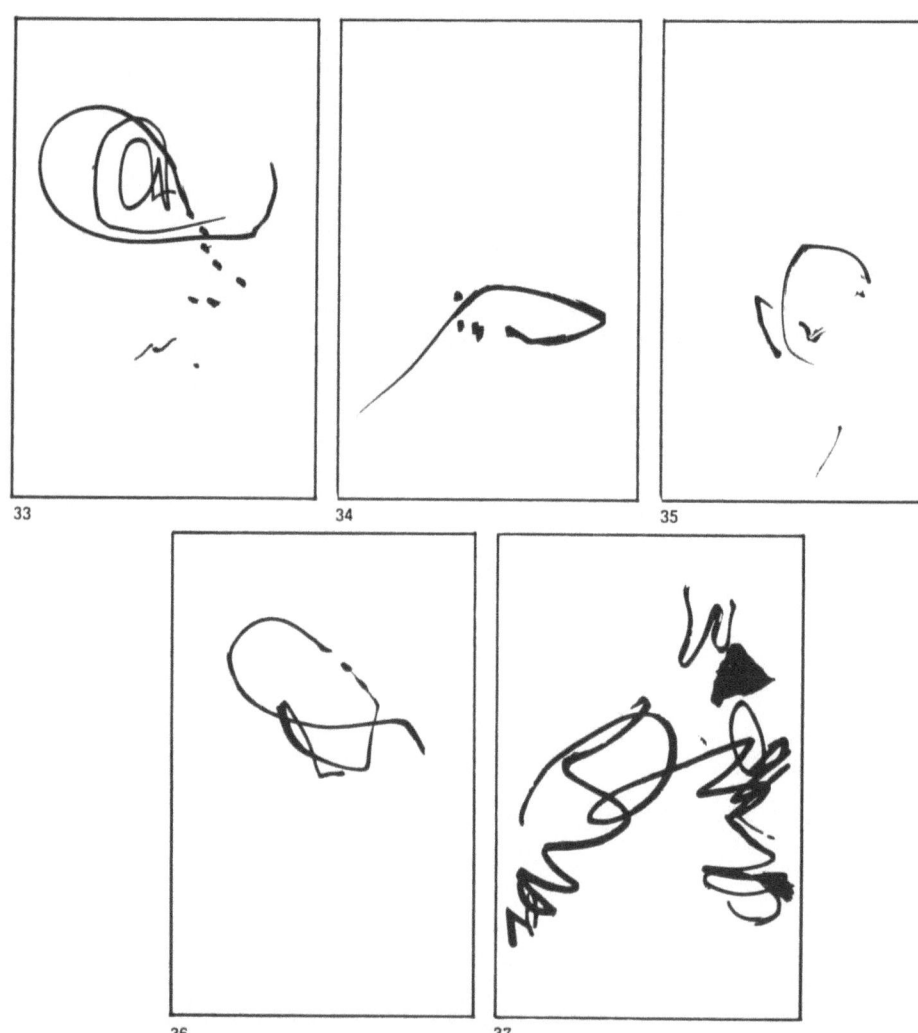

lées et sans interruption inopportune: voilà ce qu'il en est quand elles se font à la maison!

Deux douzaines de dessins en moins de dix minutes: un rythme de production que pourrait envier un artiste. Et cette manifestation graphique ne doit pas être considérée comme une simple activité de hasard. Jerry était trop profondément impliqué dans ce qu'il faisait, y trouvait trop de plaisir, était trop absorbé à nommer, répéter, varier ses différents schèmes (et schémas), pour qu'on puisse conclure à une activité indifférente et sans but. Mais que doit-on alors penser de ce travail, et comment plus justement lui fixer sa place dans la galerie des dessins des jeunes enfants?

Trouver à un dessin d'enfant des analogies approximatives s'avère dérisoirement facile. Manifestement, ce qu'un enfant de deux ans dessine a des résonances dans son activité linguistique — le babillage, les premières incursions linguistiques, les monologues nocturnes — tout cela participe à la saveur du dessin, procède à son rythme, et suit des fins propres et mystérieuses. On peut remarquer semblables parallèles avec le chant de l'enfant — son fredonnement à huit mois, ses combinaisons chaotiques de bribes tonales à deux ans, son invention de nouvelles mélodies vers le début de la scolarité — tous ces développements participent à l'esprit et à l'énergie orientée de l'activité graphique. Faire des constructions avec des blocs, reconstituer des puzzles, danser et faire des cabrioles ici et là, dans la pièce, apprendre à compter, s'engager dans des «jeux pour rire» avec des ours en peluche, des services à thé et la machine à écrire de papa: toutes ces activités, elles aussi, sont en rapport de diverses manières avec Jerry qui joue — et travaille — penché sur la table de cuisine.

Aller au-delà de ces vagues affinités constitue le vrai défi. Est-il en effet possible de caractériser de façon plus précise les innombrables activités d'un enfant résolu à maîtriser les divers systèmes de symboles de sa culture? Par moments, sa conduite semble toute planifiée et orientée: chaque dessin semble se construire sur le précédent, l'enfant semble viser intentionnellement certains effets, poser et puis résoudre certains problèmes. A d'autres moments, les activités paraissent n'avoir ni rime ni raison: le dessin aurait pu commencer ou s'arrêter n'importe où, se continuer dans n'importe quelle direction, et durer soit deux secondes, soit vingt minutes. A d'autres moments encore, l'activité de dessin apparaît à l'observateur comme étant solidement organisée et pourtant en dehors du contrôle de l'enfant: on pense plus à un écureuil enfouissant des noisettes qu'à un écolier faisant des calculs.

Mais peut-être est-ce une erreur d'adopter une de ces descriptions au détriment des autres. Les processus du développement peuvent s'enchevêtrer à d'autres. En vérité, le dessin semble fournir un modèle particulièrement éclairant sur la manière dont l'individu pénètre et progresse dans les domaines d'expression fournis par la société dans laquelle il vit. Chaque enfant peut en fait exploiter plusieurs aptitudes, inclinations et sources. Une partie de sa production est en effet déterminée par des forces en dehors de son contrôle : l'envie de saisir le crayon et de le frotter contre la page semble faire partie de l'héritage des primates. Mais une partie de son activité poursuit un but : il a essayé un modèle de comportement et il désire le répéter (et même, il insiste pour le répéter) parce qu'il trouve plaisant le fait même de l'activité (et le contact), ou parce qu'il désire en varier la forme ou arriver à un certain résultat qu'il n'a pas encore atteint de façon satisfaisante. Et parfois le dessin fait tout simplement passer le temps : ni l'attention de l'enfant, ni ses capacités d'organisation n'ont été mobilisées : il dessine parce que « c'est là ».

Mais qu'en est-il des séries particulières que nous avons vues ? Il doit bien y avoir ici plus qu'un pur comportement instinctif ou qu'une activité fortuite. En effet, ce qui s'est déroulé pendant ce laps de dix minutes auquel j'ai eu la chance d'assister, c'est que Jerry s'essayait activement à mettre au point et à réaliser diverses combinaisons et rapports réciproques parmi un certain nombre de schèmes qui naissaient tout naturellement du mouvement de son bras et de son poignet. Nous voyons les ovales du mouvement circulaire de son poignet, nous voyons les points résultant d'un certain mouvement saccadé de la main. De même, les formes compliquées, ressemblant à celles de l'écriture, faites avec le marqueur serré dans le poignet se contorsionnant dans un mouvement de va et vient. Tantôt il travaillait sur une seule de ces composantes, tantôt elles étaient mêlées, juxtaposées, contrastées. Jerry n'était sûrement pas très conscient de ce qu'il faisait. Il ne lui était pas possible de s'exprimer au sujet des divers schèmes à sa disposition (ni d'y réfléchir), la conscience de ses actes n'étant encore qu'à l'état naissant. Pourtant, à un niveau implicite, il y a manifestement chez l'enfant une sorte de contrôle des diverses possibilités, une satisfaction à les voir progressivement maîtrisées, un sentiment d'orientation à mesure qu'il exécute des formes de plus en plus élaborées pour parvenir finalement à de véritables représentations.

Peut-être est-ce dans le langage-jeu que se rencontre la meilleure analogie avec l'activité de dessin. Considérons, par exemple, un enfant de trois ans s'essayant à compter un ensemble composé de huit articles :

Un, deux, trois, quat', huit, dix, onss. Non, recommence. Un, deux, trois, quat', cinq, dix, onss. Non recommence. Un ! deux ! troiâ-quat'-cinq, dix onss... Un ! deux, trois, quat', cinq, six, sept, onss, ouf !

Un parallélisme encore plus frappant se rencontre dans le babil de l'enfant quand il est au lit. La correspondance transparaît dans l'exemple suivant, extrait d'une transcription mot à mot des monologues nocturnes d'un garçon de deux ans et demi prénommé Anthony :

1. That for he
2. Mamamama with Daddy
3. Milk for Daddy
4. OK
5. Daddy dance (deux fois)
6. Hi, Daddy
7. Only Anthony
8. Daddy dance (deux fois)
9. Daddy give it
10. Daddy not for Anthony
11. No
12. Daddy
13. Daddy got
14. Look at Daddy (avec un voix de fausset)
15. Look at Daddy her
16. Look at Daddy...

51. Daddy put on a hat
52. Daddy put on a coat
53. Only Daddy can
54. I put this in here
55. See the doggie here
56. See the doggie
57. I see the doggie (deux fois, voix de fausset)
58. Kitty likes doggie
59. Lights up here
60. Daddy dance (trois fois)

Comme dans les dessins de Jerry, il n'y a pas de message clair qui soit exprimé ici; on ne retrouve pas davantage un thème systématique dans la série complète des « propos ». Pourtant, la séquence ne semble pas se dérouler au hasard. Certains sons (*m* ou *d*), certaines phrases (Daddy dance, Daddy put on a..., See the doggie), et des personnages (Je, Papa, Anthony, le petit chien, Maman) réapparaissent régulièrement, tantôt dans la même phraséologie, tantôt enserrés dans d'autres tours de phrase. Et, comme dans le dessin, les répétitions ont tendance à se représenter dans des groupes de trois ou quatre phrases, qui se tiennent « en réserve » pour un temps, et refont surface dans un nouvel environnement verbal, et peut-être sous une forme légèrement différente. Plutôt que d'essayer de transmettre des messages à d'autres personnes, Anthony passe plus ou moins systématiquement à travers un recueil de mots et de sons qu'il est en voie de maîtriser, en les combinant suivant les diverses façons suggérées par les règles du langage, et, sans doute, sans en être conscient, en produisant souvent une combinaison qui se révèle plaisante, poétique même à nos oreilles. Ce qui semble caractériser à la fois l'activité diurne de dessin et les monologues nocturnes, c'est qu'ils se produisent avec une remarquable concentration d'énergie, mais dans un état à demi conscient. Des forces impersonnelles de développement, ce dont est faite la croissance, plutôt que les habiletés d'organisation naissantes de l'enfant semblent agir de manière prépondérante. Si l'on interrompt soit les dessins de l'enfant, soit sa conversation intime, toute la chaîne d'activité est susceptible de s'arrêter : le jeune est immergé dans un monde de sa façon, un monde d'une énorme portée créatrice, mais qui peut être facilement dissout.

Ces deux exemples d'activité ludique et symbolique se caractérisent par une extrême souplesse, puisque l'enfant passe sans effort d'un ensemble de schèmes à un autre, et même semble faire l'étalage de tout son répertoire schématique. Cependant, le dessin peut aussi se spécialiser. Dans les mois qui suivirent sa première répétition des formes de base, j'ai observé plusieurs séances où Jerry se concentrait avec une attention exclusive, voire exhaustive, sur l'un ou l'autre schème seulement. Par exemple, trois semaines après la première séance, il ne produisit que des cercles se chevauchant, n'utilisant tantôt qu'un seul marqueur, tantôt, à la file, chaque marqueur à portée de sa main. Deux jours après son deuxième anniversaire, il orchestra une séance où les formes ressemblant à des spirales (le cercle concentrique élargi) dominèrent son activité graphique (38). Et un mois plus tard, pendant près de deux semaines, Jerry travailla exclusivement sur des lignes irrégulières, dentelées, qui sont peut-être les premières tentatives d'imitation de l'écriture cursive des adultes (39, 40). Mais comme pour détruire toutes les généralisations et nous rappeler qu'il était capable de coordonner ses efforts, il produisit aussi, le jour de son anniversaire, un super-dessin (41): un effort en plusieurs couleurs et de toute une page, comportant des exemples de chacun des schèmes pratiqués jusque-là. C'était comme s'il avait prononcé une phrase utilisant toutes les façons de parler et tous les mots rencontrés jusque-là, non pas pour exprimer quelque chose qui eût un sens clair ni pour atteindre un but précis, mais bien plutôt pour prouver qu'il avait au bout de la langue toute la table périodique des éléments linguistiques.

J'ai indiqué que ces séries de dessins reflétaient les processus généraux du développement. Mais ils ont peut-être eu aussi une fin plus spécifique. Trois mois après la première série de vingt-quatre dessins, Jerry fut tenaillé par le désir «d'avoir des visages dessinés». J'utilise cette construction malheureuse parce que le plus clair de son activité consistait à convaincre les adultes et les frères et sœurs autour de lui de dessiner des visages. Quand il y réussissait, il dictait les traits précis qu'il désirait et indiquait parfois — en brandissant sa plume ou en plaçant une marque au bon endroit — là où il fallait placer tel ou tel trait.

Quant à ses propres efforts pour dessiner un visage, ils restèrent sans succès pendant quelques mois, mais il faisait connaître la nature de ses tentatives dans ce sens, grâce à deux tactiques entre lesquelles il oscillait. Parfois il essayait de tirer un seul cercle de son habituelle volée de cercles concentriques, en commençant la série et en essayant de s'arrêter; manœuvre qui aboutissait souvent soit à un cercle avorté, soit se terminant par une ligne furieuse traînant à sa périphérie (42). D'autres fois, partant de sa stratégie «écriture», Jerry essayait de tracer très lentement une ligne ondulée qui finirait par revenir sur elle-même pour produire une forme fermée (43). Aucune de ces tentatives ne fut, au départ, couronnée de succès, mais toutes deux le poussèrent vers le but désiré, c'est-à-dire un cercle pouvant renfermer des traits (44). Il est

piquant de remarquer que ces cercles tant désirés, il les avait déjà produits trois mois plus tôt, mais alors, par hasard. Le défi auquel il faisait face à présent était de mobiliser ces schèmes non par hasard, mais de propos délibéré, de manière à pouvoir produire un visage quand il eut environ vingt-six mois: des cercles distincts, qualifiés de «visages», qui furent immédiatement complétés par un ou deux cercles plus petits, appelés «yeux» (45-48).

Ceux qui s'attendent à une explication complète des origines et de la microgenèse des dessins seront déçus. Les tentatives en vue de fournir

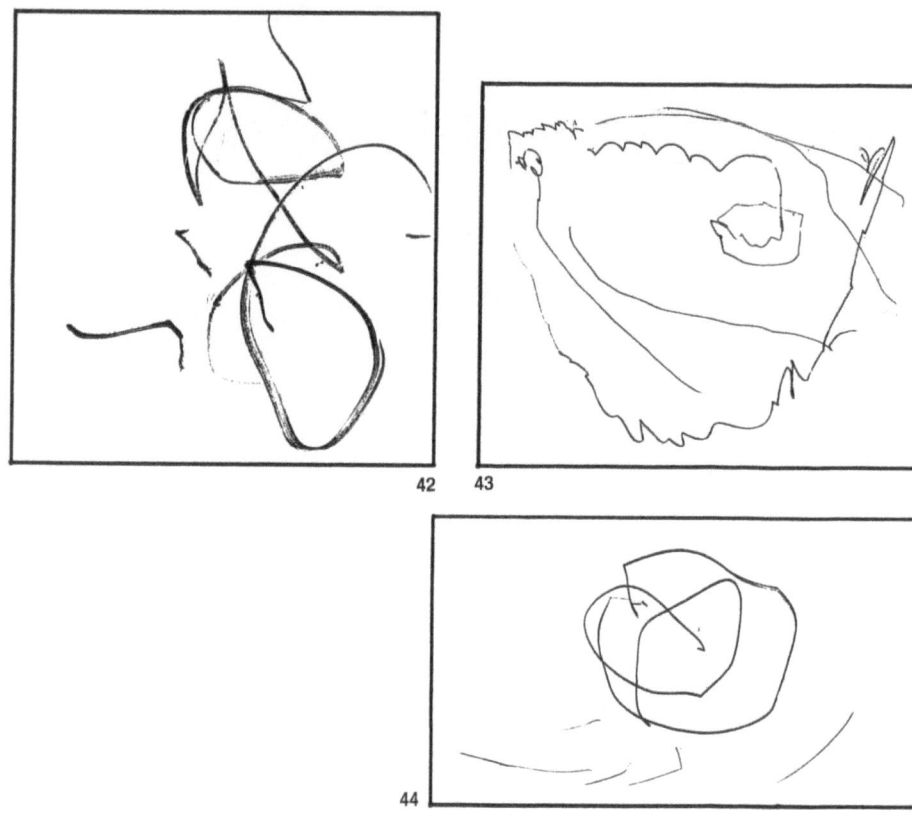

42 43

44

une explication du genre « physique classique » sont, à mon avis, vouées à l'échec. On peut échafauder une équation pour décrire les circonstances dans lesquelles des poids déterminés contre-balanceront ou non un levier, et se mettre ensuite à mener les expérimentations décisives. Mais on ne peut composer une équation pour la transformation d'un enfant qui fait des dessins non figuratifs en un enfant capable de représentation figurative, et puis réaliser les recherches appropriées. Le développement du comportement et le développement mental ne se prêtent pas au cadre de référence « antécédent-conséquent » (soit x, et y suivra). Ce que nous *pouvons* espérer — et ce dont nous devrons sans doute toujours nous contenter — c'est *un exposé de plus en plus précis de ce qui se passe*, un portrait tourné au ralenti d'un enfant, deux enfants, plusieurs enfants, tandis qu'ils suivent le sentier, ardu mais non dénué de

L'EVOLUTION DU GRIBOUILLAGE

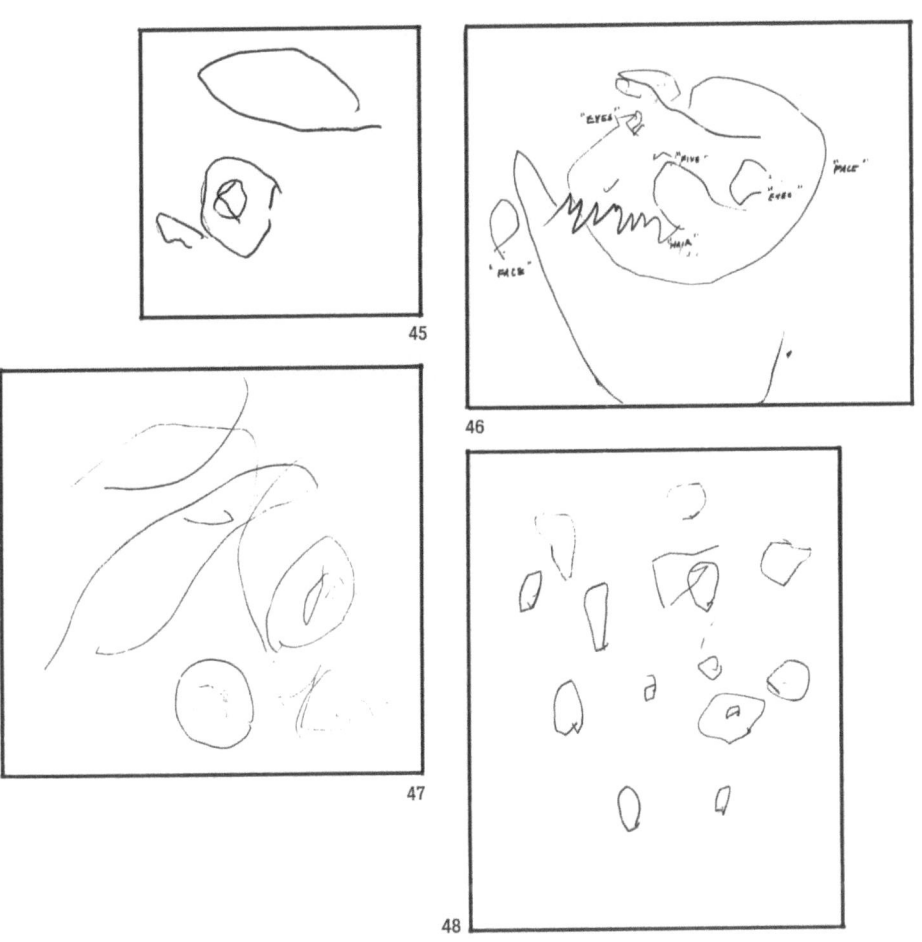

satisfactions, menant de l'activité motrice due au pur hasard à la forme manifestement figurative. Il nous est loisible, évidemment, de présenter un modèle de ce qui se passe: de rechercher l'expression, l'analogie, la figure de style, l'exemple tiré d'un autre domaine, qui capte avec le plus de justesse ce que nous voyons faire par l'enfant, et qui en éclaire la nature. Un tel modèle sera sûrement complexe. A défaut d'autre chose, la reproduction des dessins d'un enfant de deux ans révèle qu'aucun ensemble simple de facteurs n'est susceptible de rendre compte d'une manière satisfaisante — encore moins exhaustive — de la manière dont se développent les activités graphiques.

Que l'on ne se méprenne pas à ce sujet: je crois réellement que les méthodes expérimentales peuvent accroître notre compréhension de ces phénomènes. Nous devrions pouvoir obtenir des informations relatives à l'influence qu'exerce sur l'habileté au dessin la possibilité de choisir entre divers marqueurs ou entre des feuilles de papier de différentes dimensions; nous devrions être capables d'évaluer l'influence d'autrui sur les formes du dessin; l'influence de modèles graphiques, le rôle du langage, la nature de l'instrument marqueur, ainsi que l'influence d'innombrables autres variables. De cette manière, nous découvrirons peut-être comment accélérer ou ralentir le processus dont nous avons essayé d'esquisser les ressorts principaux. Et nous découvrirons d'autres pièces intéressantes de ce puzzle qu'est l'activité de dessin.

Mais à mon avis, toutes ces tentatives se ramèneront à jouer avec les ressorts du développement qui, dans le cas du dessin précoce, ont été étroitement fixés dès la naissance. Ces tentatives fournissent des commentaires détaillés et des éclaircissements sur des points particuliers, rien de plus. Expliquer comment les enfants dessinent au cours de ces premières étapes peut seulement ressembler — avec beaucoup de chance — au genre d'explication qu'adoptent les embryologistes pour expliquer comment un zygote devient une blastule ou comment un fœtus devient un embryon. Nous pouvons nous attendre à des descriptions de plus en plus précises et à une prise de conscience de plus en plus grande des facteurs du milieu qui contribuent à son évolution, mais nous ne serons pas à même de trouver la cause dernière — ni même une des premières — de ce qui est intrinsèque aux processus de développement. Et nous nous trouverons dans la même impasse chaque fois que nous tenterons d'expliquer les processus de la création, qu'il s'agisse des séquences ontogénétiques que l'on rencontre chez un enfant de quatre ans qui dessine du figuratif, et que nous étudierons dans le deuxième intermède; ou qu'il s'agisse des ébauches du *Guernica* de Picasso, que nous examinerons dans le dernier chapitre.

# Chapitre 3
La romance des formes

Il est difficile d'imaginer deux savants du vingtième siècle plus différents l'un de l'autre que le psychiatre suisse Carl Gustav Jung et Rhoda Kellog, institutrice de maternelle, établie en Californie. Jung, collègue de la première heure, et, pendant plusieurs années, héritier présomptif de Freud; plongé dans l'étude du psychisme de l'homme, dans ses manifestations collectives aussi bien qu'individuelles; prodiguant ses soins aux gens bizarres et aux âmes troublées; entretenant une correspondance avec les grands personnages de son temps; voué pendant des années à l'étude des arcanes les plus secrètes de la mythologie et des rites, et même à l'étude approfondie de l'alchimie médiévale. Kellog, par contre, bien carrée, d'éducation américaine, essentiellement autodidacte, considérée longtemps comme une excentrique entourée de sa vaste collection de dessins d'enfants; reconnue tardivement, suite à sa classification méthodique de milliers de dessins provenant d'une trentaine de pays, et ouvrant finalement une bibliothèque et une école où étudiants, éducateurs et même spécialistes de l'art enfantin aux opinions antagonistes peuvent étudier tout ce qu'elle y a accumulé. Pour autant que je sache, Kellog et Jung ne se sont rencontrés qu'une seule fois. La teneur de leur entretien n'a pas été publiée. Mais il y a gros à parier qu'ils ont discuté du mandala.

Mandala (« cercle magique » en sanscrit) est un terme utilisé tantôt pour désigner toutes les représentations symboliques comportant un motif circulaire, et tantôt pour désigner plus particulièrement ces formes circulaires, lorsqu'elles englobent une forme rectiligne. On rencontre des mandalas dans les productions de diverses cultures, remontant au moins jusqu'à la période paléolithique (49). On retrouve couramment ces formes dans les dessins d'enfants, surtout ceux de deux ou trois ans (50). Et c'est cela, de façon indépendante mais avec une force égale, qui a frappé le spécialiste des rêves, Carl Jung, et celle qui étudiait les dessins d'enfants, Rhoda Kellog.

Jung était frappé par l'apparition fréquente du mandala dans les rêves de ses patients. Par exemple, dans un ensemble de quatre cents rêves chez un de ses patients, un symbole ressemblant au mandala, comportant quatre poches ou coins distincts, survenait soixante et onze fois. La portion circulaire apparaissait sous des aspects tels qu'un serpent enroulé autour du rêveur, une horloge, une cible pour exercices de tir, une table ronde, un bassin, et un ballon. La portion rectiligne apparaissait sous l'aspect d'un square avec une fontaine en son centre, d'une cellule carrée de prison, d'un carré vide pivotant sur lui-même, d'un taxi circulant autour d'un square, de quatre enfants en cercle, etc. Souvent le centre était mis en évidence, par exemple avec un œuf placé au milieu d'un anneau, ou avec une pierre précieuse ou un poteau dominant le « champ du rêve ».

Suite à cette série de rêves, le patient éprouva soudain une sorte d'illumination : « une impression d'harmonie sublime ». Il rêva de deux formes circulaires avec un centre commun aux deux. Le plus vertical des deux cercles, un disque bleu à bord blanc, était divisé en trente-

49

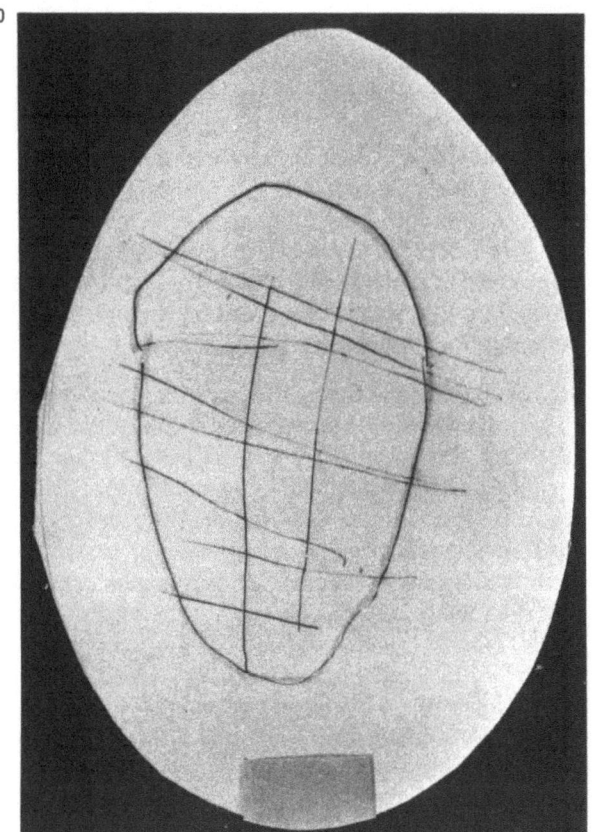

deux parties avec, dessus, une aiguille qui tournait. L'autre cercle, plus horizontal, était en quatre couleurs, et quatre petits hommes se tenaient dessus. Ensemble, les deux cercles formaient une horloge universelle consistant en trois rythmes ou pulsations fondamentales: une petite pulsation, avec l'aiguille du disque bleu vertical avançant toutes les trente secondes; une pulsation moyenne, consistant en une rotation complète de l'aiguille, tandis que le cercle horizontal se déplace toutes les trente secondes; et une grande pulsation d'une rotation complète de l'anneau doré, égale à trente-deux pulsations moyennes.

Selon l'interprétation de Jung, «la vision récapitule toutes les allusions des rêves précédents. Elle semble être une tentative d'arriver à un tout chargé de sens, à partir des symboles précédents, fragmentaires, tels que cercle, globe, carré, rotation, horloge, étoile, croix, ensemble de quatre, temps, etc.». Peu après cette expérience d'illumination, le patient subit une conversion religieuse: les parts disparates de son expérience s'étaient synthétisées en un tout harmonieux. Et même, manifestant ses pouvoirs mystiques, le mandala rendit le patient capable de résoudre le problème de la Trinité — de réconcilier l'élément femelle, la terre et le corps. « C'était la première indication d'une solution possible au conflit dévastateur entre la matière et l'esprit, entre les désirs de la chair et l'amour de Dieu ... le mandala exprimait la divinité à travers le rythme triple, et il exprimait l'âme à travers l'ensemble quaternaire statique, c'est-à-dire le cercle divisé en quatre couleurs. Et donc sa signification profonde serait simplement l'union de l'âme avec Dieu ». De cette façon, la vision du patient fournissait une réponse symbolique aux questions que l'on débat depuis des siècles.

Jung voyait l'homme et la femme en quête perpétuelle d'un sens à la vie, un sens exigeant souvent la réconciliation de forces antagonistes, et tout particulièrement des paradoxes développés par les religions. Ce combat, qui se déroulait généralement à un niveau inconscient, conduisait à l'élaboration de symboles, habituellement visuels, qui captaient (et parfois clarifiaient pour la personne elle-même) la nature de son dilemme. Seul le mandala se présentait de façon généralisée, apparemment inévitable, par-delà le temps, les pays, les cultures, les individus. Cette universalité faisait du mandala un symbole s'étant développé comme une part d'inconscient commune à tous les humains — « l'intégralité du cercle céleste et de la terre, unissant les quatre principes ou éléments ou qualités psychiques, expriment l'état complet et l'union. Le mandala a donc la fonction d'un symbole réconciliateur ... les mandalas sont les expressions d'une certaine attitude que nous ne pouvons désigner que sous le nom de 'religion' ». Pour Jung, en dernière analyse, le psychisme possède un substrat qui transcende toutes les différences des cultures et des consciences particulières; des formes comme le mandala constituent une expression psychologique de l'identité de la structure cérébrale commune à tous les membres de l'espèce. Et l'état complet ou totalité exprimée dans l'« état quadruple de l'un » représente la Divinité aussi bien que le moi — les problèmes capitaux auxquels sont confrontés les êtres humains. Une visualisation de ces entités clarifie leur nature, et c'est pourquoi l'on retrouve — et l'on apprécie — le mandala en tous lieux.

Alors que c'est dans la structure du cerveau humain et la nature du conscient et de l'inconscient humains que Jung recherche l'origine ultime des configurations ressemblant au mandala, Kellog, quant à elle, trouve les origines du mandala dans le développement du dessin chez le jeune enfant. Et parce qu'elle a étudié ce développement avec un soin minutieux, elle est à même de situer avec précision les origines du mandala. Alors que d'autres experts ont simplement observé que les jeunes « gribouillaient », Kellog a classifié les gribouillages d'enfants du monde entier suivant vingt types fondamentaux (51). Et quand d'autres obser-

51

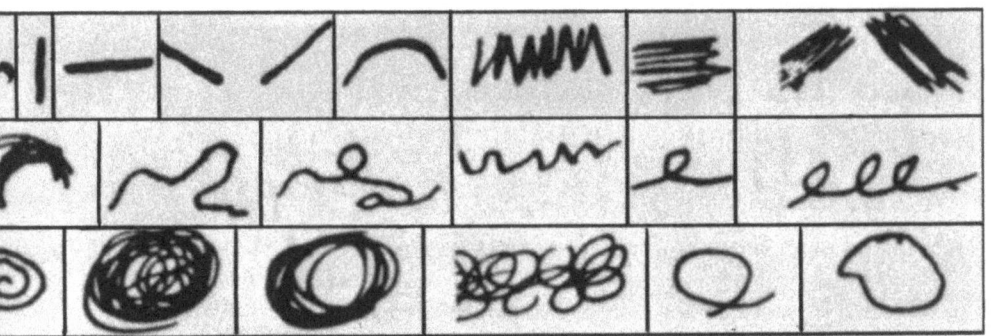

vent que les jeunes font des marques à différents endroits de la page, Kellog a, en fait, identifié dix-sept modes différents de placement (52).

Passons en revue le « cheminement du dessin » tel que décrit par Kellog. A deux ans ou deux ans et demi, les enfants commencent à réaliser différentes formes, jusqu'alors latentes dans leurs gribouillages. Les gribouillages circulaires se « défroissent » pour devenir des cercles reconnaissables distincts; ou, devenant anguleux, ils se font rectangles ou triangles. En fait, à chaque répétition, la forme devient un peu plus nette, plus différenciée des autres, plus autonome. Les premiers cercles peuvent à peine se différencier d'une série de lignes ondulées; les formes suivantes se distinguent par leur aspect très ovale ou elliptique. De même, les premiers carrés peuvent ressembler à des cercles, ou aux gribouillages plus anguleux de la première année; mais avec la pratique qui suit, les lignes se font de plus en plus parallèles ou perpendiculaires, les angles plus marqués, et la forme en vient à ressembler à l'idéal rectiligne selon Platon.

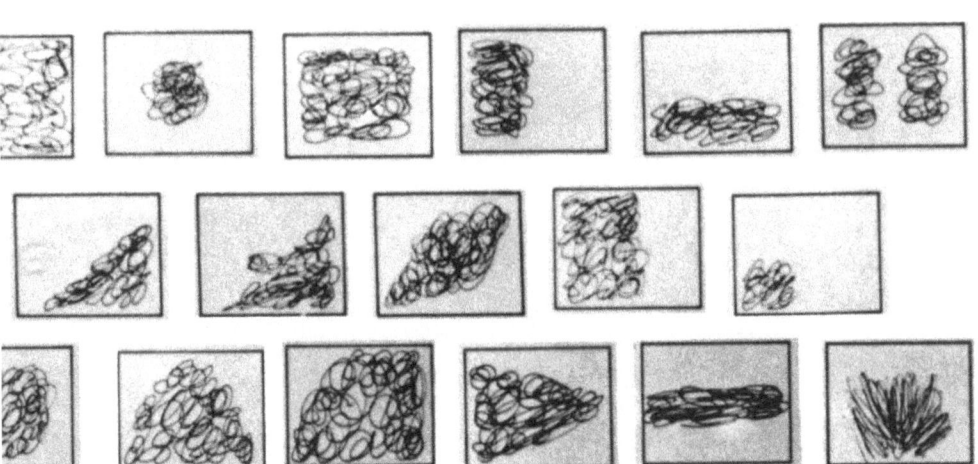

52

Il ne faut généralement que quelques mois pour que l'enfant commence à répéter plusieurs de ces formes sur la même page. De même qu'un enfant plus âgé s'exerce, dans un premier cahier, aux lettres de l'alphabet et aux mots, l'enfant de trois ans repasse son vocabulaire de formes, traçant d'abord un carré, puis un triangle, puis un pan qu'il colorie, puis une série de points, etc., et ce, pendant plusieurs heures d'affilée. La juxtaposition des formes se présente après un certain temps et ensuite, soit progressivement, soit subitement, l'enfant finit par superposer les formes les unes sur les autres. Kellog désigne ces motifs superposés — le cercle rempli de lignes, le triangle placé dans un cercle, le carré placé dans un triangle — sous le terme de « combinaisons » (53); et lorsque trois formes de ce genre se présentent approximativement dans la même zone, elle les appelle « aggrégats ».

A partir des figures de base telles que ovales, rectangles, triangles et croix, il y a soixante-six manières possibles de juxtaposition ou de superposition. Mais tous les hybrides n'apparaissent pas avec la même fréquence, et, en fait, certains n'apparaissent presque pas. Les mandalas sont les exemples par excellence d'une combinaison. Les mandalas sont non seulement visibles dans bien des combinaisons mais, ce qui est plus important, ils semblent représenter une tendance centrale de « comportement combinatoire » : les figures les plus simples et les plus harmonieuses donnent, en se combinant, des formes ressemblant à un mandala.

L'aspect circulaire du mandala est probablement le facteur principal de sa prédominance. Sa conformité avec le mouvement du bras de l'enfant, sa parfaite symétrie, sa ressemblance évidente avec tant d'objets (ou de « choses ») dans l'univers, la facilité relative à reproduire la forme (contrairement, par exemple, au carré) — tous ces facteurs inter-

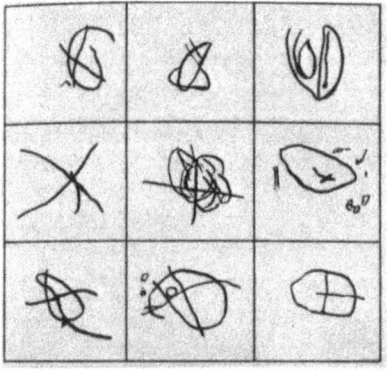
53
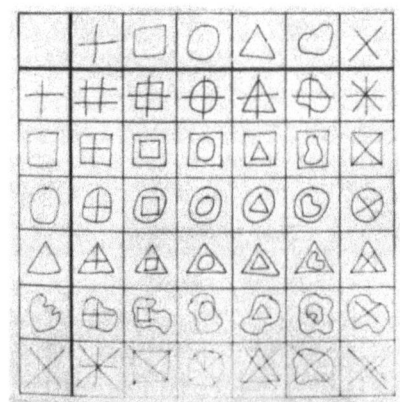

agissent et semblent conférer au cercle son statut particulier. A l'instar des précurseurs de l'étude de l'art enfantin tels que Gustaf Britsch, Henry Schaefer-Simmern et Rudolf Arnheim, Kellog souligne le potentiel graphique du cercle : de ses variations naîtront des soleils avec leurs rayons linéaires, et, en fin de compte, les premières représentations de la figure humaine.

Tant Carl Jung que Rhoda Kellog considèrent le mandala comme inévitable : Jung, parce qu'il est clairement inscrit dans notre système nerveux et convient parfaitement pour résoudre nos dilemmes existentiels ; Kellog, parce qu'il se présente comme un résultat normal de la séquence de dessins par laquelle passent tous les enfants normaux (et bien des enfants anormaux), séquence caractérisée par la recherche de l'ordre et de l'harmonie. Je tends à partager la vue de Kellog, car je la trouve moins grandiose et moins compliquée. Mais, selon moi, aucun de ces deux analystes de l'activité humaine, pas plus qu'aucun autre spécialiste du mandala, n'a suffisamment souligné à quel point une forme comme le mandala reflète les processus généraux du développement chez le jeune enfant.

Dans son apprentissage du monde, l'enfant est continuellement mis en demeure de faire des distinctions entre les objets qu'il voit, les sons qu'il entend, les matériaux qu'il touche, les personnes qu'il rencontre. Ce seront les contrastes les plus marqués qui, au début, le frapperont : les sons les plus bruyants et les plus doux, les tons les plus clairs et les plus sombres, les personnes les plus grandes et les plus petites. De même pour les contrastes entre les humeurs : la joie et l'anxiété se distingueront l'une de l'autre beaucoup plus tôt et beaucoup plus facilement qu'un petit plaisir ou une légère souffrance. Tout comme ces contrastes extrêmes apparaissent les premiers dans le domaine de la perception, ainsi aussi, le jeune enfant dans ses activités produira d'abord des éléments nettement tranchés. Dans le domaine vocal, par exemple, il émet d'abord les groupes de sons combinant l'état le plus fermé de l'appareil vocal (*m*, *p*) avec les sons impliquant sa complète ouverture (*â*, *o*). Plus tard, parfois beaucoup plus tard, apparaissent les sons intermédiaires (*e*, et *i*, *k* et *g*). De même, quand il joue avec des objets, il ne supporte aucun comportement intermédiaire. Ou bien il attire contre lui la poupée ou l'ours, ou bien il les jette hors du berceau : tenir des objets à bout de bras, tant au sens propre que figuré (garder sa « distance psychologique ») est un phénomène beaucoup plus tardif. Et, avec le temps, la juxtaposition des contraires envahit la sphère sémantique : il suffit de considérer les conflits entre contraires qui constituent l'essentiel des contes de fée.

Ce principe de contraste maximum, comme on l'a appelé, détermine également les domaines de la perception et de la production visuelles.

De même que le nourrisson distingue d'abord une marque ou une forme sur un fond vierge, de même que le bambin peut différencier les membres d'une catégorie les plus distincts les uns des autres (canards - hirondelles) et arrive finalement à pouvoir discriminer parmi des cas plus apparentés (moineaux - roitelets), ainsi également l'enfant, dans ses dessins, représente d'abord les contrastes les plus tranchés. Nous avons constaté que certaines portions des premiers gribouillages sont circulaires ou ondulées: dans ce cas, le coude de l'enfant reste fixe et son avant-bras pivote dans un large mouvement de va-et-vient. Ces formes plus ou moins rondes tranchent nettement avec maints autres gribouillages. Pour produire des points sans bavures, tout le bras de l'enfant (des doigts au coude) se soulève assez haut et s'abaisse brusquement d'un seul coup; pour tracer des lignes droites, il faut que les bouts des doigts restent à même distance du corps, tandis que l'angle du coude est sans cesse réajusté; pour créer des formes anguleuses, il faut que l'orientation du poignet soit brusquement réajustée à mi-chemin du mouvement. Le plaisir — et l'exercice — retiré de ces mouvements nettement différents expliquent peut-être la prédominance de ces formes dans les premiers gribouillages. Il ne fait pas de doute que l'apparence visuelle caractéristique de chacune de ces marques ajoute à leur attrait.

Tout en produisant des effets graphiques différents, ces «mouvements graphiques» contrastés entraînent aussi des «qualités» distinctes. Faire des points est une activité brusque, martelante (comme donner des coups de poings dans un sac de sable); produire des lignes ondulées est un exercice plus calme, plus régulier (comme décorer un gâteau); produire des angles suppose une modification de l'énergie et une pression à mi-chemin au cours du geste (comme signaler les pénalités dans un match de football). Ces différences dans la «qualité de la production» constituent une autre part importante des premières activités de l'enfant, que l'on remarque aussi bien dans ses productions que dans ses perceptions. Ainsi, quand j'ai pris un marqueur et que j'ai commencé à en frapper la feuille, Jerry, à vingt mois, m'a imité avec beaucoup de concentration et d'enthousiasme. Cependant, ce qu'il imitait sans doute, ce n'était pas la configuration graphique qui en résultait, mais plutôt les propriétés dynamiques de l'acte de frapper; et Jerry frappait avec son poing ou une cuillère aussi bien qu'avec le marqueur (ou même de préférence à ce dernier). De même quand je faisais aller mon marqueur dans un mouvement de va-et-vient, ou que je faisais se succéder une série de mouvements angulaires, ce sont probablement les propriétés «vectorielles» de mon activité qui étaient imitées. En imitant de façon quasi compulsive les activités de son père, ce qui importait surtout à Jerry, c'était l'action — l'énergie dirigée — et non son résultat.

En fin de compte, cependant, cet engagement dans un comportement nettement tranché, cet intérêt pour les propriétés dynamiques d'une activité, firent place à une concentration sur les propriétés du dessin réalisé. A dix-huit mois, Jerry avait juste commencé à remarquer que le marqueur laisait une trace. Environ une année plus tard, il se préoccupait non seulement de savoir s'il avait fait une marque, mais aussi de la nature de cette marque. Et, plus spécifiquement encore, la marque commença à acquérir un caractère achevé : un début et une fin, une certaine unité.

Ici encore, nous pouvons découvrir des rapports intéressants avec d'autres domaines de la vie de l'enfant. Aux alentours d'un an, un bébé émet un son individuel ou un ensemble de sons ; à deux ans et demi, ce sont des entités reconnaissables, chargées de sens : des mots et des phrases. Vers un an, un bébé avance en trébuchant (ou bien se déplace à quatre pattes), plus ou moins sans but ; un an et demi plus tard, sa démarche est résolument orientée vers un but. A un an, un bébé pousse des blocs à droite et à gauche, ou bien les cogne l'un contre l'autre ; un an et demi plus tard, il les place les uns au-dessus des autres, à la manière d'une tour (avant, bien sûr, de les renverser joyeusement). Et ainsi, également, il ne lui suffit plus de tracer quelques lignes ondulées, un ensemble de points ou quelques angles au hasard. A deux ans et demi, il produit des formes définies : un cercle fermé, un triangle complet, un rectangle équilibré, bref quelque espace clos, avec son essence propre, incontestable.

Il nous faut remarquer cependant une différence fondamentale entre la réalisation d'espaces clos dans le domaine graphique, et la production d'histoires, d'airs ou de tours. En un mot, à une période où ces créations-là peuvent déjà signifier quelque chose, le jeune dessinateur ne s'intéresse encore qu'à la production de formes pour elles-mêmes. A une période où les mots se rapportent indéniablement à des objets et à des événements, et où des séquences de jeu symbolique indiquent le fait de s'habiller, d'aller au lit ou de jouer au ménage, les formes qui sont dessinées restent juste cela : des formes, qui ne sont pas encore reliées à l'univers des objets et des expériences. Et même, dessiner reste pendant plusieurs mois une expérience qui n'influence guère la perception de l'univers quotidien chargé de significations. Certes, l'enfant regarde, et d'un œil de plus en plus critique la forme et la dimension des formes dessinées ; et pourtant, il est pareillement vrai qu'il ne s'efforce pas beaucoup de voir les rapports entre les figures tracées et celles du « monde réel », et qu'il ne s'en soucie guère. Une ligne, pour un enfant de deux ans et demi, est encore une trajectoire suivie pour elle-même ; il ne fait que commencer à la voir comme la limite d'un espace clos ; et ainsi, même s'il a depuis longtemps acquis la capacité de « lire les images » dans les livres, il n'a pas encore effectué ce saut mental important qui reconnaît dans les espaces clos de sa propre plume une similitude avec les formes délimitées du monde réel.

La liaison entre l'univers de l'activité graphique et celui de l'expérience ne se produit pas avant l'âge de trois ans, et elle est loin de se faire tout d'un coup. En fait, les indices de cette aptitude apparaissent au cours de la deuxième et de la troisième année. Déjà à dix-huit mois, Jerry, après avoir fait une marque, disait : « petit oiseau ». Bien qu'il fût évident qu'il répétait ce que j'avais moi-même dit après avoir fait une marque, ce commentaire prouvait du moins qu'il commençait à se rendre compte que l'on pouvait nommer quelque chose que l'on avait dessiné. Au cours des mois suivants, il fit plusieurs observations supplémentaires à l'adresse des dessins. Par exemple, à vingt-trois mois, biffant un visage dans un livre, il dit : « au revoir visage »; à vingt-cinq mois, il me demanda de faire un dessin et puis il déclara : « maintenant, je dessine un singe »; à vingt-sept mois, déjà au seuil de la représentation graphique, il fit une série de lignes et de cercles et m'informa que : « ceci, c'est Peter Pan. Frappe dans les mains et tout ira bien pour Tinkerbell ».

De telles allusions, faites régulièrement, révèlent clairement de la part de l'enfant « pré-figuratif » l'aptitude et l'inclination à parler de ses dessins et de l'acte même de dessiner. Parce que ces remarques promettent des représentations qui ne sont pas fournies, on dit que l'enfant « affabule ». Le commun dénominateur de ces bavardages disparates, c'est que l'enfant indique ce qu'il *voudrait* accomplir (dans le cas de Jerry : le singe et l'oiseau), ou qu'il réalise une liaison très générale entre le domaine du dessin et celui du langage (dans le cas de Peter Pan ou du visage). Ce qui fait défaut, c'est la réalisation effective, dans les limites du dessin même, d'une ressemblance décelable entre les formes produites et des choses réelles. En d'autres mots, aux yeux de l'observateur, il y a peu, s'il y en a, de base objective à l'appellation donnée. Il semble que les noms soient un commentaire fortuit, une pensée qui vient par après, qui n'est pas inspirée par ce qui se voit, qui fait partie d'un jeu de communication entre l'enfant et son entourage, plutôt qu'une étiquette ayant pour base, ne fût-ce qu'indirectement, la figure particulière que l'enfant a façonnée.

Ce que signifie exactement pour l'enfant le nom imaginaire qu'il donne à une figure reste un mystère. L'enfant discerne-t-il vraiment une ressemblance qui échappe au regard d'autrui ? Cherche-t-il à « souhaiter » l'incarnation de la forme en la consacrant ainsi : se peut-il même qu'il accomplisse quelque acte magique ou « totémistique » ? L'enfant voit-il dans le fait de décrire le dessin un jeu dans lequel la culture a sa part, ou bien le fait-il simplement pour faire plaisir aux adultes qui l'ont sans doute bombardé avec les inévitables: « Qu'est-ce que c'est? Qu'est-ce que tu dessines? Dis-moi ce que c'est. »? L'enfant est-il engagé dans une sorte de recensement, chaque marque étant une sorte de notation primitive signifiant l'objet (de même qu'un mot, au début du moins, est une façon arbitraire de désigner quelque chose de l'univers réel)? Ou bien l'affabulation est-elle la manière dont il effectue la transition entre le simple gribouillage et la véritable représentation figurative?

Je ne crois pas que l'affabulation se prête à une explication simple, étant donné, surtout, qu'elle ne se présente pas avec une égale fréquence, ni en des occasions analogues chez tous les enfants. On peut trouver cependant un fil conducteur qui mènerait à mieux comprendre l'affabulation, dans le comportement de jeunes enfants que mes collègues et moi-même avons étudiés, enfants d'intelligence et de personnalité comparables, qui, néanmoins, abordaient leurs expériences quotidiennes de façon extrêmement différente.

D'une part, nous avons rencontré un groupe de jeunes enfants que nous avons appelés les *patterners*. Ces jeunes envisagent l'univers en fonction des configurations qu'ils peuvent y discerner, des modèles et régularités qu'ils y rencontrent, et, plus spécialement, des qualités physiques des objets: leurs couleurs, dimensions, formes, etc. Ces « patterners » disposent avec enthousiasme des blocs les uns au-dessus des autres, font des expériences interminables avec des formes, sur la table ou dans leurs dessins, assortissent constamment des objets les uns avec les autres, construisent des paires, des trios, etc.; mais ils ne passent que peu de temps à re-jouer des scènes familières et ils s'engagent relativement peu dans les conversations (bien qu'ils comprennent certainement ce qui se dit).

En contraste frappant, il y a le groupe que nous avons baptisé les *dramaturges*. Ces enfants s'intéressent énormément à la structure des événements qui se déroulent autour d'eux: les actions, aventures, heurts et conflits qui arrivent à l'univers des personnes, de même que les récits fantastiques décrivant des événements encore plus saisissants, récits qu'ils demandent de réentendre inlassablement. Alors que les « patterners » ou « configuratifs » se cramponnent aux activités de dessin, de modelage d'argile et d'arrangements numériques, les dramaturges préfèrent raconter des histoires, s'engager dans des jeux simulés, dans des conversations et des échanges sociaux avec des adultes et avec leurs pairs. Pour eux, un des plus grands plaisirs de la vie consiste à maintenir le contact avec les autres et à célébrer les fastes des relations interpersonnelles. Nos configuratifs, au contraire, semblent presque repousser le monde des relations sociales, préférant plutôt s'immerger (et peut-être se perdre) dans l'univers (habituellement visuel) des configurations.

Les configuratifs aussi bien que les dramaturges prennent plaisir à faire courir un marqueur sur une feuille de papier, mais ils semblent en retirer des plaisirs très différents. Comme on peut le voir dans la figure 54, un dessin fait par un configuratif typique, ces enfants prennent plai-

54 Dessin fait par un « configuratif » âgé de trois ans et demi. L'enfant a fait le dessin sans commentaires mais avec une intense attention à chaque détail. Tout en reliant les points les uns aux autres, il les comptait.

sir à explorer des possibilités visuelles, traçant une ligne dans des directions variables, et, d'habitude, cette activité leur suffit; ils ne ressentent guère le besoin d'intituler leurs produits. Sensibles à l'écart entre leurs dessins et les configurations visuelles des objets réels, il ne leur arrive guère d'intituler spontanément leurs dessins, mais il se peut qu'ils « affabulent » juste pour apaiser leurs aînés ou les réduire au silence. Par contre, comme le fait voir le dessin d'un dramaturge typique (55), ces enfants-là trouvent l'échange social entourant le dessin aussi captivant que l'activité de gribouillage elle-même. Ils proposent des noms — qui peuvent être drôles ou ridicules, tantôt reliés à des événements récemment survenus, tantôt inspirés par des histoires soit familières soit entièrement imaginées — et cette affabulation, chez les dramaturges, devient un élément capital de l'activité de dessin. En vérité, vu qu'ils sont relativement insensibles aux configurations visuelles, l'écart entre les choses « réelles » et les choses « représentées » leur semble de peu d'importance. Certes, certains enfants n'illustrent aucune de ces deux tendances et d'autres semblent osciller entre les deux. Tous les enfants se laissent aller à un peu d'affabulation, mais les raisons qui les y incitent

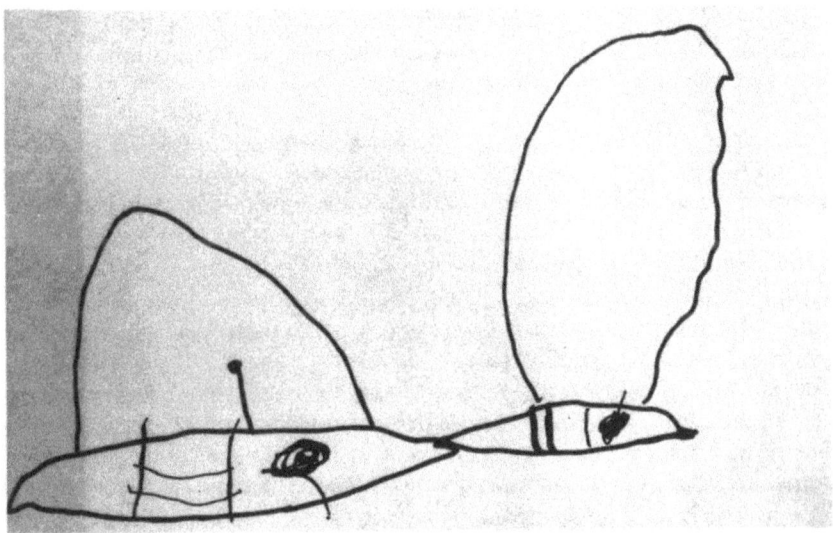

55 Dessin d'un « dramaturge » de trois ans et demi. Pendant qu'il y était occupé, les activités graphiques et narratives s'associaient en toute liberté : « Il était une fois, il y avait un petit poisson » (il dessine la forme allongée, sur la droite), « et il avait une maman poisson » (il dessine une forme allongée, plus grande, sur la gauche). « Un jour, le petit poisson s'en alla nager » (il dessine une boucle au-dessus du petit poisson). « La maman courut après lui » (il dessine la boucle au-dessus du grand poisson). « Méchant, méchant, toi — dit-elle — Je vais devoir faire mettre une porte » (il dessine les rayures sur le petit poisson). « J'en aurai une aussi » (il ajoute des rayures sur la grande forme) « et je veux des yeux pour te voir » (il ajoute des yeux sur les deux poissons).

et le plaisir manifeste qu'ils y prennent semblent très différents suivant chacun.

Toute affabulation, bien sûr, n'est pas étrangère, de la même manière, au dessin produit. En fait, au cours des mois qui précèdent les premières « véritables représentations », on peut trouver la preuve que l'enfant commence à relier les images à la réalité. Peut-être les premières indications s'en présentent-elles vers la fin de la deuxième année, quand l'enfant discerne une ressemblance avec un élément de la vie réelle rencontré par hasard dans une configuration du milieu. Ainsi, une enfant de deux ans que nous avons examinée, se promenait un jour dans les bois et fit remarquer la ressemblance qu'il y avait entre les angles de certaines branches et certaines lettres et objets; elle y aperçut, par exemple, une lettre T, une lettre K, un fusil et un parapluie. Une autre étape sur le trajet allant d'une appellation arbitraire à une appellation justifiée se présente lorsque l'enfant regarde une figure ou un schéma qu'il a fait et propose une série d'appellations. Jerry, par exemple, à vingt-huit mois, regarda un cercle qu'il avait dessiné et annonça : « Oh ! ça c'est un ballon, un cercle ». Dans ces cas-là, on peut effectivement trouver une ressemblance visuelle entre la représentation et la réalité correspondante, mais cette identification arrivant après coup relève encore de l'affabulation, car la ressemblance semble avoir été découverte a posteriori plutôt que voulue au départ.

Cependant, l'enfant dépasse manifestement la simple affabulation lorsqu'il est capable de placer convenablement certains traits dans une forme fournie par un parent plein d'initiative ou par un expérimentateur. Nous avons découvert que, lorsqu'on les en prie, nombre d'enfants « pré-figuratifs » de deux et trois ans, si on leur présente la silhouette de corps humains ou d'animaux, peuvent en placer les traits avec exactitude. Ma fille Kay, par exemple, avait à peine deux ans, lorsqu'elle fut capable, sur demande, de placer, dans un grand cercle qu'on lui présentait, les cheveux au sommet du cercle, des points pour les yeux, près du sommet; un autre point, au centre, pour le nombril, et, au bas, diverses protubérances, pour les jambes. Je ne parlerais pas ici de véritable représentation, car l'initiative, en vue de cette représentation, était extérieure à l'enfant. Cependant, une fois faite la suggestion appropriée, l'enfant était capable de compléter une silhouette humaine avec une fidélité topologique indubitable.

La question de savoir si l'on veut décerner à l'enfant l'épithète non équivoque de « faiseur de symboles graphiques » a acquis depuis peu une signification particulière. Après tout, comment faut-il considérer les activités de certains membres choisis de l'espèce des *Pan troglodytes* : le chimpanzé ? A peine nous a-t-on fait savoir que Lana, Sarah et Washoe, les trois illustres chimpanzés maîtrisaient divers systèmes linguistiques, voilà que R.A. Gardner et Beatrice Gardner viennent affirmer qu'une jeune chimpanzé qu'ils ont étudiée fait des dessins figuratifs. Pour rendre justice aux affirmations des Gardner, il faudrait d'abord regarder les dessins qu'ils ont publiés: peut-on effectivement y voir les ressemblances que prétend y voir Moja, âgée de trois ans? Il convient de révéler qu'un des dessins était décrit par cette chimpanzé femelle comme étant un oiseau (56), et qu'un autre, elle le désignait comme une baie (58). Moja (58) était également capable, quand on lui posait la question, d'indiquer le nom de l'artiste responsable des dessins de même que le sujet de ses dessins.

Au fur et à mesure des années, il semble que les chimpanzés deviennent de plus en plus habiles (ou capables). Il y a tout lieu de croire que cette hausse de leurs aptitudes va persister, non parce que les QI des chimpanzés sont en hausse, mais plutôt parce que les expérimentateurs deviennent plus ingénieux et que les méthodes d'apprentissage se perfectionnent sans cesse. Il y a quelques années, le primatologue Desmond Morris écrivait avec assurance que les chimpanzés étaient incapables de faire des dessins figuratifs. Certes, ils passaient par différentes étapes de gribouillage tout comme les enfants humains, et ils exécu-

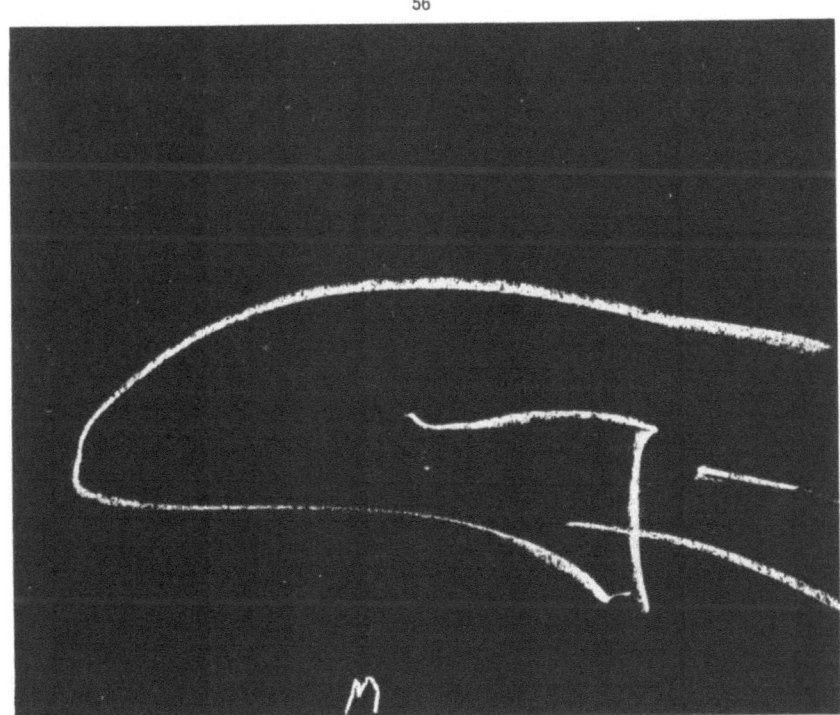

56

57

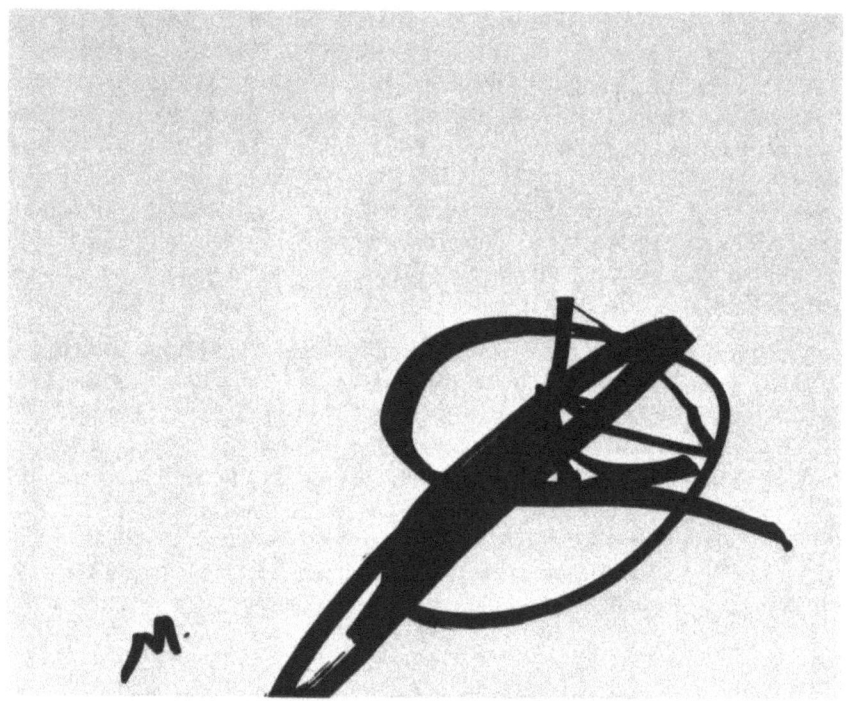

58

taient même à l'occasion un mandala; mais parce qu'ils ne contrôlaient pas leurs images visuelles, ils ne pouvaient répéter de façon fiable ce qu'ils avaient fait précédemment et donc, ne pouvaient effectuer le saut capital vers une représentation authentique. Après tout, si les chimpanzés n'étaient pas capables de nommer les choses, comment pouvaient-ils les dessiner?

Les Gardner ont à présent démontré chez les chimpanzés l'existence d'aptitudes linguistiques beaucoup plus grandes que ne l'avaient cru possible la plupart des chercheurs. Et ils prétendent que leurs chimpanzés sont également capables d'exécuter de véritables représentations. Il nous est permis de rester sceptique à l'égard du témoignage de la jeune Moja, de même que nous restons réservé quant aux réponses affabulatrices des enfants de deux et trois ans. Pourtant, étant donné les progrès immenses accomplis ces dernières années par des équipes de psychologues et de chimpanzés, il serait téméraire pour un homme de science d'oser exclure à jamais les chimpanzés de l'univers de l'art figuratif. De même que quelques mois seulement séparent nos sujets âgés de deux ans de l'univers des «têtards humains», il se peut que les chimpanzés d'expérience soient sur le point de faire des dessins dont l'identification serait si inconstatble que les étiquettes qu'ils leur donneraient ne feraient que confirmer ce qui est évident pour tout spectateur perspicace. Entre-temps, nous pouvons réfléchir à la signification des mandalas qu'ils dessinent, et considérer, plus spécialement, si les facteurs qui poussent les enfants humains à dessiner des mandalas pourraient également être en jeu dans les réalisations de nos parents les plus proches dans l'échelle des espèces.

Suite à notre investigation, que peut-on déduire sur la nature et le statut de l'omniprésent mandala? Comment cette figure s'intègre-t-elle dans la chaîne reliant le simple gribouillage à la représentation authentique? Trois éléments m'apparaissent pertinents.

En premier lieu, le mandala juxtapose et met en contraste deux des formes géométriques les plus courantes et les plus stables: le cercle et la croix. Comme tel, il reflète la tendance généralisée chez les jeunes enfants de se concentrer sur des éléments extrêmement contrastés et d'y prendre plaisir.

Ensuite, et c'est connexe, le mandala est une forme facile à retenir et très plaisante à l'œil. De même que les enfants apprécient certains ensembles de sons parce que (comme le chant universel d'une tierce mineure) ils s'exécutent facilement et peuvent transmettre des messages agréables, de même le mandala est une forme harmonieuse, facile à reconnaître, à reproduire et à retenir, et aussi à exploiter pour une variété d'effets graphiques.

Mais, à mon avis, la raison principale de l'universalité du mandala, c'est sa place sur l'itinéraire de la représentation authentique. A la période où le mandala fait son apparition — vers la fin de la troisième année — l'enfant commence à comprendre la nature « représentationnelle » du dessin. Certes, il n'exécute pas lui-même des représentations, mais il est à même de participer au processus de la représentation lorsqu'on lui en fournit l'occasion.

C'est à ce moment-là que le mandala assume son rôle particulier, à mi-chemin entre l'exploration purement formelle et la représentation véritable. Le mandala est à la fois une forme géométrique plaisante et même admirable, et, en plus, son apparition et sa complexité annoncent les représentations qui vont suivre. La portion circulaire laisse prévoir l'objet délimité; les deux lignes de la croix peuvent préfigurer les jambes, les bras, les traits du visage, la chevelure ou même les vêtements. Lorsqu'on les invite à faire des commentaires, il arrive en effet que les enfants proposent l'une ou l'autre de ces identifications, mais ils ne ressentent pas le besoin de le faire: le mandala peut aussi se suffire à lui-même. Selon moi, le mandala apparaît de façon universelle et a une importance capitale parce que son apparition dérive d'une multiplicité de causes: en raison des processus visuels de l'enfant, de son fonds schématique, de son sens de la simplicité, de l'équilibre et de l'opposition, il est prédisposé à produire le mandala; et parce que cette forme contient en germe la représentation ultérieure, elle laisse présager des événements décisifs.

Chapitre 4
Les têtards en tant que choses

Les autres êtres humains jouent un rôle important dans la vie du nourrisson et ce, dès les premiers jours. Le nouveau-né est « branché » de manière à être particulièrement attentif aux yeux, notamment ceux de sa mère. L'enfant de deux mois est capable de dépasser cette attention impérieuse à la région des yeux et de saisir le visage dans sa totalité. A six mois, il peut reconnaître avec un sourire les personnes qui lui sont les plus familières, même si, endéans un mois ou deux, il manifeste de l'appréhension en présence d'un inconnu. A la fin de la première année, il reconnaît et identifie les représentations imagées d'autres personnes : l'« autre » est déjà connu, aussi bien par l'image que par la connaissance personnelle.

La connaissance des autres personnes continue à s'étendre et à s'approfondir au cours de la deuxième année. L'enfant s'attache fortement aux personnes qu'il aime et une grande partie de sa conduite est motivée par le désir de rester en leur compagnie. Il fait aussi la connaissance de plusieurs autres personnes et associe à chacune des propriétés spécifiques (Tante Sally est une « chatouilleuse », le facteur arrive toujours en fin de matinée). Il se comporte de façon appropriée (plus ou moins) avec chacune. Il apprend que d'autres personnes — et même les poupées — peuvent agir et accomplir certaines fonctions. Qui plus est, cette connaissance des autres n'est pas dissociée d'une croissance plus personnelle. En fait, c'est en arrivant à bien connaître les autres, à se rendre compte de la gamme de leurs conduites, comme nous l'avons vu précédemment, que l'enfant finit par comprendre qu'il est, lui aussi, un être distinct, une personne à part entière, un moi.

Cette connaissance de soi ne se réalise évidemment pas à un moment précis, et n'est d'ailleurs jamais entièrement terminée. Cependant, au cours de la deuxième et de la troisième année, on constate certains événements déterminants dans la compréhension du moi. L'enfant reconnaît son nom et y répond et peut le dire au vu d'une photo qui le représente; il en arrive aussi à savoir que le reflet dans le miroir n'est pas quelque autre personne, mais bien cet être particulier qui est « moi ». Michael Lewis a étudié l'acquisition de cet important aspect de la connaissance. Suivant l'exemple d'un travail similaire sur la « connaissance de soi » chez les chimpanzés, Lewis appliquait subrepticement du fard rouge sur le visage des nourrissons et leur donnait alors l'occasion d'examiner leur reflet dans un miroir. Les nourrissons qui se contentaient de dévisager leur reflet ou de toucher le miroir ne passaient pas pour avoir une connaissance de soi; par contre, ceux qui, en apercevant le fard, portaient la main à leur visage comprenaient vraisemblablement que le reflet dans le miroir était le leur. Les enfants d'un an témoignaient rarement de la reconnaissance de soi; ceux de deux ans, presque toujours.

La connaissance que l'enfant a des autres personnes et la conscience de plus en plus grande du moi se sont suffisamment développées au cours des vingt-quatre premiers mois pour faire surgir une épineuse question: pourquoi, étant donné ces connaissances sur l'univers des personnes, l'enfant ne les représente-t-il pas dans son activité graphique? Pourquoi l'enfant gribouillant continue-t-il pendant un, deux ou même trois ans, à exécuter de purs motifs graphiques, avant d'exécuter une marque qui ressemble aux êtres humains qu'il voit tout autour de lui? Pourquoi, en d'autres mots, les bambins ne dessinent-ils pas des personnes?

On peut trouver, je pense, un indice révélateur, si on examine la manière dont un enfant apprend à connaître le monde. Au cours de la première ou de la deuxième année, comme nous avons eu l'occasion de le voir, il acquiert une quantité énorme de connaissances. Il finit par comprendre les règles qui régissent le comportement des gens et des objets du milieu environnant, et certaines exceptions à ces règles, en même temps que la nature de sa propre imbrication avec les personnes, les poupées, les jouets, le mobilier, l'habillement et autre attirail de sa culture.

Cette connaissance, cependant, est sévèrement limitée. Elle est directe, pratique, sans intermédiaire et entièrement liée à un contact physique immédiat avec le milieu. Quand un nourrisson voit un ballon, il essaye de l'atteindre, de le jeter, de le mordre, de le serrer. Quand il voit une personne, il se dirige vers elle à quatre pattes, l'embrasse, lui sourit et peut-être s'accroche à elle. Mais il ne dispose pas de moyen *indépendant* pour désigner, signifier ces entités ou établir un rapport avec elles: ou bien il agit sur elles, réagit à ce qu'elles font; ou bien (pour autant que nous en puissions juger) il ne réussit pas à participer à leur univers.

Le changement décisif dans cette relation au monde commence au cours de la deuxième année. Durant cette période, l'enfant devient capable d'établir des contacts et un rapport, non seulement de manière directe par ses actes, mais aussi par le truchement de diverses entités inventées par la culture, au moyen de mots, d'images, de gestes ou de nombres: en d'autres termes, grâce à une panoplie de symboles finissant par dominer et régler l'expérience humaine. L'enfant n'a plus besoin de se trouver en présence d'un ballon pour faire des gestes appropriés relatifs à cet objet ou pour y penser: il peut connaître une expérience équivalente en entendant le mot *ballon*, en regardant l'image d'un ballon, ou en observant la représentation d'un ballon en papier mâché. De même, le comportement et les réactions qui, auparavant, survenaient exclusivement en présence de la mère elle-même, peuvent être désormais suscités par son nom ou sa photo, aussi bien que par d'autres spectacles, sons, odeurs, et objets associés dans l'esprit de l'enfant à cette entité à présent concevable, connue comme «Maman».

Il va de soi que cette transition entre un univers d'objets tangibles et un univers de symboles ne survient pas du jour au lendemain. Il n'y a pas davantage de raccord direct entre l'aptitude à comprendre le symbole et l'aptitude à l'exécuter. Un enfant peut comprendre un mot des semaines, des mois, voire des années avant de pouvoir le dire. Il peut comprendre un geste (pour «viens ici» ou «au revoir») bien avant d'être à même de l'exécuter avec à-propos. De même, il sera capable de «lire» des images de ballons, oiseaux, personnes et souris, deux ou trois ans peut-être avant de pouvoir les reproduire; et il faudra plusieurs années avant que ses propres représentations soient aussi claires que celles façonnées par la culture.

Il serait simple d'attribuer à des difficultés motrices l'intervalle particulièrement long entre la perception des symboles picturaux et leur exécution par l'enfant: peut-être est-il très difficile de manier un crayon ou un marqueur de manière à en tirer un être humain reconnaissable? Et effectivement, il semble qu'il soit physiquement moins difficile de dire «Maman» ou de faire le signe «au revoir» que de créer l'équivalent pictural d'une personne. Néanmoins cette explication soulève des problèmes. Si nous nous reportons aux combinaisons et ensembles exécutés par l'enfant de deux ans, nous pouvons y voir tous les «ingrédients à l'état cru»: tous les schèmes partiels linéaires et circulaires, qui seront utilisés ultérieurement dans l'exécution des premiers portraits humains. De la même façon, comme le constate Kellog, des figures ressemblant à

59

des soleils (59) très courantes durant la phase mandala, sont rarement identifiées comme telles. On pourrait répondre en faisant remarquer que, pour l'enfant, la production de formes pures est une expérience plaisante et qu'il ne ressent pas le besoin de représenter des objets de la « vie réelle ». Mais, une fois de plus, cette explication ne paraît pas satisfaisante. En effet, quel que soit le programme de l'enfant, il est clair que les forces en jeu — comme dans le cas du langage — « retiennent leur souffle » jusqu'à l'apparition de la « représentationnalité ». Il nous faut donc à nouveau nous demander : pourquoi ces ingrédients ne se combinent-ils pas immédiatement, de manière à produire cette entité graphique qui, manifestement, revêt une telle importance dans l'univers mental du jeune enfant ?

En vue d'éclaircir ce problème, il serait peut-être utile d'envisager séparément chaque mode d'expression symbolique, chacun ayant ses caractéristiques propres, ses virtualités, ses problèmes, ses obstacles et son évolution. Cette perspective est peut-être la plus évidente dans le domaine du langage, où l'on peut suivre le cheminement régulier de l'enfant depuis le babillement jusqu'aux sons particuliers et aux premiers mots «à tous usages» (tels que «Maman», «ohé»), et de là, aux phrases de deux mots, à celles de trois, et finalement aux questions, négations, etc. Il ne fait pas de doute que le langage de l'enfant se développe de cette façon notamment en raison du langage qu'il entend autour de lui et du milieu dans lequel il vit. Mais il est tout aussi clair que l'apprentissage de la maîtrise du langage pose une multiplicité de problèmes: le fait de produire des sons déterminés, de respecter l'ordre des mots, d'acquérir un vocabulaire suffisant, d'en arriver à comprendre l'emploi des temps, le pluriel, etc. En fait, d'une manière qui rappelle le décalage existant entre la capacité d'exécuter des ensembles et celle de représenter des êtres humains, l'enfant est capable de relier des mots entre eux — de prononcer des phrases de deux mots — plusieurs mois avant de réussir effectivement un tel enchaînement. Il est clair que les diverses «propriétés du mode d'expression» auxquelles tout enfant se voit confronté, contribuent à déterminer le cours très progressif de l'acquisition du langage dans les diverses cultures du monde.

Un cheminement obligé de ce genre semble régir l'acquisition de la compétence dans d'autres modes d'expression symbolique. Considérons le cas de la musique. On constate assurément des différences individuelles considérables dans les aptitudes musicales des enfants, les uns chantant avec beaucoup de justesse à deux ans, tandis qu'il faut à d'autres plusieurs années pour reproduire ou même reconnaître avec sûreté un ensemble d'airs familiers. Cependant, même ici, la nature de la musique impose son propre cheminement. Quels que soient ses dons naturels et son milieu culturel, tout enfant doit arriver à comprendre la structure des gammes, la nature de l'organisation rythmique, les possibilités de variation de ton et d'harmonie, le rôle des différents instruments, les contraintes agissant sur sa propre voix, et les façons d'orchestrer les ressources vocales: application, respiration, tension, etc. C'est pourquoi, d'un enfant à l'autre, d'une culture à l'autre, le développement musical présente d'importants parallélismes.

Je pense que les modes d'expression plastique constituent un cas analogue. Qu'il s'agisse de faire des modelages en argile, d'édifier des constructions avec des blocs, ou de manier un pinceau, un crayon ou un marqueur magique, l'enfant doit d'abord, pendant plusieurs mois, se familiariser avec le mode d'expression. Il doit apprendre ce que chacun de ses gestes peut réaliser sans effort, ce qu'ils peuvent accomplir moyennant application, et ce qu'ils ne peuvent accomplir à ce stade de développement. Dans le cas des blocs, il doit découvrir la manière de les combiner, les constructions qui parviendront à tenir, celles qui s'écrouleront, comment et avec quel bruit; quelles formes elles peuvent prendre. Il doit sans cesse explorer les relations spatiales de manière à pouvoir arriver à construire une arche, un escalier, une maison, un navire lance-missiles. Dans le cas de la glaise, il doit apprendre son degré de malléabilité, quelles formes on peut en tirer, lesquelles se déferont, lesquelles tiendront, ce qu'il peut faire avec chacun de ses doigts séparément, avec ses doigts utilisés en union avec son poing ou avec différents outils, tels que marteaux, marqueurs, etc. Chacun de ces éléments d'information contribuera aux actions et représentations symboliques qu'il finira par réaliser avec la glaise.

Il ne faut évidemment pas que ces tâches soient pesantes pour l'enfant. En fait, jouer avec des sons, malaxer de la glaise, et fredonner des airs, tout cela fait partie des moments agréables de la vie du bambin. Il y a peu de chances qu'il donnerait suite à ces modes d'expression s'il ne les trouvait gratifiants. Mais précisément parce que chacun d'entre eux s'avère attachant et l'absorbe pendant des heures, nous devons nous demander pourquoi la «représentationnalité» apparaît dans les différents médias à des périodes aussi variables.

Nous avons déjà vu les divers défis que pose le mode d'expression graphique. Il faut avant tout que l'enfant apprenne ce qu'il peut accomplir avec le marqueur: quelles lignes il peut tracer, de quelle épaisseur, avec quelle pression, comment décrire un arc. De même, il doit explorer la nature du papier: quelle pression il peut supporter, combien de marques on peut y faire, comment, à partir du bord et des quatre coins de la feuille à dessin, on peut élaborer des motifs ornementaux.

Voilà donc le programme — aucunement accablant — auquel l'enfant se trouve confronté au cours de son cheminement allant des gribouillages aux lignes, figures, aggrégats, combinaisons. Il apprend ce qu'il peut faire avec son corps, un marqueur et une feuille de papier. Et s'il sait déjà faire beaucoup de choses, il en reste beaucoup qu'il ne sait pas faire: aussi, cette exploration prend-elle un temps considérable. En vérité, ces facteurs constituent la raison principale pour laquelle il se passe des années avant que l'enfant soit capable de dépeindre le monde: avant d'être prêt à revendiquer et à réaliser un équivalent graphique entre les marques sur la page et les entités du milieu.

En fin de compte, deux grands facteurs servent de stimulant à la réalisation d'équivalents graphiques. Il y a d'abord l'affabulation: cette opération verbale indique tout au moins à l'enfant qu'il a (comme autrui) la possibilité de faire des marques dépeignant la réalité. Le second facteur, tout aussi important, est l'aptitude naissante à exécuter des configurations qui commencent à ressembler à des objets. Tant qu'une ligne n'est qu'un moyen, un simple exercice au cours duquel on déplace sa main à travers la page pour voir quelle sorte de traces il laisse, il y a peu de possibilité d'équivalence graphique (sauf, peut-être, avec une route ou une rivière). Mais une fois que l'enfant devient capable de produire avec sûreté des formes délimitées — cercles, carrés, triangles — et que ces formes peuvent exister par elles-mêmes, sans être chevauchées par d'autres lignes, il découvre qu'il peut faire des «choses»: des espaces clos, des entités bornées qui, comme les objets réels, ont une forme limitée, apparaissent comme une «figure» se détachant sur un arrière-plan, donnent une impression de solidité, de substance.

Les différences entre les espaces clos tracés sur le papier et les objets réels sont énormes. Les objets ont trois dimensions, ils sont palpables, ils ont profondeur et solidité, et se prêtent à une multitude d'actions et d'interactions. Les représentations sur le papier ont deux dimensions, n'offrent généralement aucune indication relative à la profondeur ou à la solidité, ne peuvent être manipulées, et semblent reliées surtout avec ce qui les entoure sur la page. Et ainsi la traduction (et la transition) entre l'espace clos graphique et l'objet représenté est loin d'être immédiate. On peut même prévoir quelles formes graphiques sont les plus susceptibles d'être vues et traitées comme représentations, suivant que leur «choseté» est convaincante: suivant que la configuration graphique semble un équivalent de l'objet réel. Les formes produites en modelage de glaise ressemblent beaucoup plus à des objets, il est donc plus facile d'associer leurs formes avec de vrais objets. C'est pourquoi l'enfant fait des «balles» de glaise plusieurs mois avant d'esquisser des «balles» graphiques. Même dans le mode d'expression graphique, les dessins qui ressemblent le plus à des objets réels sont les premiers à permettre des représentations réussies. Les cercles complètement remplis sont donc plus susceptibles d'être vus comme des balles, que de simples contours circulaires, pouvant très bien représenter également une balle, mais qui, eux, ne semblent pas, à première vue, aussi solides, aussi tangibles, et aussi prêts à rebondir. Certains enfants même, semble-t-il, considèrent la feuille de papier elle-même comme étant l'objet représenté: ce qui est sûrement un obstacle à la véritable représentation à deux dimensions.

En dépit de tous ces obstacles sur la voie de la première représentation humaine, le moment magique finit par arriver (60). A un certain moment, au cours des quatre premières années, l'enfant réalise la première forme qui mérite l'étiquette «homme», «personne», «maman», «moi», ou quelque autre signalement humanoïde. Il arrive que cet avènement soit un faux signal, et plusieurs mois passeront avant que l'enfant entreprenne (ou annonce) une autre personne. Plus souvent, cependant, ce début est le signal d'une longue série. Au cours des jours, semaines et mois suivants, l'enfant produira ces formes par centaines, représentant toutes sortes de personnes, un véritable festin d'humanité, encore que sous des aspects assez peu humains. Les différents facteurs nécessaires — un carquois de schémas graphiques, l'aptitude à discer-

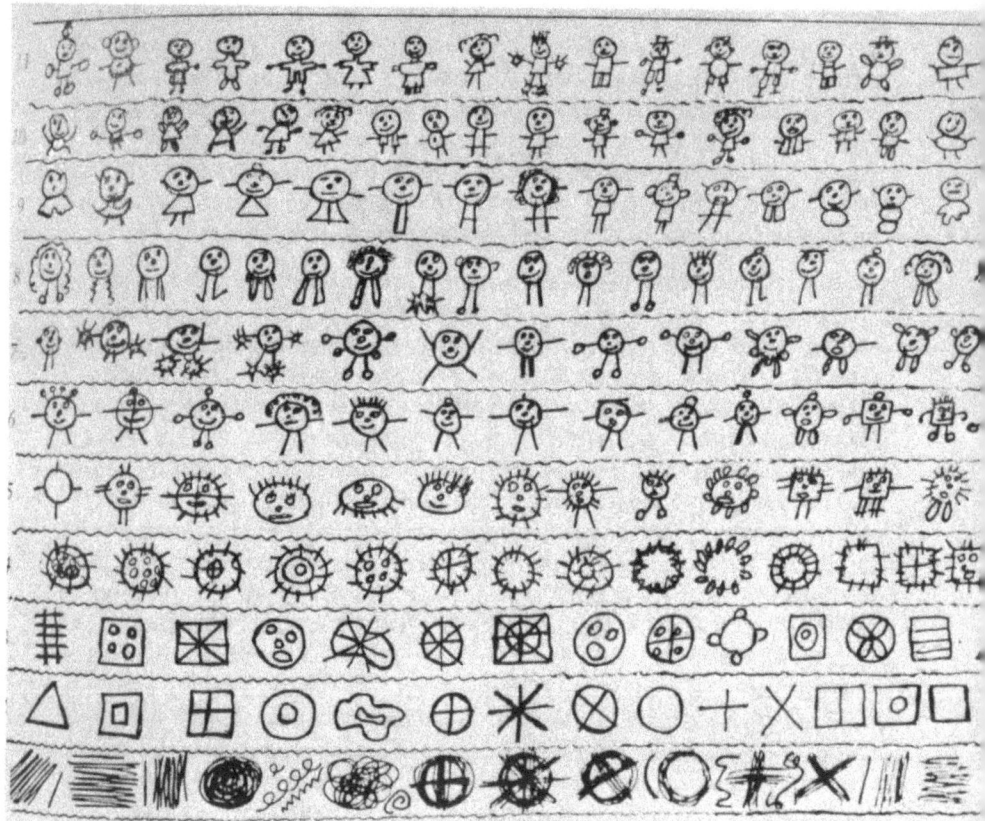

ner des similitudes entre des entités physiques et des configurations de lignes, la capacité de dresser et d'exécuter un plan — se sont finalement rejoints de façon décisive, et le dessin figuratif en est la conséquence immanquable.

Comme elles font penser au premier stade de développement de la grenouille, avec son bout elliptique et sa longue queue, on a souvent appelé ces premières représentations des têtards ou des hommes-têtards (« Kopfflüssler » pour les Allemands). Les spécialistes ne sont pas tous d'accord là-dessus : Rudolph Arnheim, par exemple, qui pense que la portion circulaire représente à la fois la tête et le corps, refuse de laisser sous-entendre que l'enfant aurait omis le tronc de la personne. Mais peut-être parce que le terme « têtard » rend non seulement l'aspect physique du dessin, mais aussi quelque chose de la nature novice, inachevée, germinale des dessins des jeunes enfants, le terme a prévalu.

61

Les hommes-têtards se présentent en des dimensions et des formes variées. Tantôt dans leur forme la plus simple, ce n'est qu'un cercle avec une ou deux lignes partant du bas. Tantôt le cercle comprend des traits du visage (surtout les yeux), mais parfois tout un assemblage de traits. Certains têtards ont des bras qui sortent des côtés du cercle (61), tandis que d'autres ont des boutons ou un nombril piqués au centre. On peut voir à la figure 62 un collage de têtards de ce genre, provenant de différents pays.

62

Mais quelle que soit leur forme précise, il y a quelque chose de particulièrement curieux chez les têtards. Tout en ayant tendance à présenter deux protubérances au bas, interprétées habituellement comme des jambes, et, tout en pouvant présenter (moins fréquemment) deux extensions sur le côté et qui sont peut-être des bras, ils consistent en un simple cercle central. Ce cercle tiendrait lieu soit de tête, soit de corps; ou, comme le soutient Rudolf Arnheim, il tiendrait lieu des deux, servant d'équivalent à toute la personne moins les appendices. Le fait que les traits du visage y sont souvent inclus laisse supposer que le cercle représente la tête, mais cela impliquerait que l'enfant ne se rend pas compte que l'être humain a, en fait, un torse plusieurs fois plus grand que la tête. Même si l'enfant attache au visage et à la tête plus d'importance qu'au torse, il paraît tout de même très improbable qu'il a simplement ignoré le reste du corps. Mais en est-il ainsi ?

Une façon de découvrir si l'enfant est conscient de cette autre partie du corps, c'est de sonder sa connaissance du corps humain. Les recherches de Claire Golomb, entre autres, attestent que l'enfant de trois ou quatre ans a connaissance de l'estomac, du cou, du menton, des bras, du nombril, etc. Il peut les indiquer sur lui-même et les placer sur des dessins commencés par quelqu'un d'autre, et même, si on l'en prie, les ajouter sur son simple cercle-têtard. L'ignorance du torse n'est pas une justification.

Une autre façon d'éclaircir la forme bizarre du têtard, c'est d'intervenir expérimentalement au cours du dessin. Constatant que les têtards ont souvent des bras qui dépassent, Norman Freeman, un psychologue anglais, s'est demandé si les enfants voyaient ces bras comme s'étendant à partir d'une tête, d'un corps ou de quelque amalgame indifférencié. Il exécuta donc un certain nombre de formes têtards, différant l'une de l'autre dans la proportion entre la tête et le tronc (63). Tantôt, la tête était très petite et le tronc très grand; tantôt, le contraire. Il demanda alors aux enfants de compléter les dessins en leur ajoutant des bras.

63

D'après Freeman, si les enfants voulaient que les bras sortent de la tête, ils les ajouteraient invariablement au cercle supérieur. Si, par contre, ils les associaient au tronc, ils les ajouteraient sûrement au cercle inférieur. Mais aucun de ces deux modèles ne se vérifia. Au lieu de cela, on constata chez les enfants un effet de « proportion corporelle » : ils ajoutèrent des bras au plus grand des deux cercles, indiquant ainsi que les bras étaient associés dans leur esprit avec la partie la plus massive de la forme humaine. Donc, en dépit de l'ingénieuse recherche de Freeman, la signification du cercle dans les prototypes de têtards reste une énigme.

Les premières formes têtards ne visent aucun grand dessein. En fait, les premiers dessins sont normalement d'heureux hasards, des cercles avec des lignes qui en sortent et qui semblent suffisamment ressembler à des hommes (ou à des têtards) pour mériter l'épithète *homme*. Cependant, une fois que l'enfant découvre qu'il peut obtenir cet effet à volonté, il est entré dans le stade figuratif, ce qui, comme nous l'avons remarqué, se passe souvent avec « fureur » : résolu à maîtriser cette forme, l'enfant exécute des personnes les unes après les autres, et il a bientôt accédé pour toujours au royaume du dessin figuratif.

La divergence entre la personne différenciée que l'enfant voit (et connaît) et la forme simplifiée qu'il dessine ne le dérange pas. La question de savoir ce que le cercle « représente » préoccupe les adultes, pas les enfants. Il semble raisonnable de conclure que le têtard représente la personne, de la même manière que les mots *mère* et *balle* représentent les entités qu'ils désignent. Il n'est pas nécessaire qu'il y ait un isomorphisme pointilleux entre le dessin et ce à quoi il se réfère, il n'est pas nécessaire que le symbole soit le reflet fidèle de la chose symbolisée. Il suffit d'une correspondance globale entre ce qui est dessiné et le réel : le cercle est la masse du corps, les protubérances sont les membres.

Mais dans les premiers dessins d'enfants, les choses ne restent jamais longtemps les mêmes. Les dessins d'êtres humains se développent rapidement dans deux directions. D'abord, l'enfant devient capable d'exécuter des individus plus différenciés les uns des autres. Le simple cercle du têtard devient deux cercles de dimensions variables : celui du bas, plus grand, en vient à représenter le tronc ; celui du haut, plus petit, représentant la tête. Le têtard devient une patère à laquelle on suspend les appendices : aux bras, poussent des doigts (d'abord un, deux ou plusieurs, finalement cinq) ; les jambes engendrent des pieds ; les visages s'ornent bientôt d'oreilles, yeux, bouche, dents, sourcils, lobes d'oreilles, cheveux et même de taches de rousseur (64). Bientôt l'être humain graphique comprend tous les traits que l'enfant peut y rattacher. De même, les parties du corps finissent par devenir moins détachées les unes des autres, mieux différenciées en une seule forme. La tête finit

64

par entrer dans le torse, les doigts par pousser au bout des bras, les membres sont des doubles lignes, produisant ainsi une apparence de volume. Chacun de ces traits prend une forme moins symbolique, plus graphiquement équivalente à sa contrepartie humaine. La personne finit par ressembler à une personne.

Tandis que les personnes s'humanisent, l'enfant accroît son répertoire d'entités représentables. Où il n'y avait que des personnes, il y a désormais des individus de tailles et dimensions différentes: des bébés, des parents, des sorcières, des fées. Apparaissent des animaux de différentes espèces: chiens, chats, chevaux, oiseaux. Au début, il est presque impossible de les distinguer des personnes. Le chien peut être simplement un têtard avec quatre pattes par en dessous, ou bien un têtard étendu sur le côté; l'oiseau peut être une personne plus petite, une personne avec une ligne sur la tête, un personne avec deux corps globuleux. Des maisons également se dégagent des mêmes schémas centraux — rendus plus rectilignes — avec quelques marques intérieures se substituant aux extensions des membres (65). Plusieurs autres objets — poupées, soleils, arbres, fleurs — s'élaborent naturellement, quoique lentement et par à-coups, à partir de la forme initiale de la personne.

Une caractéristique importante et intéressante limite ces premiers dessins. A de rares exceptions près, ils ne dépeignent pas — et ne se proposent pas de le faire — des entités réelles spécifiques. L'enfant ne dessine pas Lassie, Pluto ou son chien Fido : il dessine « un chien ». Il ne dessine pas sa maison ou la maison d'à côté : il dessine « une maison ». Les trains, les avions, les soleils et les étoiles représentent la catégorie entière ou un type idéal, et non pas un spécimen en particulier qui pourrait être identifié et mis en parallèle avec son modèle dans « le monde réel ».

Une des raisons pour lesquelles l'enfant dessine le général plutôt que le particulier est peut-être son habileté encore limitée : il manque du savoir-faire nécessaire pour exécuter ces distinctions subtiles permettant l'identification d'un chien par opposition à un autre, d'une personne par rapport à une autre. Mais un facteur plus puissant semble également être en jeu ici. A l'époque où l'enfant exécute ces représentations, son organisation conceptuelle du monde est elle-même constituée à un niveau assez général. Plutôt que d'avoir une structure des classes bien nette et hiérarchisée, organisée (à la façon de Linné) depuis le membre supérieur le plus général (choses vivantes) jusqu'à l'entité la plus spécifique (Fido), sa structure des catégories est relativement floue et unidimensionnelle. En outre, l'enfant a tendance, à cet âge, à classi-

fier les éléments au niveau le plus utile pour lui, à la lumière de ses rapports habituels avec eux. Et ainsi, sauf rares exceptions, il lui suffit d'envisager tous les chiens simplement comme des chiens et de repousser de plus amples distinctions; il pensera rarement à eux comme à des animaux, ce niveau d'abstraction ayant très peu d'utilité dans sa vie; et il ne les envisagera jamais comme des « objets vivants » ou des « entités physiques », puisqu'il n'a pas encore formé des catégories à ce niveau de généralité. Il pense, en fait, en fonction de prototypes généraux dans une catégorie et dessine dès lors à l'avenant.

Pourtant, un autre facteur, connexe, pousse l'enfant à produire un chien, un homme ou une maison qui soit immanquablement schématique. Les enfants de cet âge ont tendance à organiser des catégories spécifiques de leur univers en termes de bons « exemples principaux » ou prototypes. Plutôt que de traiter tous les chiens comme des modèles acceptables de la catégorie, ils en viennent à se fixer sur un type (très probablement un terrier ou un épagneul), à le considérer comme le « meilleur » chien ou chien représentatif, et à voir les autres comme des dérogations plus ou moins grandes par rapport à ce prototype. Le même processus a lieu pour une série d'autres catégories : les rouge-gorges (et non les canards) sont les prototypes des oiseaux; les pommes (et non les Granny Smiths) sont les prototypes de la nourriture; les conduites intérieures (et non les décapotables) sont les prototypes des voitures. Il est donc naturel pour l'enfant d'avoir une seule procédure de prototype pour rendre tous les membres d'une catégorie, et ce, d'une manière habituelle. Et même, les erreurs sont interprétées au début comme un chien « incorrect » plutôt que comme un chien en train de courir, un chien blessé, un teckel ou un colley.

Les raisons de ces deux tendances — penser les objets à un certain niveau de généralité et découvrir les prototypes dans différentes catégories — sont actuellement controversées. On a supposé traditionnellement que les enfants étaient attirés par ces catégories fondamentales et ces prototypes parce que c'est ce qu'ils rencontrent le plus souvent dans leur culture; et, dans une moindre mesure, parce que ce niveau de généralité est le plus pareil à leurs intérêts et leur niveau de connaissances. On a supposé également que le système nerveux de l'enfant était peut-être branché de manière à découvrir (ou à énoncer) des prototypes. Selon cette dernière hypothèse, ni la culture environnante ni les principes d'économie pour comprendre l'univers, ne forcent l'enfant à considérer certains chiens comme de « bons » chiens. S'il les considère ainsi, c'est plutôt à cause de la façon dont ils sont (et dont nous sommes) programmés. S'il en est ainsi, il se peut que nous commencions notre vie symbolique en nommant (et en dessinant) les exemples de ce que nous avons été programmés à remarquer.

Même si l'on ne peut soutenir entièrement une affirmation aussi catégorique, les pratiques précoces d'identification renforcent en fait cette conception générale de l'esprit de l'enfant. Sans guère tenir compte de ce qu'il entend autour de lui, on lui donne à parler, au cours des premiers mois, de spécimens généraux : oiseaux, fleurs, homme, chien — et à étendre ces termes au point de les appliquer à toute entité partageant un certain nombre de traits avec ces termes à tous usages. Ainsi, tout ce qui apparaît dans les airs devient un oiseau ; tout ce qui pousse sur le sol et à quoi se rattache un peu de vert devient une fleur ; tout se qui se meut alentour et qui parle est un homme, tandis que tout ce qui a quatre pattes et ne parle pas est un chien.

De la même façon, les prototypes sont prépondérants dans l'expérience du jeune enfant. L'inclination à découvrir des cas principaux et à être attiré par eux, peut se constater dans toute une série de domaines symboliques. Dans les premiers jeux symboliques, par exemple, certaines scènes-types sont reprises continuellement : servir à dîner, recevoir à goûter, s'occuper d'un malade, mettre un enfant au lit, sont les genres de scénarios auxquels prennent part couramment les enfants de deux ans, alors qu'ils explorent le monde des personnes et des rôles. On peut également constater cette tendance à s'accrocher à des prototypes dans des créations linguistiques plus longues. Ainsi, l'enfant de trois ou quatre ans revient constamment à quelques intrigues de base, comme celle dans laquelle une victime (souvent un petit enfant ou un petit animal) est d'abord pourchassé puis finalement dévoré par un animal abominable, un esprit ou une force élémentaire. Et même dans le domaine de la musique, les enfants en viennent rapidement à préférer certains airs de structure simple qui se représentent sans cesse dans leurs activités de jeu, leurs monologues nocturnes et leurs danses pleines d'entrain.

Nous pouvons en déduire comment cette tendance générale à l'utilisation de symboles colore les premiers dessins figuratifs. L'enfant désire — et il est peut-être poussé à les découvrir — des équivalents graphiques aux catégories qui occupent sa pensée ; il est ainsi naturel qu'il élabore une formule ou un schéma-type, qui peut représenter ou tenir lieu de toute une série de cas pour une catégorie donnée. Peut-être pouvons-nous trouver ici la raison pour laquelle presque tout enfant de quatre ans finit par trouver une façon de dessiner *une* maison, *un* chien, *un* homme, *un* oiseau et *une* fleur : il cherche à dessiner les sortes de choses qu'il connaît. En même temps, nous devinons ici la raison pour laquelle il faudra encore plusieurs années à l'enfant pour élaborer des schémas suffisamment spécifiques que pour différencier utilement les cas relevant de ces catégories.

Notre description de l'enfant qui dessine des têtards a peut-être accentué ses limites alors que chaque découverte d'un schéma de base constitue en fait une réussite importante. L'enfant ne doit pas seulement façonner, au moyen de ces outils relativement dérisoires que sont un marqueur et du papier, l'équivalent graphique d'objets réels, il doit aussi concevoir chaque solution de manière à différencier les unes des autres les marques qu'il fait. L'enfant ne peut simplement proposer n'importe quelle marque ou ensemble de marques comme étant un chien, un oiseau, une fleur, une personne. Il lui faut, à partir des mêmes figures de base ressemblant à un mandala, produire des équivalents graphiques qui offrent des ressemblances avec l'objet réel et qui, en même temps, diffèrent des autres schémas.

Ce défi incite l'enfant à trouver des solutions dans le cadre même du mode d'expression qu'est le dessin : comment rendre les pétales d'une fleur de manière à ce qu'ils diffèrent des rayons du soleil ; comment distinguer les branches d'un arbre des bras d'une personne ; comment différencier les portes et fenêtres d'une maison de celles d'un avion ; comment rendre la queue d'un chien différente de celle d'un oiseau, d'un éléphant ou d'un cerf-volant. L'enfant n'y réussit évidemment pas toujours au début ; il ne tarde pas à découvrir des entités qu'il voudrait mais ne peut dessiner ; et il reçoit souvent de l'aide de la part de son entourage, y compris de gens qui (avec de bonnes intenions mais peut-être à tort) lui apprendront un signe conventionnel ou une astuce (comme l'oiseau en forme de V ou le soleil qui sourit). Parfois, en outre, les schémas sont très rigides : bien des enfants ont besoin de dessiner un objet chaque fois de la même façon et ils sont bloqués quand on leur demande d'en dessiner les parties dans un ordre différent ou d'ajouter un trait manquant. Tout aussi souvent, cependant, ils effectuent tout seuls d'heureux ajustements ; et quand il leur arrive de découvrir leurs propres solutions, les représentations présentent souvent un charme particulier.

Considérons, par exemple, la façon caractéristique dont les jeunes enfants dépeignent les objets, en en faisant voir plusieurs côtés. L'enfant peut certes ne dessiner qu'un seul côté : celui qui lui fait face ; ou bien, s'efforçant à la véracité perceptuelle, il peut dessiner deux ou trois côtés qui seraient effectivement visibles à un moment donné. Plus habituellement cependant, il choisit de montrer toutes les facettes importantes. Ainsi, en faisant le dessin d'une auto, il dessinera le toit et les quatre côtés, laissant chacun s'étendre à partir de la partie centrale (66). Ou bien en représentant un pâté de maisons (67), il disposera les constructions et les gens de manière à ce que chacune et chacun soit entièrement visible (et reconnaissable).

Un autre problème surgit lorsqu'il s'agit de rendre l'intérieur d'un objet : l'intérieur d'une maison, par exemple. Ici, l'enfant exécutera parfois un dessin en transparence ou aux « rayons X » : un croquis qui

LES TETARDS EN TANT QUE CHOSES 87

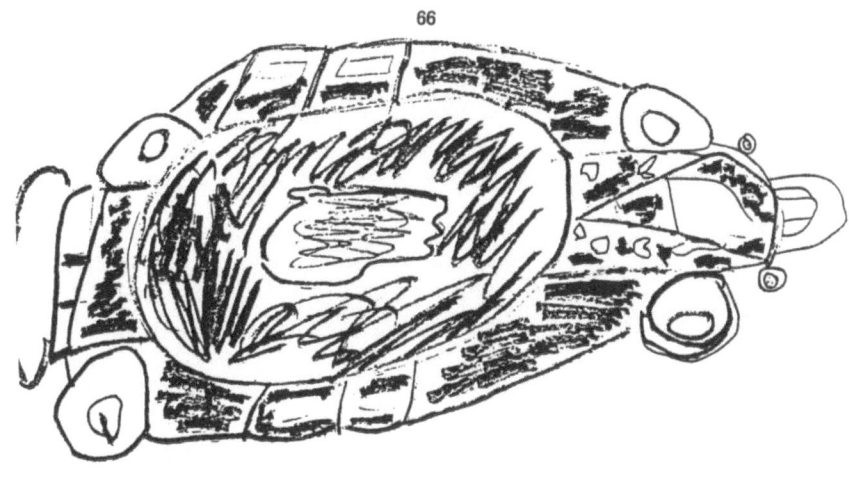

66

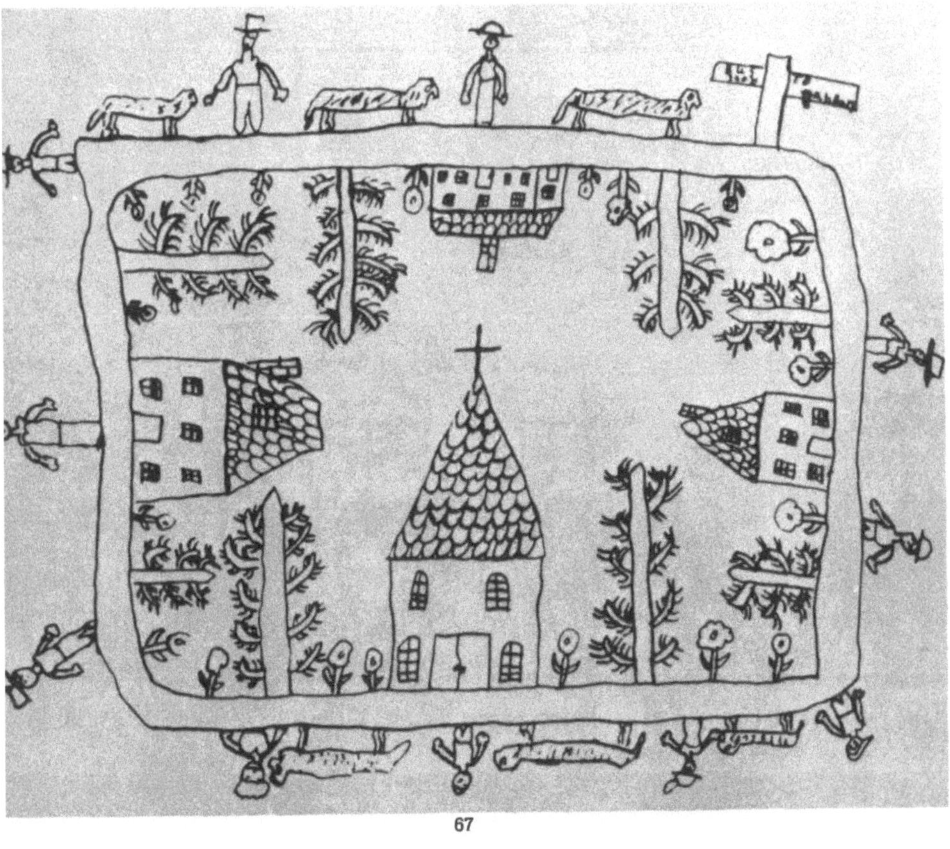

67

donne des renseignements à la fois sur l'intérieur de la maison (salle de bains, chambres à coucher, caves) et ses principales caractéristiques extérieures (le toit, la cheminée et la porte d'entrée). Quand c'est nécessaire, cette solution est également adoptée pour montrer les organes internes d'une personne, bien que l'ignorance de l'anatomie, jointe à une certaine pruderie, rende moins probable ce mode de représentation.

Une démonstration expérimentale classique de « dessins transparents » a eu lieu en 1896, lorsque l'éducateur Arthur B. Clark demanda à ses sujets de dessiner une pomme transpercée d'une épingle. Il constata que, jusqu'à sept ou huit ans, les enfants présentaient une forte résistance aux représentations véridiques dans lesquelles l'épingle disparaissait en pénétrant dans la pomme. Au lieu de cela, ils exécutaient un disque plat, avec une ligne le traversant de part en part; un disque avec une ligne le traversant partiellement; un disque incomplet, ou l'une ou l'autre solution représentée à la figure 68. Des représentations exactes, où l'épingle, vue en perspective, pénétrait d'un côté et en ressortait de l'autre, se présentaient rarement avant huit ou neuf ans.

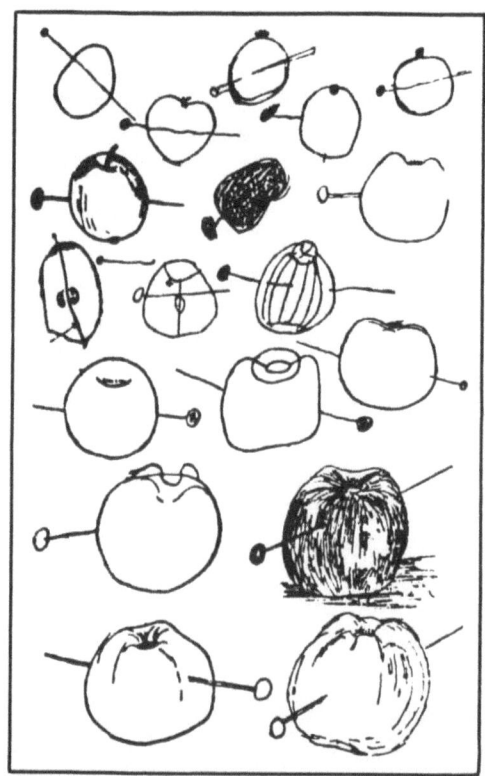

Apportant la preuve qu'au moins certaines démonstrations expérimentales en psychologie sont solides et durables, Hilda Lewis, soixante-dix ans plus tard, refit cette expérience et arriva aux mêmes conclusions que Clark. Et, en fait, ce genre de solution n'est pas le seul fait des jeunes enfants de la civilisation occidentale. Un phénomène curieux quoique vraisemblablement insoluble, c'est la ressemblance entre ces solutions «puériles» et les pratiques graphiques que l'on rencontre souvent dans les cultures primitives ou celles qui ne connaissent pas l'écriture. Dans ces sociétés, on trouve parfois des dessins représentant les quatre faces d'un objet; des dessins sans perspective; des dessins riches en transparences; des dessins aussi schématiques que ceux des enfants d'âge préscolaire dans notre culture (69, 70, 71). De nos jours, peu de gens soutiendraient que les adultes et les enfants plus âgés appartenant à ces cultures se trouvent arrêtés à un premier stade de développement, équivalant, sur le plan conceptuel, à celui des enfants de notre culture. (Des chercheurs ont établi que lorsqu'on utilise des tests relativement «culture-free», l'écart intellectuel apparent entre les sociétés qui connaissent l'écriture et les autres se réduit sensiblement).

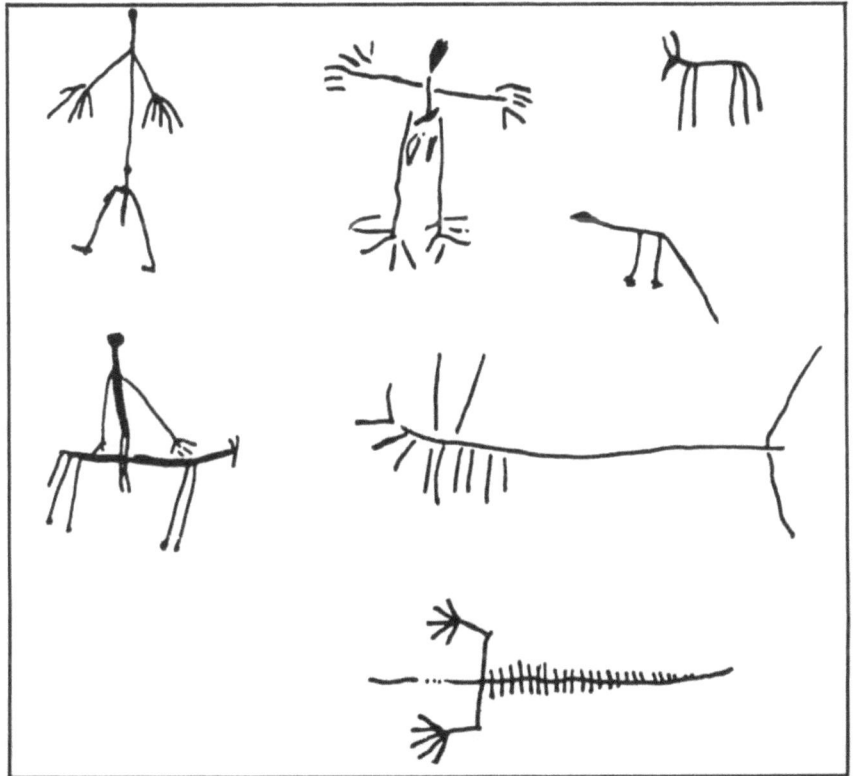

69

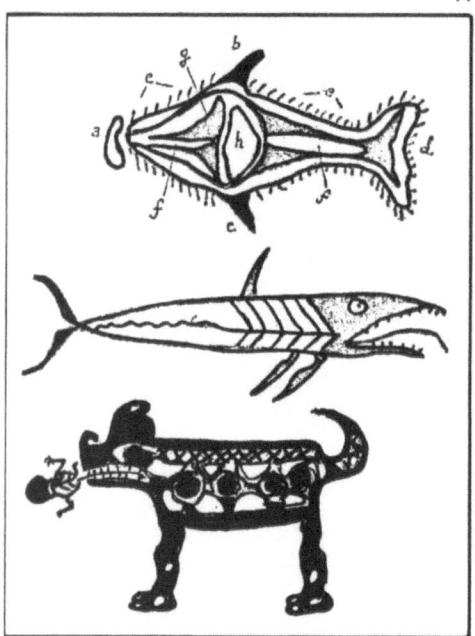

Néanmoins, on n'a pas encore trouvé d'explication à cette analogie entre les solutions.

Je trouve utile de faire une distinction entre l'évolution individuelle et l'évolution culturelle. Il semble que, tant chez les jeunes enfants de notre société que chez les individus grandissant dans d'autres cultures, ce genre de solutions graphiques se présentent couramment; elles semblent être la conséquence naturelle des tentatives faites pour représenter d'une manière complète et satisfaisante ce que les individus voient autour d'eux. Là où les cultures diffèrent, c'est dans les sortes de solutions qui se sont développées au cours des siècles. Dans plusieurs cultures, qui ne connaissent pas l'écriture, on considère comme satisfaisantes les solutions obtenues au cours de la première enfance (et d'ailleurs elles le sont à bien des égards); les dessins évolueront peut-être dans d'autres directions, devenant souvent très stylisés et pleins de nuances, mais ne présentant ni perspective ni réalisme photographique. Et quand la culture n'a pas évolué dans ces deux directions, il est très peu probable qu'un artiste individuel y arrive. Dans notre culture, par contre, les solutions apportées à certains problèmes de représentation graphique ont fini par être généralement acceptées. Dès lors, à peu près tous ceux qui passent par la formation de la culture et se trouvent exposés à ses attitudes et à ses normes, finissent par abandonner les solutions «improvisées» en faveur des procédures de représentation graphique véridique. Peut-être est-il erroné (et ethnocentrique) de considérer une solution comme intrinsèquement meilleure que les autres; mais je n'hésite pas à estimer qu'un individu (ou une culture) disposant de toute une série d'options en matière de représentation, est plus avancé du point de vue du développement, qu'un individu (ou une culture) n'en disposant que d'une seule.

Néanmoins, même cette affirmation-là doit être envisagée en fonction du contexte. Quand ma fille Kay avait six ans, elle tenait absolument,

72

comme beaucoup d'enfants, à dessiner les bras horizontalement, à partir du milieu du torse. Un jour, je lui demandai d'où les bras partaient du corps; elle m'assura aussitôt qu'ils sortaient de l'épaule. Je lui demandai alors si elle pouvait les dessiner de cette façon, ce qu'elle fit volontiers. Je supposai que nous avions franchi une importante étape du développement : à présent que son savoir était à la hauteur de son répertoire graphique, elle n'avait sûrement plus aucune raison de vouloir placer les bras au milieu du torse. Je me trompais. Kay dessina aussitôt une autre personne, avec les bras partant de nouveau du centre du corps. «Je sais que ce n'est pas la manière que tu souhaites, Papa», dit-elle avec compréhension, «mais c'est ça la manière que j'aime, du moins pour le moment».

En décidant de la manière de rendre sa «personne», Kay faisait un choix, qu'elle trouvait logique en fonction de critères de simplicité, de symétrie, ou de quelque autre ensemble de normes personnelles. Dans certains cas, cependant, l'enfant ne semble pas avoir grand choix : il répète compulsivement le têtard (ou son successeur) de la même manière rigide et quelque peu anormale. Ces représentations déviantes sont souvent symptomatiques, soit d'un désordre affectif, soit d'une arriération générale (72, 73, 74, 75). Il faut évidemment être prudent avec

73

LES TETARDS EN TANT QUE CHOSES 93

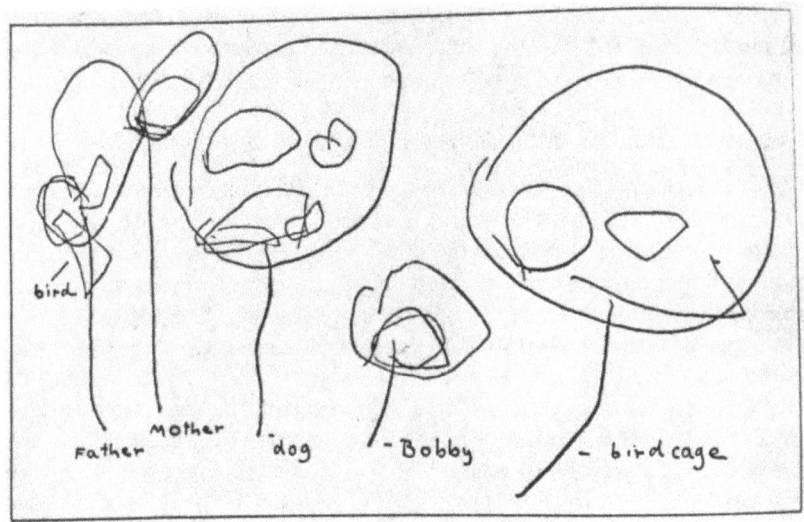

74

75

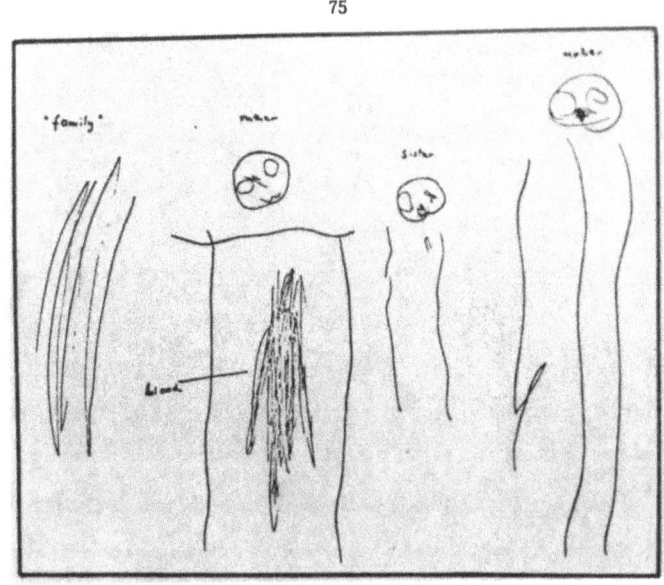

ce genre de «diagnostic» : des schémas «bizarres» peuvent provenir de différentes causes et ne sont pas nécessairement pathognomiques. Néanmoins, vu que le développement du dessin à cet âge se présente avec tant de similitudes à travers le monde, des divergences marquées se constatent facilement et demandent quelque explication.

Mis à part ces désordres de croissance, l'enfant de quatre, cinq ou six ans aura développé une série de schémas pour représenter les objets familiers; tout à fait à l'aise dans son entreprise de représentation de la réalité, il peut, dans une certaine mesure, adapter ses schémas à des circonstances particulières et commencer à les organiser en scènes simples. Comme nous l'avons vu, il a élaboré une série de solutions aux problèmes qui surgissent en cours de route: il peut nous permettre de voir les quatre côtés simultanément ou l'intérieur et l'extérieur, à partir de la même position. Mais, malgré tout, ses dessins restent décousus : des éléments particuliers éparpillés à travers la page, plutôt que des vues organisées d'un panorama réel ou d'une vision de l'esprit. Nous voyons des accumulations ou des amas d'entités dépourvues d'organisation spatiale, pas des œuvres d'art structurées; des conglomérations de prototypes, plutôt que des représentations différenciées de personnes déterminées ou d'expériences spécifiques. Pourtant, paradoxalement, l'enfant n'est pas loin de créer un ensemble de productions pouvant réellement prétendre être expressifs, agréables et artistiques. En fait, au cours des mois à venir, s'ensuivra une efflorescence incomparable des dons graphiques de l'enfant.

Deuxième intermède
Etapes vers une maison de poupée

Le 3 septembre 1974, une petite fille de quatre ans et demi, fit un très remarquable dessin (76). Dominant le centre d'une feuille d'ordinateur usagée, il y avait une grande maison carrée, divisée en quatre pièces carrées d'égale grandeur. Les deux pièces de gauche étaient vides, situées à côté d'un escalier « voie de chemin de fer »; les deux de droite étaient remplies d'objets très stylisés. En bas, une pièce de séjour contenait une table faite de trois lignes connexes; deux chaises à bascule; un meuble carré, probablement un poste de télévision, sur lequel

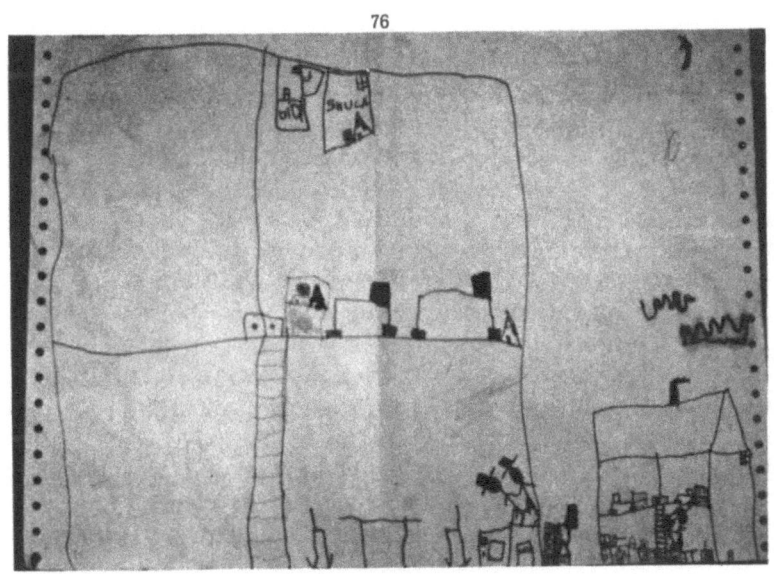
76

dansaient deux hommes penchés, arborant chacun un haut-de-forme. La chambre au-dessus de la salle de séjour comportait deux lits avec un oreiller dressé sur chacun, et deux peintures suspendues au mur, dont l'une portait la signature de l'artiste.

Tout à côté de cette maison, dans le coin inférieur droit de la « toile », il y avait un petit édifice abondamment détaillé, désigné par Shula comme une maison de poupée. A bien des égards, cette construction était une charmante miniature de la grande maison carrée; elle aussi contenait quatre pièces, des chaises, des tables, des lits, des tableaux et, fait intéressant, deux hommes sautillant sur le dessus d'un meuble. La plupart des éléments stylisés de la grande maison étaient conservés: les hauts-de-forme, les oreillers calés, les chaises à pattes recourbées, le même escalier « voie de chemin de fer ». Mais dans la maison de poupée, chacune des pièces contenait un nombre à peu près équivalent d'objets; un effort avait été fait pour faire voir le côté de la maison, présentée de face; une cheminée sortait du sommet; et il y avait aussi un toit. Enfin, à l'extérieur de la maison, se trouvaient quelques éléments additionnels dont deux formes ressemblant à des dragons voguant dans les airs, et un petit appareil rectangulaire situé entre la maison de poupée et la vraie maison.

Une analyse du développement devrait présenter un état final: la description de ce qu'est, dans le domaine étudié, une réalisation « compétente », de même que quelques idées sur la manière dont un individu peut parvenir à cette compétence. A bien des points de vue, le dessin de Shula est certainement un accomplissement extraordinaire pour quelqu'un de moins de cinq ans: la quantité de détails; l'organisation; la répétition enjouée, dans la maison de poupée, des installations de la grande maison; la plaisante stylisation des personnes, chaises, tables et lits. Toutefois, ce dessin est caractéristique de cet âge: il abonde en interprétations schématiques d'objets courants (des figures composées principalement de simples formes géométriques juxtaposées, des interprétations statiques d'objets et de personnes, des scènes où chaque élément est disposé séparément au lieu d'être savamment ordonné vers une seule composition, spatialement convaincante). Certaines façons de faire — par exemple, le procédé « rayons X » pour montrer l'intérieur et l'extérieur, la présentation de face de l'escalier — reflètent également les solutions largement utilisées à l'âge préscolaire pour résoudre les difficultés graphiques. Mais, que l'on souligne l'originalité et la précocité de ce dessin, ou sa ressemblance avec d'autres, faits par des enfants du même âge, la question essentielle, du point de vue du développement, subsiste: comment Shula est-elle passée en peu d'années des gribouillages, cercles et croix de la période préfigurative, à cette représentation si incroyablement riche, détaillée et complexe de deux maisons ? Pour l'exprimer en termes de développement : comment en est-elle arrivée au stade final du savoir-faire préscolaire ?

Grâce au fait que les parents de Shula — un jeune couple exerçant des professions libérales et témoignant un vif intérêt pour les arts ainsi qu'une constante curiosité pour le développement humain — ont suivi attentivement le développement du dessin chez chacun de leurs enfants, nous sommes à même de fournir, pour le moins, un témoignage visuel sur quoi fonder une réponse à cette question. Et parce que les conditions dans lesquelles Shula et ses frères et sœurs dessinaient étaient constantes d'un mois à l'autre, il nous est possible de faire une analyse détaillée de ses progrès. Dans le ménage Lesser, les enfants, assis à de petites tables basses, dessinaient régulièrement, souvent pendant des heures d'affilée. Ils avaient à leur disposition une abondante réserve de marqueurs magiques et, ce qui est non moins important, une réserve pratiquement inépuisable de feuilles d'ordinateur usagées, au dos desquelles ils faisaient leurs dessins. Les principaux moyens d'« apprentissage » étaient simplement la *fourniture du matériel nécessaire* et l'*encouragement* au dessin. Ensuite, le père et la mère inscrivaient la date et, éventuellement, les commentaires de l'enfant.

Nous pouvons ainsi suivre les dessins de Shula précédant celui de la maison, et identifier les moments où les différentes composantes du dessin « étape finale » (les formes circulaires, les objets carrés, les pans de coloriage) ont fait leur première apparition, comment elles ont fini par être utilisées conjointement, et quels facteurs ont conduit, de manière apparemment inéluctable, aux deux charmantes maisons que nous venons de voir. Ce faisant, nous pouvons nous faire une idée des processus du développement artistique. Connaissant ce qui précède et ce qui suit, nous pouvons mieux en saisir la portée, ce qui n'est pas possible quand on examine des dessins en dehors de tout contexte.

Nous reportant deux ans et demi en arrière, nous voyons un des premiers dessins de Shula, un simple gribouillage, fait en janvier 1972, alors qu'elle avait juste deux ans (77). Ce dessin quelconque mais caractéristique a été exécuté par le geste familier utilisé pour faire des marques : l'enfant, se servant de son coude comme pivot, balance le crayon en arrière à travers la page. Nous pouvons supposer que Shula prenait plaisir à ce mouvement énergique et prêtait attention à ses gribouillages, mais qu'elle n'avait encore qu'assez peu de contrôle sur les marquages et qu'aucune intention bien arrêtée ne la guidait.

Deux dessins exécutés pendant l'été de cette année-là indiquent déjà un progrès important : y apparaissent en effet plus de lignes et de formes. Dans le premier dessin (78), elle révèle son aptitude naissante à contrôler les mouvements musculaires : elle parvient plus facilement à

77

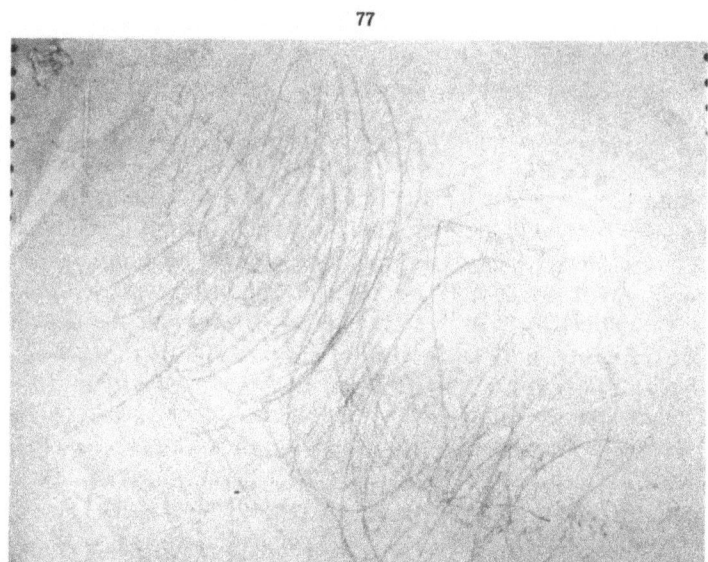

78

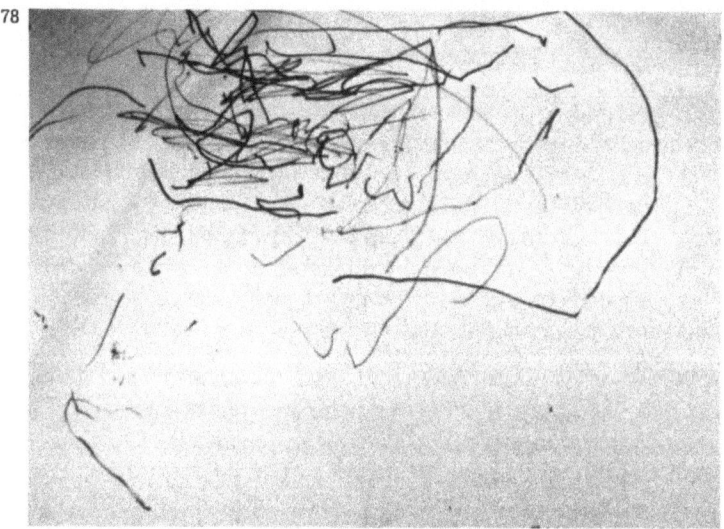

arrêter la course du marqueur; elle expérimente des lignes d'épaisseurs, de dimensions, de formes et de couleurs variables; elle peut déjà effectuer différentes versions incurvées des formes linéaires. Dans le second dessin (79), les coups brusques et circulaires du marqueur ont cédé la place à un mouvement circulaire plus soigneusement contrôlé, lequel se termine par une série de cercles concentriques. Pourtant, l'enfant n'achève aucun des cercles : elle semble plutôt poussée à répéter sans

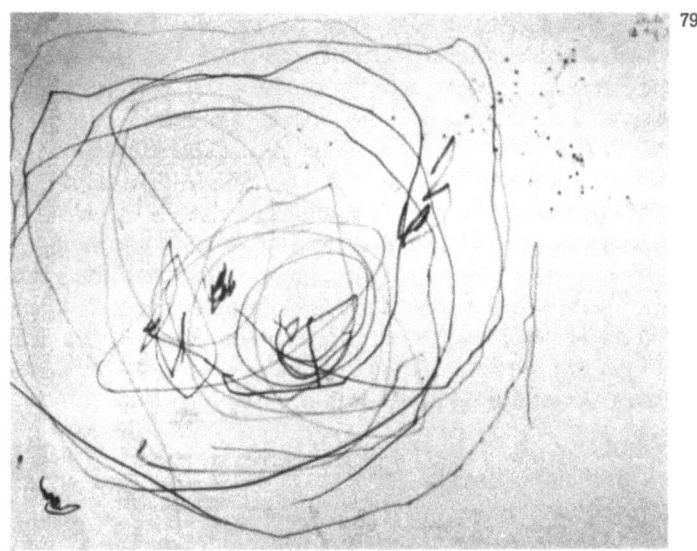

79

cesse son mouvement elliptique, bien qu'elle s'arrête de temps en temps pour exécuter de minuscules taches de couleur.

Au printemps suivant, les motifs circulaires et linéaires sont bien contrôlés. Dans un dessin de cette période (80), on peut voir un certain

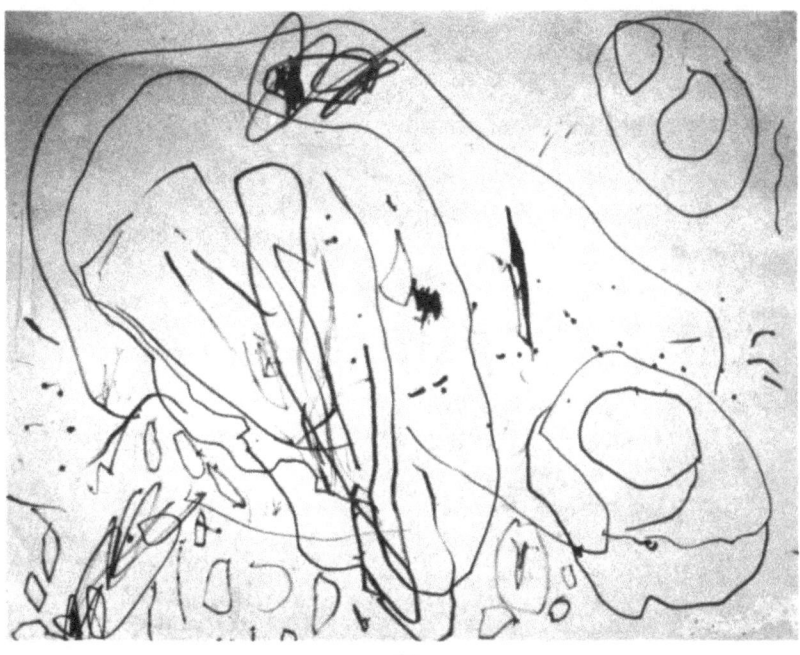

80

nombre de cercles distincts. De plus, des cercles et des lignes sont enfermés dans d'autres cercles, tandis que Shula fait la preuve de son aptitude à créer des combinaisons, des assemblages et autres amalgames de formes géométriques. Il est clair qu'elle peut à présent exécuter des entités distinctes et délimitées: les objets réels ont leurs équivalents délimités dans un mode d'expression graphique. Un dessin fait le mois suivant (81) présente d'autres combinaisons de ces formes de base: il renferme aussi la première représentation apparaissant dans la production de Shula: une authentique personne têtard, traits de visage compris. En à peine plus d'un an, Shula a progressé du gribouillage le plus élémentaire à la représentation claire et nette d'un être humain. Nous voyons l'intégration féconde des formes circulaires et linéaires, rassemblées et mises bout à bout pour en faire une représentation lisible.

Mais d'autres formes d'expérimentation se poursuivent également et chacune finira par trouver sa place dans le répertoire graphique de Shula. On trouve un dessin (82) comprenant plusieurs zones où se concentrent les marquages, la jeune artiste étant revenue au même endroit, réalisant plusieurs taches, certaines délimitées par une ligne, d'autres flottant librement. L'expérimentation avec des lignes qui se croisent, que l'on peut voir sur la droite de ce dessin, devient un motif dominant dans le dessin suivant (83): on dirait deux voies de chemin de fer se croisant à angle droit. Cet exercice avec les formes linéaires devient plus tard la base d'espaces clos rectangulaires, comprenant non seulement autos et camions qui ont la préférence, mais aussi portes, fenêtres, maisons, cheminées, escaliers et pièces d'ameublement.

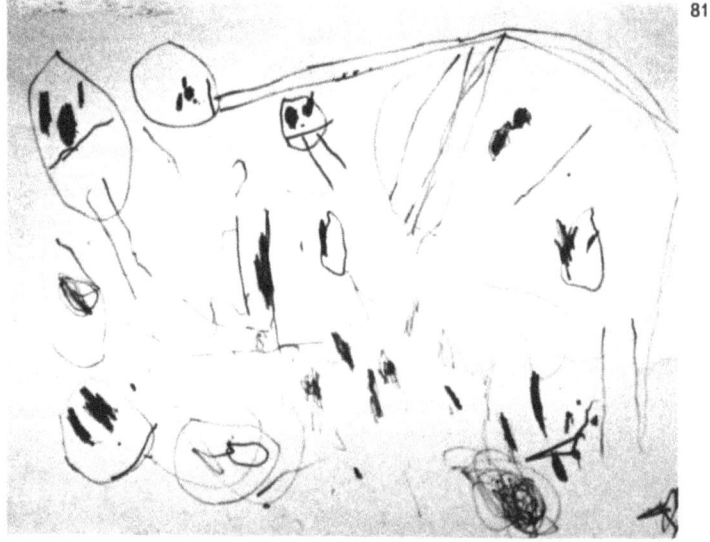

81

82   83

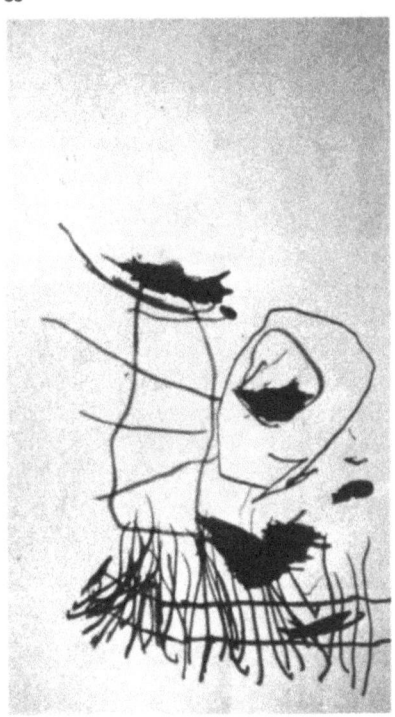

Au cours des mois suivants, on observe de nouvelles manipulations de ces composantes de base. On trouve un dessin (84) avec toute une famille de formes qui ressemblent à des visages, et dans lesquelles sont suggérés des yeux et des nez. Les espaces clos s'enorgueillissent à présent d'un certain nombre d'éléments intérieurs. Le dessin suivant (84) présente une série de mandalas contenus dans une grande ligne d'enceinte, ressemblant à un igloo: ici, les cercles et les formes linéaires s'entrecoupent, faisant penser à de petites fenêtres, le tout à l'intérieur d'un encadrement cintré, étonnamment bien tracé. Ces formes se répètent de différentes façons, l'enfant explorant toutes les variations et ramifications possibles des formes de base. Il y a, par exemple, un dessin où l'on dénote un intérêt pour des motifs linéaires rappelant l'écriture, où sont éparpillées des portes et des fenêtres ainsi que plusieurs formes contournées, compliquées, où les lignes voyagent dans plusieurs direc-

84

tions (86); une autre «répétition» présente une véritable explosion d'éléments indépendants, réunis dans un festival de lignes, de taches et de motifs circulaires (87).

Jusqu'ici, Shula, à trois ans et demi, a suivi la voie qu'emprunte presque tout enfant normal, allant du gribouillage au têtard, et que nous avons maintes fois observée dans les pages précédentes. Mais, enfant exceptionnelle, Shula a commencé aussi, à un âge exceptionnellement précoce, à introduire des éléments de stylisation personnels. On peut déjà voir ces derniers dans une série de dessins faits à la fin de 1973, juste avant son quatrième anniversaire. Un remarquable espace délimité, plein de vie, ressemblant à un visage, avec divers mandalas, lignes rayonnantes, taches et formes ressemblant à des traits de visage, constitue la matière d'un dessin de cette période (88). Un espace délimité, ressemblant à un soleil et rempli de fleurs, de fenêtres et de for-

ETAPES VERS UNE MAISON DE POUPEE 103

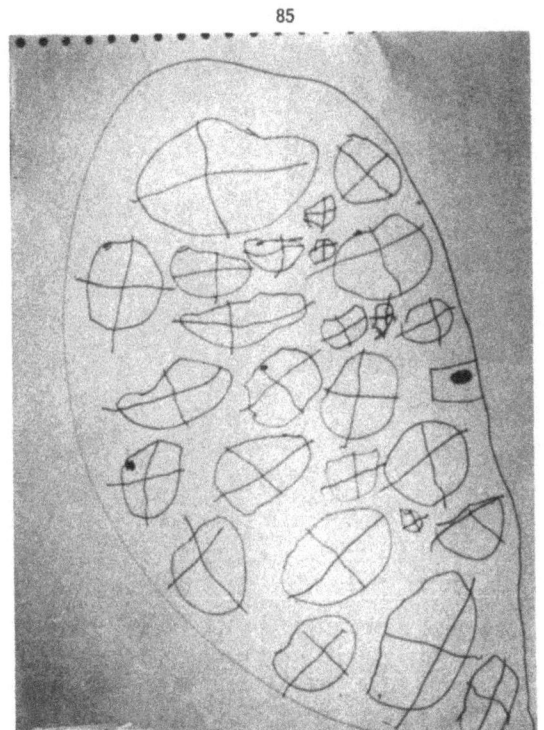

85

86

mes ressemblant à des poissons, égaie un autre dessin (89). Dans le troisième tableau de cette série, un espace délimité initial et ressemblant à une maison — la devancière, vraisemblablement, du premier dessin de cet intermède — est plein de fenêtres et de formes florales (90). Et puis, dans une de ces réalisations presque totalement inattendues que l'on rencontre néanmoins de temps en temps dans les dessins de jeunes enfants créatifs, une abondante série de pans richement colorés, où s'in-

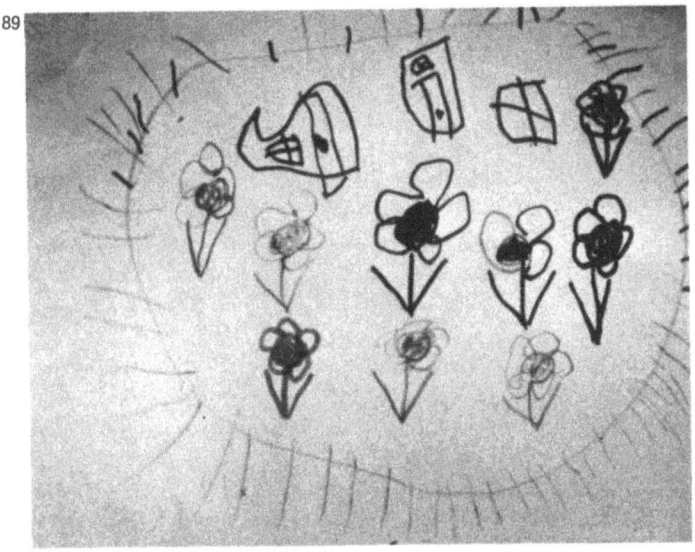

sère un élément ressemblant à un visage, termine la saison de dessin de l'année 1973 (91).

L'organisation spatiale naissante que l'on décèle dans ces derniers dessins vaut d'être relevée. Shula ne continue plus simplement à dessi-

91

ner jusqu'à ce que la page soit remplie ou que son attention se relâche; elle se rend compte que la page peut servir de toile de fond pour des éléments organisés. Des placements intentionnels, des séparations régulières entre les éléments, une certaine retenue, le fait de respecter des espaces vides ou «négatifs», caractérisent ces dessins. En les regardant, Rudolf Arnheim a remarqué leur «extraordinaire équilibre à la façon de Miró». Certes, ce sens naissant de la composition, de l'organisation délibérée, ne prévaut pas dans tous les travaux; son apparition néanmoins, est suffisamment fréquente à ce stade, et de plus en plus manifeste au cours des mois suivants, pour le reconnaître légitimement comme un aspect du répertoire de Shula: un signe révélateur de son talent.

Tandis que se développe une série de schémas et que l'on peut distinguer un sens de l'organisation, la figure humaine, de son côté, connaît des modifications. Shula ne se contente pas d'expérimenter avec différentes couleurs, elle réussit aussi à placer, en rouge, orange et vert vif, un assortiment bigarré de traits tels que cheveux, pupilles, sourcils, orteils, doigts et oreilles (92). Ces attributs apparaissent d'abord chez les êtres humains, mais bientôt aussi à proximité d'enceintes ressemblant à des maisons: placés tantôt comme des articles dans un catalogue (93), tantôt les uns à côté des autres, dans un cadre qui fait penser à une maison (94). Dans le dernier de ces dessins, fait en février 1974, juste deux ans après le premier gribouillage, nous pouvons déjà voir toutes les composantes de base des maisons qui seront dessinées six mois plus

92

93

tard. Et nous remarquons également une première et charmante tentative pour dépeindre une figure sous un aspect inhabituel : une personne couchée.

Nous devons encore examiner quelques précurseurs de notre dessin final. Dans un dessin de juin 1974 (95), nous voyons pour la première

94

95

fois une maison complète avec toit, fenêtres et porte: le modèle de la maison de poupée; nous avons aussi un premier aperçu de figures humaines stylisées: l'homme avec le haut-de-forme, les boutons, un torse distinct et une canne, qui fera une réapparition à l'intérieur des deux maisons. Un dessin d'août 1974 (96) contient toute une série de chambres disposées au hasard, ainsi que des éléments spécifiques tels que

96

téléphone, chaises, tables, ustensiles de cuisine, et des personnes qui dansent, éléments qui apparaissent d'une manière plus organisée dans le dessin final. Il est certain qu'ayant vu ce dessin-ci et pris connaissance de ses différentes composantes, le dessin final, quoique encore remarquable, ne se présente plus comme une révélation.

En un sens, notre histoire est terminée; dans un autre, elle ne fait que commencer. Après tout, Shula n'avait que quatre ans et demi lorsqu'elle exécuta le dessin final, et ses dessins continuent au cours des mois suivants à se développer et à s'enrichir de bien des façons. En vérité, un dessin de la même période confirme que le fait d'exécuter des maisons avec leurs intérieurs «vus aux rayons X» est une affaire relativement facile pour notre jeune artiste: elle peut en combiner les différentes composantes de bien des façons (97).

Qu'est-ce qui a rendu possible, en l'espace d'à peine deux ans et demi, ce cheminement remarquable allant des gribouillages à l'exécution de scènes? Pouvons-nous isoler ou mettre en lumière un facteur unique — qu'il s'agisse de maturation motrice, de différenciation de la forme visuelle, du désir d'arriver au savoir-faire symbolique — et de lui attribuer ce surprenant progrès? Très probablement non. Notre analyse indique l'interaction constante et féconde de toutes ces forces. Nous avons vu comment une meilleure coordination motrice de l'enfant rend possibles des mouvements plus souples: par exemple, un cercle complet ou une ligne pouvant s'interrompre; comment, à son tour, ce nouveau schéma se différencie les jours suivants grâce à une pratique, une ob-

servation et une expérimentation constantes; comment l'enfant s'efforce de reproduire la ressemblance des choses réelles et comment il imaginera une ressemblance s'il ne parvient pas à la réaliser en termes purement graphiques. Plutôt que d'indiquer la primauté d'un seul facteur de développement, une analyse attentive de l'histoire du dessin chez un enfant — chez tous les enfants — confirme que ce domaine est le lieu d'interactions incessantes et fécondes de toute une série de facteurs.

En outre, dans son exploration du mode d'expression graphique, l'enfant illustre des rythmes ou des cycles caractéristiques: les hauts et les bas de l'activité créatrice, qui sont un thème familier dans la vie des grands artistes. Tantôt il y a peu de dessin, tantôt une activité fébrile pendant plusieurs heures, jours ou semaines. Tantôt il répète sans cesse la même figure sans y rien changer, tantôt il y a des changements rapides, étonnants endéans un jour ou deux. Tantôt il se concentre entièrement sur la réalisation d'un dessin particulièrement ordonné, alors qu'à bien d'autres moments, il semble simplement repasser toute sa réserve de formes et schémas — répétant, variant, perfectionnant ses connaissances. Grâce à ces exercices, l'enfant maîtrise un ensemble d'éléments spécifiques et apprend à les varier; puis, subitement, ces formes apparaissent combinées dans un dessin qui, en un sens, est simplement la confirmation de ce qui pouvait être fait auparavant, mais qui peut à la fois, dans sa totalité, représenter une réalité différente. Et ainsi, malgré une remarquable continuité dans le dessin — même dans le cas d'une jeune artiste au développement rapide comme Shula — il reste toujours la possibilité de bonds en avant inattendus, où l'enfant atteint du jour au lendemain un niveau tout neuf de compétence. Une fois encore, l'exemple des grands artistes vient à l'esprit.

Cet exposé de l'évolution normale de l'habileté en dessin laisse supposer que les maisons de Shula se présentent tout naturellement, sont une sorte d'évolution des habiletés graphiques, presque aussi inéluctable que la façon dont se fait le passage entre ramper et marcher à quatre pattes, entre se tenir debout et marcher, entre courir et sauter. Mais qu'en est-il des autres influences qu'a subies Shula? Ne serait-il pas tout aussi justifié de considérer davantage les influences de son environnement pour trouver des explications supplémentaires, ou même de rechange, au remarquable ensemble de dessins qu'elle a produit?

Et en effet, cette façon de raisonner se révèle très convaincante. Examinons d'abord comment son frère Gideon, son aîné d'un an et demi seulement, a réalisé deux maisons et leurs alentours (98): davantage de contrôle et d'équilibre, certes, mais pour le moins une ressemblance de famille avec les dessins de Shula. Dans un autre dessin de son frère, fait à la même époque, on peut voir le même genre de stylisation (99); le sujet est peut-être différent, mais les fioritures, les taches, les visages souriants, et autres ornements rappellent ici encore les travaux de Shula.

98

112   GRIBOUILLAGES ET DESSINS D'ENFANTS

99

100

D'autres influences esthétiques sont tapies dans la maison Lesser. Bien qu'aucun des parents ne soit un artiste professionnel, ils discutent souvent de sujets artistiques, tant entre eux qu'avec leurs enfants. De plus, le père de Shula aime dessiner; il lui arrive de dessiner pour ses enfants, et il a également accroché ici et là dans la maison quelques-

102

unes de ses œuvres. Qui oserait soutenir que ses formes géométriques, sobres et colorées, juxtaposées sur une feuille d'ordinateur (100) ou que les motifs concentriques et entortillés de l'une de ses gravures (101) n'ont pas exercé d'influence sur la façon de dessiner des deux enfants ?

Mais l'influence la plus considérable leur est venue d'une source puissante et pourtant inattendue, que les enfants ne pouvaient se procurer jadis mais qui est facilement accessible aujourd'hui et était présente dans le ménage Lesser. Je veux parler d'un petit recueil sur la manière de dessiner des formes, dû à l'illustrateur américain Ed Emberley. Partant des formes géométriques les plus simples, Emberley montre comment, par ajoutes successives, on peut réaliser tout un troupeau d'animaux sympathiques, des véhicules, des vêtements, des habitations et diverses formes humaines. L'exemple de son livre n'a guère besoin de commentaires. Ce dessin (102), plus que n'importe quel autre réalisé par d'autres membres de la famille, est le parent des deux maisons qui ont retenu notre attention.

Ici donc, au moment même du développement où les processus naturels sont censés atteindre leur apogée, où l'enfant est prétendument insensible aux facteurs ambiants, nous trouvons un exemple frappant et convaincant de la mesure avec laquelle un modèle de la culture peut contribuer, sinon complètement dominer, la forme et le fond d'un dessin d'enfant. Les pédagogues qui sont partisans inconditionnels des modèles, aussi bien que ceux qui y sont farouchement opposés, seront confirmés dans leur opinion que les œuvres d'art dont l'enfant a connaissance peuvent avoir de l'importance, même si l'enfant se sert du modèle comme point de départ plutôt que d'en copier servilement tous les détails.

Je ne voudrais pas laisser entendre (et d'ailleurs je ne le crois pas) que de tels modèles modifient qualitativement le cours du développement du dessin chez l'enfant. Même sans l'exemple de Emberley, Shula aurait dessiné des gribouillages, des cercles, des lignes, des mandalas, des têtards et des maisons, de la même façon et dans le même ordre. D'ailleurs, l'évolution générale, allant des formes séparées aux scènes organisées, des têtards universels aux personnes particulières, aurait eu lieu tout aussi bien, qu'elle ait dessiné aux Etats-Unis, en Chine ou au Chili, et qu'elle ait vu les gravures de son père, les modèles de Emberley ou ceux d'un calendrier de sa localité. Les modèles de son milieu lui ont fourni le dialecte et l'accent de son dessin, plutôt que sa grammaire de base ou sa sémantique. Mais sans l'influence de son environnement, serait-elle jamais arrivée à la représentation radiographique de la maison; aurait-elle dépeint les diverses pièces d'ameublement comme elle l'a fait; aurait-elle juxtaposé les maisons ou ajouté des pièces d'équipement comme elle l'a fait? Cela, c'est beaucoup plus problématique. Même dans les dessins d'enfants, le produit final reflète la totalité des expériences antérieures. Et si celles-ci comportent un manuel de dessin pédagogiquement efficace, les effets en seront immédiatement discernables, même dans les travaux d'une enfant de moins de cinq ans. En fait, c'est peut-être au cours des premières années que ces influences sont les plus puissantes. Après tout, des compères aussi inattendus que Lénine et les jésuites s'accordaient à dire : « Donnez-moi un enfant jusqu'à sept ans et je vous donnerai l'homme ».

Chapitre 5
Les dessins d'enfants comme œuvres d'art

Entre cinq et sept ans, la plupart des enfants dans notre société réalisent des dessins remarquablement expressifs. Une fois qu'ils ont maîtrisé les éléments de base et appris à rendre avec plus ou moins de ressemblance les objets courants qui les entourent, ils continuent sur leur lancée et produisent des œuvres vivantes, organisées et presque infailliblement plaisantes au regard (103-108). Leurs dessins, qui ne sont plus un simple amoncellement ou un chapelet d'éléments, finissent par être équilibrés et harmonieux; les divers éléments s'unissent, donnant une œuvre souvent remarquable par sa grâce, son rythme, son expressivité. On sent que l'enfant s'exprime directement à travers ses dessins, que chaque ligne, contour ou forme communique ses sentiments intimes aussi bien que ses thèmes explicites. Et même, il semble le plus à l'aise quand il s'exprime à travers ses dessins; et les nombreuses heures que la plupart des enfants passent avec un marqueur et du papier, produisant dessin sur dessin, laissent supposer (si elles ne l'illustrent) le rôle important que joue la production artistique dans la vie de l'enfant.

Cette poussée artistique au seuil de la scolarité représente à mes yeux le fait principal — et la principale énigme — du dévelopement artistique. On peut parler sans exagération d'une efflorescence des capacités durant cette période. Les formes expressives, les couleurs vives, et les compositions étonnantes témoignent d'une conscience intense, si pas inspirée. De plus, même si c'est dans les productions picturales de l'enfant que ce sens artistique apparaît le plus clairement, il ne se limite nullement au domaine de l'expérience et de l'expression graphiques. Au contraire: l'aptitude de l'enfant à chanter, à raconter une histoire, ses

103

104

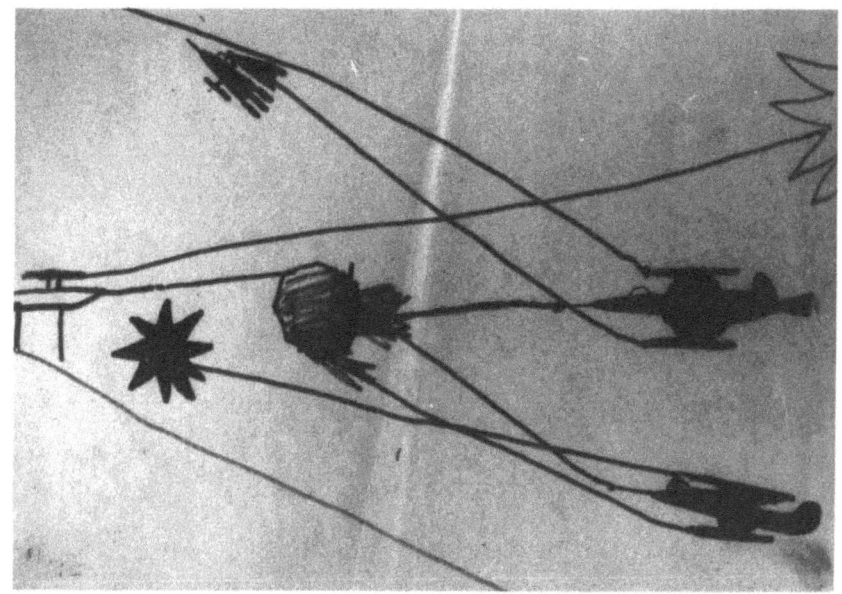

105

106

120 GRIBOUILLAGES ET DESSINS D'ENFANTS

107

108

constructions avec des blocs, son inclination à gesticuler librement et à danser avec grâce — tous ces domaines célèbrent un avènement, une première maîtrise, débutante certes, mais véritable, des moyens d'expression. Les poésies et chansons d'enfants reproduites ci-après illustrent ce phénomène. Désormais, au lieu de répéter sans cesse les quelques schémas-types de l'année ou des deux années précédentes, l'enfant maîtrise un nombre suffisant de formes, de phrases et de figures pour produire des œuvres frappantes et puissantes. Et ainsi, de même que, à ce moment-là, il apparaît comme un jeune artiste, il peut aussi prétendre être un jeune musicien, danseur ou narrateur.

Souris
Souris se glissant dans le jardin
Et notre chat arrive
Et saute sur une souris

(Une petite fille de cinq ans et demi)

J'aime les animaux et les chiens
J'aime les animaux et les chiens et tout.
Mais comment je le peux quand les chiens sont morts
et quand il y en a cent?
Mais voici la raison: si vous placez sur eux un œuf doré
Ils iront mieux. Mais pas si vous placez une étoile ou la lune.
Et l'étoile-lune je l'aime.

(Une petite fille de cinq ans)

La chanson de Phébé

(Une petite fille de quatre ans)

Bill's Green Bird

(Un garçon de cinq ans)

Mais il y a plus encore. Non seulement les enfants de cet âge parviennent souvent à des effets intéressants et attachants au moyen des divers modes d'expression symboliques de la culture; il existe aussi, peut-être pour la première fois (et peut-être la dernière) des rapports faciles, naturels entre les modes d'expression. L'enfant chante comme il dessine, danse comme il chante, raconte des histoires alors qu'il joue dans la baignoire ou dans l'arrière-cour. Plutôt que de laisser chaque forme d'art progresser dans son propre atelier, plus ou moins isolée des autres, les enfants passent facilement et même avec enthousiasme d'une forme à l'autre, les combinent et les confrontent plaisamment.

Nous arrivons à l'âge de la synesthésie : une période où l'enfant, plus qu'à toute autre, effectue facilement le passage entre les systèmes sensoriels : où les couleurs peuvent aisément évoquer des sons, et les sons des couleurs, où des mouvements de la main suggèrent une poésie et où une poésie suscite une danse ou une chanson. Certaines propriétés expressives — des éléments de rythme, d'équilibre, de composition et d'harmonie — participent si aisément à ces différents modes d'expression, qu'une présentation ou une découverte sous une certaine forme suscite une activité modulée de façon similaire dans une autre. Aussi aisément qu'un adulte associe un mot à un autre, la plupart des enfants passent d'un domaine ou d'une catégorie à l'autre, réalisant fréquemment, ce faisant, des métaphores inattendues (et puissantes). Les lignes de démarcation ne se sont pas encore formées autour de chaque mode d'expression : aussi est-il aussi naturel que plaisant pour chaque mode de s'alimenter à ceux dont il partage certaines facettes.

Faut-il dès lors en conclure qu'un enfant de cinq, six ou sept ans est un jeune artiste ? Ses travaux, ses efforts, son discernement sont-ils équivalents — ou du moins significativement reliés — aux produits sortis des mains d'artistes expérimentés ? Le dessin d'un enfant reflète-t-il les mêmes qualités, les mêmes processus intellectuels et pouvoirs expressifs que ceux des maîtres ? Et qu'en est-il des histoires ou des figures de style que le jeune enfant est si prompt à produire au début de la scolarité ? Présentent-elles des affinités significatives avec les figures de style et l'art littéraire que nous apprécions à juste titre chez un écrivain adulte ? Bien des gens ont choisi de répondre affirmativement à ces questions, trouvant dans l'art des enfants les germes importants, les prémices essentielles de la maîtrise créatrice ultérieure. Selon eux, l'enfant a alors acquis une maîtrise suffisante du mode d'expression pour être conscient de ce qu'il fait; en même temps, il n'est pas encore trop ancré dans certains procédés pour avoir perdu la faculté d'originalité, d'expressivité et d'aisance artistique. De leur point de vue, les années de la première enfance représentent un âge d'or du développement artistique : une période qui peut rapidement disparaître et que, par conséquent, professeurs et parents devraient s'efforcer de maintenir et d'alimenter.

Mais il y a un autre point de vue, moins romantique, que nous devons aussi envisager. Ces travaux, quelle que soit leur emprise sur un public cultivé, représentent quelque chose de tout différent pour l'enfant. Peut-être est-il complètement absorbé par la réalisation des composantes — qu'il s'agisse des lignes d'un dessin ou des paroles d'une chanson — et ne s'intéresse-t-il que médiocrement (et de façon passagère) au résultat. Peut-être ces formes qui nous plaisent tant ne sont-elles que d'heureux hasards : des formes que l'enfant n'avait pas l'intention de créer et qu'il ne reproduira jamais. Peut-être même n'a-t-il pas le choix dans ce qu'il se sent poussé à produire. Si tel était le cas, si l'enfant suivait nécessairement un certain ordre de marche, nous commettrions une erreur en lui attribuant quelque maîtrise des médias artistiques. De même qu'une métaphore chez un jeune enfant peut n'être que la généralisation exagérée d'un mot qui a pour lui une signification plus large que pour la plupart des adultes, de même ses dessins peuvent n'être que des formes incontrôlées qui naissent simplement parce qu'il n'est pas capable de produire quelque chose de plus fidèle à la réalité.

Nous reviendrons sur ce point, capital dans tout débat sur l'art des enfants. Mais il nous faut d'abord établir ce qu'est cet art. Pour ce faire, nous devons examiner quelques dessins d'enfants appartenant à notre culture. Et si nous voulons étayer notre affirmation établissant que les œuvres des enfants de cet âge possèdent un caractère et une vivacité spéciales, il importe de considérer des enfants moyennement plutôt qu'exceptionnellement doués.

Comme presque tous les garçons (et bien des filles) qui passent leurs samedis matins vautrés devant la télévision, mon fils Jerry se passionna pour les super-héros qui dominent ce temps d'antenne. Tout en s'intéressant à Superman, Hulk, Spiderman et Wonder Woman, Jerry fut rapidement fasciné par Batman. Et ainsi, à peine âgé de quatre ans et demi, après un épisode particulièrement passionnant, il fit une première tentative de dessiner Batman. Dans un dessin du 19 mars 1976, on peut voir ses premiers efforts pour représenter ce personnage (109) : un corps pentagonal, deux jambes qui en sortent, un grande cape s'étendant de chaque côté, et la tête cornue, bien connue. Les efforts de Jerry pour écrire le nom de Batman, de même que l'un de ses hommes-têtards caractéristiques, agrémentent aussi ce premier essai de rendre sur papier un super-héros.

Les jours suivants, Jerry fut littéralement obsédé par le désir de dessiner Batman. Chaque jour, après l'école, il se hâtait de rentrer à la maison et renouvelait ses efforts : en couleur ou en noir et blanc, au

109

marqueur ou au crayon, sur des serviettes en papier ou sur n'importe quoi d'autre, pour rendre Batman le mieux possible. Peu après sa première tentative, en recopiant d'après le dessin d'un emballage de chewing gum, il avait déjà acquis un meilleur contrôle de la forme de la cape, s'était attaqué à la bordure à franges, l'avait séparée du corps du héros, avait tâché de reproduire l'emblème d'identification fixé sur la poitrine, et y avait inclus les bottes et pantalons du personnage (110).

Deux jours plus tard, il produisit toute une troupe de super-héros, chacun arborant son emblème, son couvre-chef et son accoutrement caractéristiques: une véritable procession de héros télévisés, inspirés de modèles de bandes dessinées (111).

En l'espace d'une semaine, Jerry avait si bien assimilé la façon générale de dépeindre Batman, qu'il n'avait désormais plus besoin de recourir ni aux emballages de chewing gum ni aux bandes dessinées. Bien mieux, saisissant une liasse de papier, il se mit à produire en une heure une série de douze dessins représentant des super-héros (voir, par exemple, 112, 113, 114). Sa maîtrise des formes était à présent suffisamment établie: il pouvait produire chaque personnage au moyen d'une série relativement restreinte de traits reconnaissables; comme un artiste commercial, il avait trouvé une formule, une sorte de notation, une façon d'esquisser les super-héros, qui les rendait facilement reconnaissables. Le côté passionnant et aventureux était suggéré par les couleurs vives de leurs costumes, et, dans un certain cas, par les motifs linéaires énergiques avec lesquels ceux-ci étaient rendus. Cependant, dans l'ensemble, Jerry se contentait d'aligner les héros, comme des suspects dans un alignement policier ou des voyous dans un couloir de métro (115).

L'obsession persista plusieurs mois. Jerry répétait inlassablement les éléments spécifiques des figures de Batman (et de Batgirl). A la fin

111

112

113

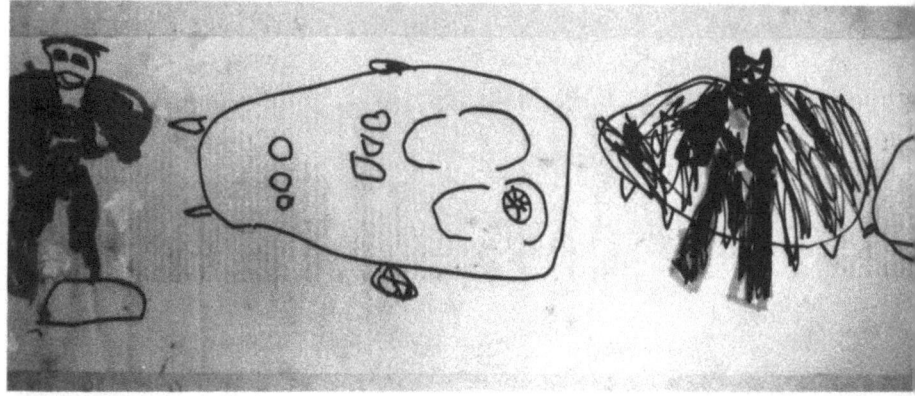

114

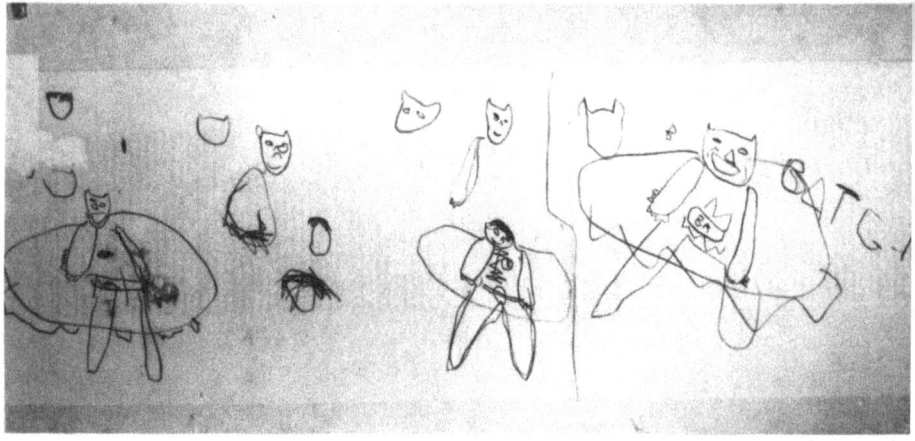

115

d'avril, toutes les portions — la forme de la tête, la cape, l'emblème central — étaient suffisamment acquises pour être réalisées d'un seul mouvement de la main, que ce fût avec un marqueur ou avec un crayon. Parfois les schémas, désormais bien consolidés, étaient réalisés négligemment (116, 117). Mais les mêmes formes fondamentales pouvaient être adaptées, comme dans une série de trois pirates produits à cette époque, dans une disposition rappelant les *Trois musiciens* de Picasso (118).

A l'automne 1977, aux Etats-Unis et ailleurs dans le monde, les enfants s'enthousiasmèrent pour la fantaisie spatiale *La guerre des étoiles*. Jerry ne fit pas exception. Même avant de nous avoir persuadés d'aller voir le film, il commença à acheter des véhicules *Star Wars*, des auto-

117

118

119   120

121   122

collants *Star Wars*, des livres *Star Wars*, des disques, des vêtements, des articles de sport et autres objets *Star Wars*. Si des aliments *Star Wars* avaient été disponibles, il aurait sûrement insisté pour que nous en fassions une réserve pour l'hiver. Il ne lui fallut pas longtemps pour entreprendre de dessiner la distribution de *Star Wars* et pour produire des douzaines de dessins dans lesquels les principaux personnages étaient étudiés sous toutes les faces. Cette fois, la tâche était plus intimidante, car *La guerre des étoiles* comportait un ensemble impressionnant de personnages qui n'étaient pas humains ni même humanoïdes. Mais Jerry n'eut aucune hésitation à s'atteler à la re-création graphique de ce film. En outre, il manifesta le désir — si pas le besoin — de dépeindre non seulement les personnages mais aussi les aventures dans lesquelles ils étaient constamment impliqués.

Comme un médecin confronté à une opération chirurgicale délicate, Jerry se prépara à la tâche. Avant même d'avoir vu le film, il entreprit de dessiner — et de maîtriser — certains personnages. Le 15 novembre 1977, après avoir dessiné une fusée spatiale s'élevant dans un nuage de fumée, il ajouta dans la composition une première représentation de véhicule spatial tiré de *La guerre des étoiles* (119). La semaine suivante, dépassant le travail syncrétique, il créa sa première composition entièrement consacrée à *La guerre des étoiles* (120). En dessous du titre, il dépeignit le « véhicule des bons », Artoo Detoo, le vaisseau spatial, Luke Skywalker, le héros, et, comme pour équilibrer les forces du bien, Darth Vader, le scélérat, et le « véhicule des méchants ». L'iconographie de l'ensemble des personnages était déjà suffisamment maîtrisée pour que chacun soit reconnaissable. Les jours suivants, de nouveaux personnages furent essayés: See Threepio, par exemple, apparaissait dans la vignette suivante (121). Il s'établit aussi des variations: une image était embellie par deux versions de Artoo Detoo, à côté d'un Luke Skywalker plus jovial (122).

Les traits fondamentaux de tous les personnages étant maîtrisés, Jerry fut prêt endéans un mois pour un nouveau défi: la représentation de scènes d'action impliquant plusieurs protagonistes. Ces scènes étaient tantôt tirées directement du film — que Jerry n'avait pas encore vu mais dont, toutefois, il savait tout —; tantôt elles sortaient généreusement de son imagination, ou d'un mélange entre *La guerre des étoiles* et d'autres personnages des médias. La série suivante de dix croquis dépeint divers événements relatés comme suit par Jerry lui-même (123*a-j*):

123a. « Darth Vader tue enfin Ben Kenobi ».

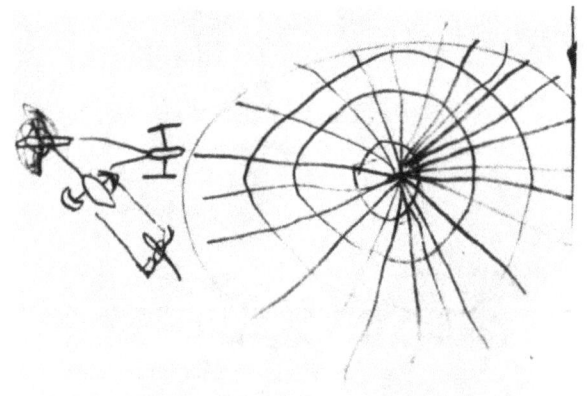

123b. « Il y a un combat avec l'explosion d'une étoile morte qui tue Darth Vader ».

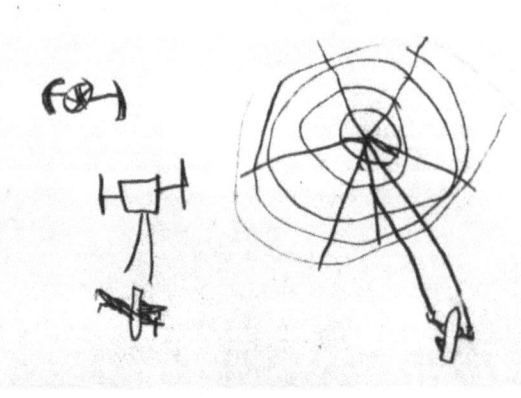

123c. « Luke essaie de faire sauter l'étoile morte : c'est son premier essai ».

123d. « Deuxième explosion de l'étoile morte ». (Ce dessin, en orange, jaune et rouge vifs, semble un effort pour rendre, ou illustrer, l'ambiance et le fracas de l'explosion).

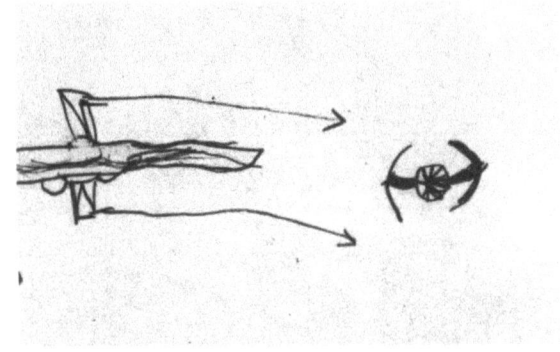

123e. « Luke essaie de tuer Darth Vader ».

123f. « Darth Vader rencontre Ben Kenobi une nouvelle fois; Ben donne une leçon à Darth Vader ».

123*g*. « Darth Vader se battant avec Kenobi ». (Ici, le combat est dépeint, chaque personnage brandissant son arme).

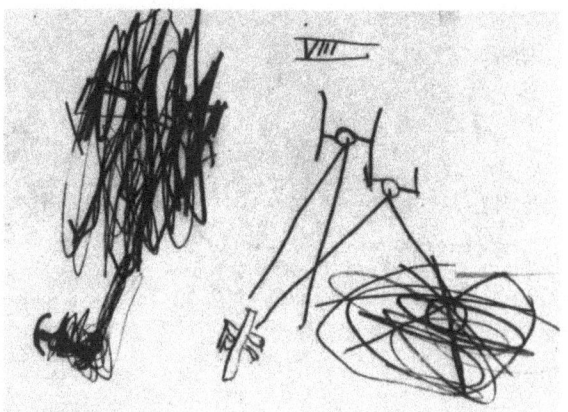

123*h*. « Ça c'est une bataille dans l'espace. Le mauvais type fait sauter l'étoile morte. Il y a une explosion et Darth Vader se trouve pris dans l'explosion mais il n'est pas tué. C'est curieux, le mauvais type ne devrait pas faire sauter l'étoile morte ». (De nouveau, Jerry tente de dépeindre directement l'explosion et la bataille).

123*i*. « Luke revient faire exploser l'étoile morte ». (A remarquer la miniaturisation des personnages, ce qui facilite la représentation de toute une scène).

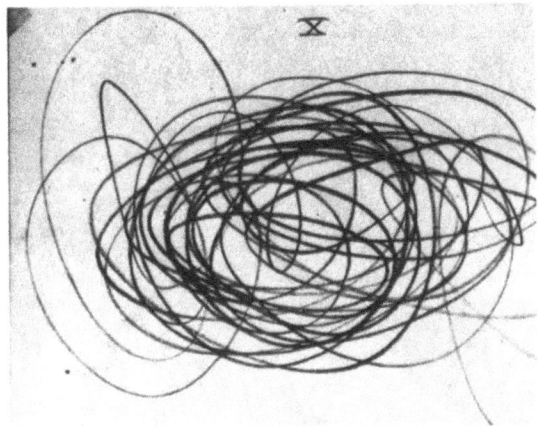

123j. « Explosion de l'étoile morte ». (Cette fois, l'explosion, qui domine toute la page, est faite de traits de crayon circulaires).

Ces dessins, faits à la suite les uns des autres, sur de petites feuilles de bloc-notes, représentaient un effort délibéré de Jerry pour jouer à nouveau pour lui-même les scènes de *La guerre des étoiles*. Trois mois plus tard, un nouveau matériel lui fournit une occasion tentante. S'emparant de feuilles cartonnées allongées et d'une poignée de marqueurs magiques, Jerry mit ces instruments à profit pour produire des interprétations encore plus élaborées de *Star Wars*.

Il se servit de deux des cartons pour esquisser les personnages principaux de *Star Wars*. Sur le premier (procédant de gauche à droite) il dépeignit Darth Vader, See Threepio, Artoo Detoo, Chewbacca, Grand Moff Tarkin, le Faucon Millenium et le vaisseau spatial des bons (124). Chaque figure était représentée par une couleur propre, et caractérisée par une expression propre. La deuxième feuille cartonnée (125) présentait deux grands emblèmes avec l'inscription *Star Wars*, des soldats de choc, Chewbacca, le compacteur de déchets (en action), de même que deux petites scènes simples: Darth Vader étranglant un rebelle et Chewbacca lançant un petit missile.

Ayant présenté les personnages, Jerry porta son attention à la création d'une scène organisée. La première tentative, rappelant les «alignements» antérieurs, montrait Darth Vader en train d'étrangler un rebelle, entouré à droite par le ramasseur de déchets, et par un soldat de choc; et, à gauche, par Artoo Detoo. Au-dessus, flottait un vaisseau des «bons» de même que l'omniprésente enseigne *Star Wars* (126). La scène finale fut plus réussie (127): une lutte pour faire exploser l'étoile morte. Ici, l'étoile morte, à gauche, est entourée d'une série d'explo-

136   GRIBOUILLAGES ET DESSINS D'ENFANTS

124

125

126

127

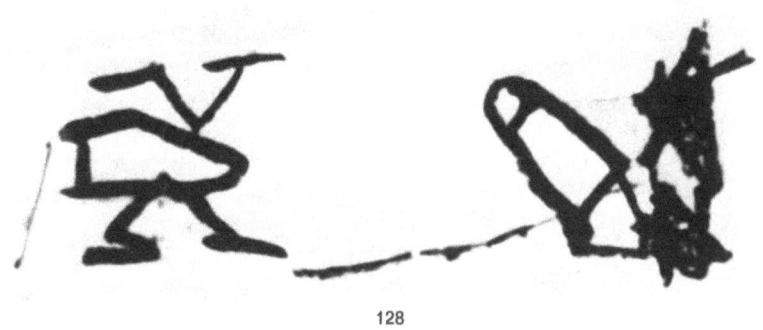

128

sions noires, circulaires, quelques « vaisseaux spatiaux des bons » et quelques « vaisseaux spatiaux des mauvais ». Bien que le résultat final soit encore statique, un effort manifeste a été tenté en vue de capter dans un seul « cadre » tout le drame et le conflit de *La guerre des étoiles*.

Une autre illustration vaut d'être retenue. Sur un minuscule morceau de papier, Jerry dessina l'un ou l'autre élément de *La guerre des étoiles* (128). D'après sa description: « Un vaisseau est en train de tirer sur une fusée. De l'autre côté, il y a une explosion de sang — ça, c'est à cause de la guerre ». Dans ce petit épisode, nous pouvons pressentir ce que deviendra la norme de l'expression symbolique chez Jerry et les autres enfants. L'histoire verbale commence à prévaloir: le dessin sert de plus en plus à compléter l'histoire, plutôt que d'être la représentation graphique exacte ou fantaisiste d'une scène vue « avec les yeux de l'esprit ».

Qu'y a-t-il donc en jeu dans ces dessins : les portraits des super-héros, les alignements des personnages de *Star Wars*, les représentations de scènes palpitantes? Tantôt, c'était principalement le besoin de faire un compte rendu qui suscitait ces dessins. Jerry semblait simplement vouloir décrire quelque chose à quelqu'un ou lui montrer comment un événement s'était passé. Beaucoup plus souvent cependant, on avait manifestement l'impression que l'acte de dessiner était en lui-même une façon importante de s'exprimer, essentielle pour le bien-être psychologique de l'enfant. En analysant cet acte, nous parviendrons peut-être à comprendre pourquoi les enfants de cet âge dessinent tellement et avec tant d'ardeur, d'intensité et d'expressivité.

Nous avons considéré Jerry à un âge où (comme tant d'autres jeunes) il s'intéressait à des problèmes d'action, de puissance et de violence. Il n'est pas nécessaire d'invoquer ici des complexes d'Œdipe ou des tendances agressives masculines, quoique l'on puisse assurément le faire.

A un niveau descriptif, ces thèmes sont simplement ceux qui accrochent son attention, de même que c'est la manière de cuire des gâteaux qui vint à l'intéresser quelques mois plus tard. Jerry ne possédait pas le vocabulaire requis pour traiter ces thèmes psychologiques de puissance et de conflit; il ne montrait d'ailleurs guère d'inclination à le faire. Ce n'était pas des propos de table. Pourtant, comme en témoigne son attirance pour les livres, bandes dessinées et programmes télévisés présentant ces thèmes, ils étaient manifestement importants pour lui: son intérêt pour les jeux de «gendarmes et voleurs», les hommes de l'espace, et autres jeux pleins de péripéties; ses récitations de petites histoires mettant en lumière des scènes d'agression, de violence et même de meurtre; sa création de jeux dramatiques symboliques, pleins de gestes tranchants et pénétrants, joués par ses jouets, blocs ou prétendus vaisseaux spatiaux: tous ses actes le prouvent.

Les efforts de Jerry pour dessiner les scènes de *La guerre des étoiles* participaient de cette passion et de cet enthousiasme général. La grande majorité des esquisses reprenaient quelque forte scène tirée du film ou de son imagination, où la violence, la mutilation et les conflits étaient largement présents. Cependant, l'accomplissement de ces «actes ultimes» n'empêchait pas leur réapparition avec les mêmes personnages, en atours encore plus impressionnants, dans le dessin qui venait juste après. Comme les protagonistes des dessins animés, les personnages de *Star Wars* — ces archétypes du bien et du mal, de la puissance et de l'impuissance, de l'ami et de l'ennemi — réapparaissaient sans cesse dans ses dessins, jouant et illustrant tout ce qui, de la puissance, de la passion, des peurs et des espoirs, pouvait peupler l'esprit d'un jeune enfant.

Pourquoi les jeunes de cet âge sont-ils si obsédés par ces thèmes «à l'index»? Pourquoi les réinterprètent-ils d'innombrables fois, malgré les signaux des adultes leur signifiant qu'ils préféreraient leur voir faire autre chose? A mon avis, cet intérêt pour les actes agressifs, cette image du monde comme une lutte éternelle entre les forces du mal et celles du bien, éclaire une préoccupation centrale chez les enfants à cette période de leur vie.

Pendant plusieurs années, ils ont entendu des histoires sur toutes sortes d'individus, de même qu'ils ont observé d'innombrables formes d'interactions entre adultes et entre pairs. Leurs propres actes ont été décrits maintes fois comme positifs ou négatifs, comme salutaires ou nuisibles, bons ou mauvais. Au début, ces appréciations n'avaient probablement pas beaucoup de sens; après tout, l'enfant ne fait que commencer à élaborer un univers de significations. Mais à quatre, cinq ou six ans, il a acquis une première compréhension des comportements et sentiments qui se vivent autour de lui, dont on parle et dont on se préoccupe. Certains de ces thèmes peuvent être très inquiétants; et presque paralysantes certaines des peurs qu'ils suscitent.

En conséquence, il est très important pour l'enfant d'essayer de comprendre ces forces et ces facteurs. Il doit arriver à en saisir le sens, à pactiser, si possible, avec les diverses puissances et forces en jeu dans son milieu. Cette activité de « mise en ordre » et de « bonne intelligence » a le plus de chances d'avoir lieu avec les personnages et les forces qui l'ont déjà impressionné, qui lui deviennent de plus en plus familiers, et qui, lentement, lui livrent leurs significations. Il s'agit souvent de personnages plus grands que nature, des personnages dont l'apparence et les exploits sont hors du commun. Autrefois, les contes de fée faisaient l'affaire; plus loin encore dans le temps, c'étaient les mythes qui fournissaient les thèmes, les scènes et les personnages. Aujourd'hui, ce sont des personnages fournis par les mass médias, et surtout ceux-là qui sont auréolés d'héroïsme, comme Batman ou Darth Vader, qui se présentent comme candidats à une exploration, une analyse et une interprétation approfondies. Cette exploration peut prendre plusieurs formes: l'enfant peut parler, chanter, rêver ou pleurer à leur sujet. Mais pour les jeunes de quatre à sept ans, les formes d'expression graphiques offrent un moyen personnel, d'une richesse et d'une souplesse uniques, pour explorer les profondeurs des relations interpersonnelles et des sentiments intimes.

Etant donné l'intérêt d'enfants comme Jerry pour ce genre de personnages fantastiques, il s'agit de découvrir dans quelle mesure ceux-ci possèdent un pouvoir « réel ». Il semble important de savoir s'ils sont vus comme purement fictifs, loin de l'expérience quotidienne; ou bien s'ils possèdent un pouvoir réel, de telle sorte que leur sort et leurs aventures occupent une place importante dans les expériences, les espoirs et les craintes du jeune enfant.

Quand on les interroge, la plupart des enfants (tout comme Jerry) reconnaissent que *La guerre des étoiles* n'a pu réellement avoir lieu et que les personnages qu'ils dessinent sont « pour rire » et pas « pour de vrai ». Leur comportement, cependant, indique clairement que ces personnages exercent une grande influence dans leur vie; ils peuvent susciter de « vraies peurs », comme celles associées aux voleurs, aux punitions parentales, ou aux fantômes qui hantent peut-être la maison. Ce n'est pas tant que l'enfant s'attende à ce que Ben Kenobi ou les Jawas pénètrent par un bel après-midi dans la maison et s'asseyent à la table de la salle à manger. (En fait, si cela arrivait, les enfants en seraient tout aussi stupéfaits que leurs parents). C'est plutôt qu'il ne sait pas avec certitude quels aspects de *La guerre des étoiles* sont susceptibles de se produire dans la réalité et lesquels sont purement fantaisistes; de même les critères permettant de déterminer si on doit s'en divertir ou en avoir peur sont beaucoup moins sûrs.

Les thèmes et les sentiments dont traitent ces aventures exercent une influence encore plus forte. Certes, un enfant ne peut vivre dans la crainte constante que Darth Vader entrera un jour dans sa chambre. Mais il sait qu'il existe d'autres scélérats et d'autres brutes (ou des parents) qui peuvent le tyranniser et il sait ce que sont les angoisses ou la peur. C'est parce que les récits d'aventures lui rappellent ces circonstances, que parfois ils l'effrayent, même s'ils le captivent aussi au plus haut point. Je pense que c'est à travers les activités de dessin que l'enfant fait ses premiers efforts pour arriver à maîtriser et à comprendre ces grands thèmes, et à «démêler» ses sentiments à leur endroit.

Nous entrevoyons donc dans ces dessins d'un enfant de cinq ans, tout le potentiel des dessins d'enfants. Du point de vue thématique, ils lui permettent d'explorer à sa façon les thèmes et les attitudes qui le préoccupent. D'un point de vue formel, ils favorisent ses connaissances en fait d'organisation spatiale: en moins d'un an, il passe des hommes-têtards à des formes suffisamment différenciées pour permettre d'y reconnaître une foule de personnages fictifs; et il manifeste une aptitude naissante à dépeindre des interactions entre personnages, des conflits de forces, et l'expressivité de certains mouvements. Par la vigueur qui s'en dégage, l'utilisation des couleurs, le sens de l'action, et la composition picturale souvent remarquablement originale, ces représentations de *La guerre des étoiles* semblent avoir un côté artistique.

La question se pose naturellement de savoir si d'autres enfants sont susceptibles de connaître un développement graphique aussi rapide et d'explorer un aussi vaste champ thématique et formel. Dans ce contexte, il serait instructif d'examiner les productions d'un autre enfant du même foyer: Kay, par exemple, la sœur de Jerry. Parce que, justement, tant de facteurs du milieu sont similaires, les similarités et les différences dans leurs premiers dessins prennent une signification accrue.

Alors même que les jours (et les nuits) de Jerry en vinrent à être dominés par ses expériences avec les personnages de *La Guerre des étoiles,* la conscience de Kay (comme celle de beaucoup de petites filles) s'absorba entièrement dans le monde des chevaux. Ici, le point de départ n'était pas un produit des mass médias (bien qu'elle collectionnât les livres sur les chevaux et d'innombrables reproductions de chevaux), mais plutôt ses propres expériences avec les chevaux: d'abord au cours de ses visites à des fermes, et peu après lors de ses premiers essais d'équitation.

Kay commença par dessiner des chevaux, sans plus. Ces chevaux étaient sommaires, tant graphiquement que thématiquement : ils s'élaboraient à partir d'un schéma rectangulaire, avec d'abord deux, puis quatre appendices déployés au bas. Ils n'étaient, en fait, guère plus que des formes-têtards allongées.

Cependant, il fut vite évident que le cheval était plus que simplement un autre schéma dans la panoplie graphique grandissante de Kay. Elle prit un soin spécial à l'élaboration de sa forme ; elle commença à mêler à ses dessins de chevaux des histoires, des poèmes, des scènes ; et ces animaux (tout comme les personnages de *La guerre des étoiles* pour Jerry) prenaient une place de plus en plus importante dans sa vie imaginaire de tous les jours.

Examinons quelques premiers développements du thème chevalin. Au cours de l'été 1975, peu après son retour à la maison après une visite à une ferme, Kay dessina un de ses chevaux schématiques (129), et l'illustra d'un poème (que nous l'aidâmes à transcrire). Dans la simplicité désarmante tant des mots que de la forme, ce poème traduit un sentiment qu'elle ressentait fortement :

Le cheval est un animal sauvage
Le cheval devrait être libre
On devrait laisser le cheval comme il a été créé

Deux mois plus tard, en octobre 1975, elle représenta deux des chevaux qu'elle avait montés l'été précédent (130). Le schéma du corps était encore rudimentaire, mais cette fois le tronc était composé d'un

129

130

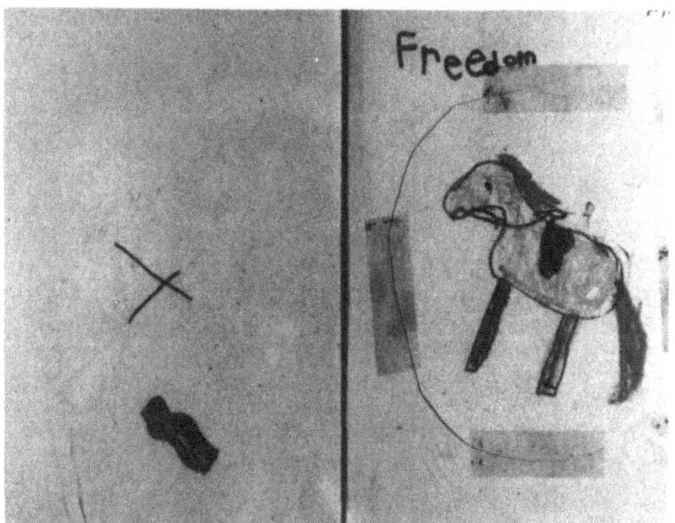

131

contour ressemblant à une amibe, plutôt que de formes géométriques juxtaposées. Et au lieu de se tenir carrément sur le sol, on voyait les chevaux se diriger vers une petite fille — Kay, sans doute — qui, nous pouvons le supposer, les attendait impatiemment sous un pommier et les regardait tendrement. D'autres travaux de cette période révèlent que Kay expérimentait également la représentation de l'équitation (131) et

132

plaçait les chevaux dans d'autres arrangements simples, par exemple, parmi des fleurs (132).

Même durant cette première période, il était clair que la vision de Kay avait une tonalité pratiquement opposée à celle de Jerry: une vie tranquille et bucolique où l'on pouvait aimer les chevaux; la revendication d'un cadre exempt d'activités bruyantes et rudes; un temps pour la contemplation et pour l'exercice des sentiments d'amour et de tendresse. Pourtant, on peut aussi voir en jeu plusieurs des motifs et formes qui caractérisaient l'engouement de Jerry pour *La guerre des étoiles*: des émotions vivement ressenties; un sens naissant de la composition dans laquelle les divers éléments du tableau s'unissent pour produire un effet global; l'emploi de la couleur où les teintes normales des objets étaient quelques fois sacrifiées afin de rehausser l'expression des sentiments ou bien pour réaliser un tableau rempli de couleurs plaisamment mêlées.

Malgré tous ces signes d'intense intérêt pour les chevaux, nous ne nous attendions pas au travail remarquable que Kay produisit à la fin de sa sixième année. Alors qu'elle était en visite chez ses grands-parents au littoral, éloignée de tout cheval, elle se rappela un jour quelque agréable expérience d'équitation de l'été précédent. A son retour d'une petite ballade solitaire, elle nous récita un poème qu'elle avait composé. Kay n'écrivait pas encore et, comme beaucoup d'enfants dans ce cas, elle avait une mémoire verbale extrêmement précise, quasi parfaite. Son poème est reproduit ci-dessous: il reflète son amitié pour les chevaux et ses aspirations à un genre de vie qui y serait favorable; il indique aussi un sens naissant de la forme poétique, des vérités morales simples, et les modestes et charmants essais de rime et de rythme caractéristiques de cet âge.

Ce que je souhaite le plus
J'aimerais beaucoup vivre sur une ferme
Pas avec des animaux
Mais juste avec un jardin
Et un ou deux chevaux
Que je pourrais monter pour aller jusqu'au magasin.
Et autour du cou
De ce cheval à moi
Un ruban et des paniers de chaque côté
Pour porter les choses que je rapporterais du magasin
Pour porter un vêtement ou un ruban
Peut-être beaucoup plus.
Et un ami et un grand endroit pour jouer
Avec plus d'espace qu'un jardin
Et plus d'espace pour jouer
Et il n'y aurait pas d'école
Et tous les jours il y aurait congé
Et les anniversaires se fêteraient en plein air
Et ce serait beaucoup beaucoup plus amusant
Ce serait quelque part où il n'y aurait
Jamais une goutte de pluie de toute l'année
Quel bel endroit pour vivre
Tout près de la mer.

Mais Kay ne se contenta pas de composer ce poème. Elle nous demanda de l'écrire pour pouvoir le montrer à d'autres personnes. Et puis, elle décida de l'illustrer (133). Cependant, plutôt que de composer une seule scène, elle choisit de préparer un montage, un ensemble d'esquisses reflétant divers aspects de ses sentiments et idées. Aucun ordre précis ne déterminait son effort: certains vers étaient illustrés après d'autres qui, en fait, les précédaient dans le poème; quelques scènes n'avaient pas de véritable lien avec le poème; d'autres, pourtant, étaient directement reliées à certains vers. La scène la plus frappante est peut-être la quatrième: ici la vision du poème se reflète dans toute une composition, bien élaborée et bien exécutée. Pris ensemble, le poème et son illustration indiquent comment un enfant peut exprimer à autrui — sous une forme beaucoup plus efficace que le discours normal — ses pensées sur une expérience vécue à laquelle il attache beaucoup de valeur.

Cet effort accompli, Kay ne se reposa pas sur ses lauriers. En fait, à peu près à la même période, elle produisit un autre document: le

133

compte rendu illustré d'une mésaventure survenue l'été précédent. Le petit livre que Kay façonna relatait le fait que, alors qu'elle faisait du cheval avec ses amies, l'un des chevaux s'écarta de la piste et marcha dans un essaim d'abeilles. La suite est clairement résumée dans les sept dessins sobrement décorés, et les neufs pages de la narration (134*a-f*): les chevaux furent pris de panique, les enfants jetés à terre; Kay et une amie furent retrouvées par sa mère; la propriétaire de l'écurie fut soulagée de savoir que personne n'avait été blessé. Kay se rappelait aussi de sa récompense rafraîchissante ce jour-là : un Coca-Cola. Ce qui est particulièrement frappant dans ce bref compte rendu, c'est la capacité de Kay de séparer ses efforts entre la narration — très convaincante —, la représentation des principaux personnages, et l'inclusion dans le dessin d'importantes interactions. Ainsi, sur la première page, nous voyons la petite fille et le cheval échangeant des salutations (134*a*); sur la seconde, le groupe des jeunes filles, avec les cheveux de couleur différente, montées sur leurs poneys (134*b*); dans le troisième dessin, un cheval dont les pattes arrière sont placées tout près de l'essaim d'abeilles (134*c*); une atmosphère de chaos manifeste en même temps qu'un appel au secours, dans le dessin qui lui fait pendant (134*c*); le cheval en fuite, dépassant la petite fille désarçonnée, dans la cinquième illustration (134*d*); dans le sixième dessin, les deux enfants jetés à terre (134*e*); et la composition abstraite, complètement inattendue, avec ses couleurs sobres et ses formes chevalines, qui décore la dernière page de la narration (134*f*).

Dans ce récit, Kay a intentionnellement simplifié les diverses formes, de manière à transmettre une grande quantité d'information tant par les

134*a*

134b

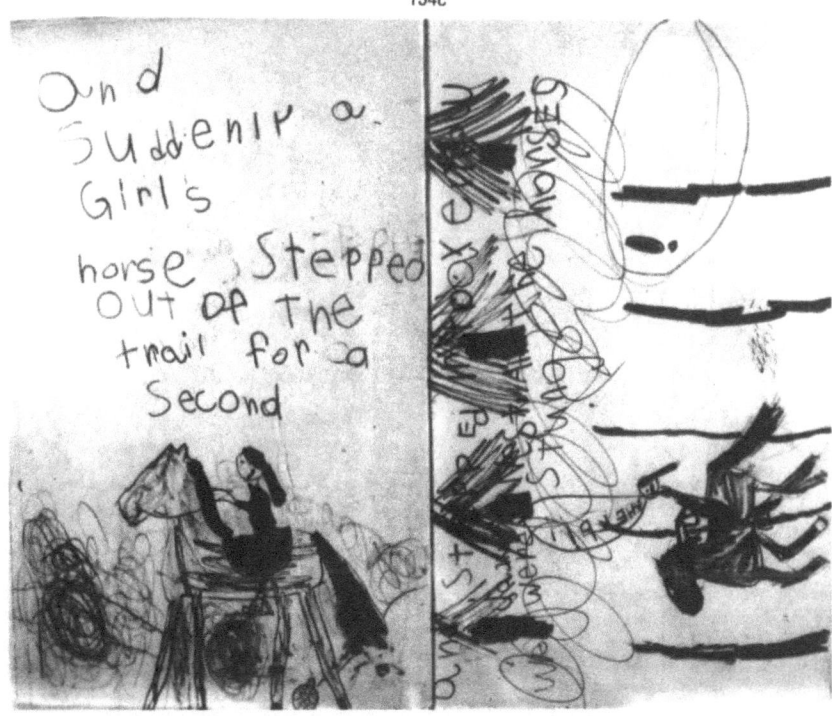

134c

my horse ran out on the trail first. I was the one person who was not stung. Everyone was thrown except

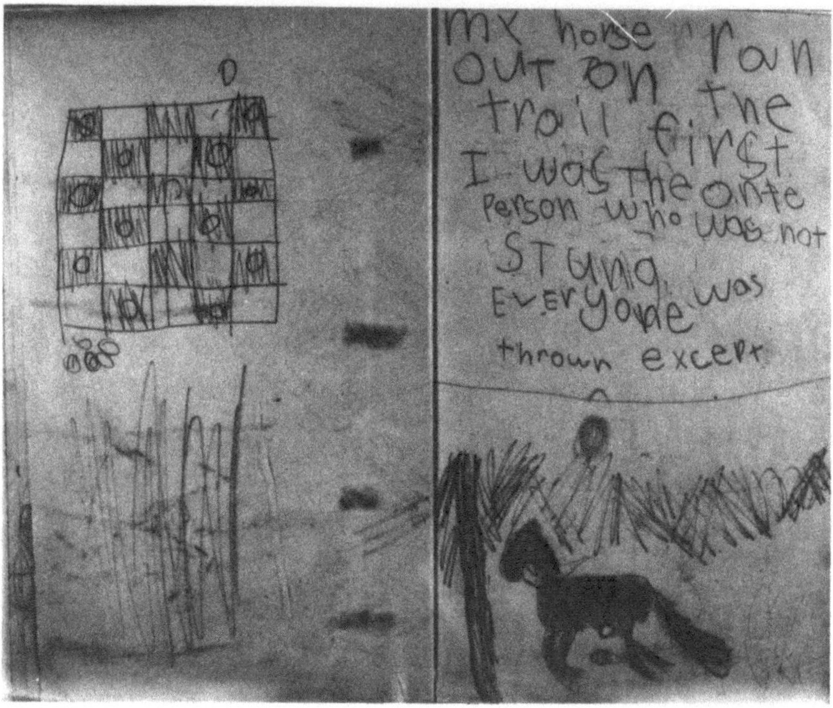

for the owner fo the stable named Jean. Soon after that my mother found me and a boy.

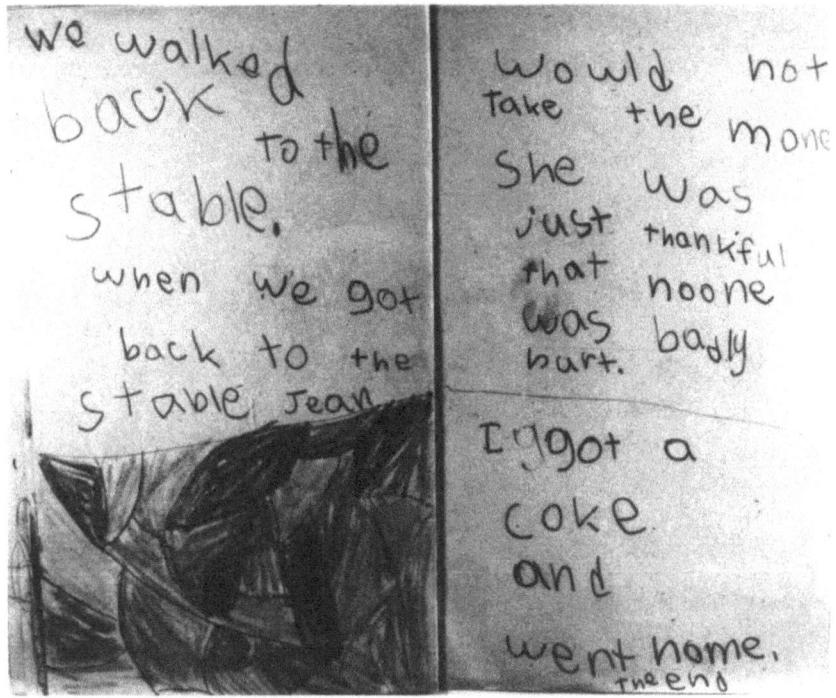

134f

mots que par les images. Dans d'autres dessins, au cours des mois suivants, elle fit des expériences avec la forme du cheval et avec les scènes où il pouvait être incorporé. Un dessin de la même période atteste un premier effort (la crinière flottante) pour présenter le corps en mouvement (135). Un mois plus tard, un tracé révèle les sortes d'exercices auxquels elle s'appliquait pour se perfectionner (136); il suggère aussi le sentiment d'efficacité que l'on peut acquérir quand ces efforts sont couronnés de succès. Dans un dessin de janvier 1976, le cheval lui-même reste élémentaire, mais il s'incorpore à présent dans une histoire assez complexe (137): nous voyons un petit Indien resté seul pendant plusieurs jours dans les bois, dans une sorte d'expédition de survie. Entouré de grands arbres, de deux wigwams, d'un chien et de son cher cheval, le jeune garçon semble bien équipé pour supporter les rigueurs auxquelles il a été soumis. Le décor simple et pourtant efficace vaut d'être souligné: chaque élément se trouve séparé, avec un empiètement minimum; la composition, avec ses trois points de convergence constitués par les wigwams, le garçon avec son chien, et le cheval, disposés chacun sur un fond d'arbres, crée un effet dense sans pourtant être encombré.

135

136

Kay fut rapidement capable de se concentrer davantage sur les aspects purement visuels du cheval. Dans une paire de chevaux dessinée en avril 1976, nous trouvons des corps mieux profilés, des pattes moins raides, de même qu'un effort pour montrer l'un des deux dominant physiquement l'autre (138). Un dessin datant d'un mois plus tard représente

137

138

139

un sérieux effort pour réaliser une ressemblance convaincante de quelques aspects particuliers du cheval (139): la tête, les traits faciaux, l'encolure. Par la précision des lignes — le museau, les yeux, la crinière, les oreilles et l'arrière-plan soigneusement dessinés — ce dessin représente un progrès considérable.

Tandis que le contour général des chevaux se fait plus précis, de nouvelles variations scéniques sont également tentées. Ainsi, dans un croquis d'octobre 1976, Kay met un cheval en présence, cette fois, d'une jeune princesse indienne (140). L'effet dramatique est d'autant mieux obtenu que la princesse fait face au cheval et qu'une branche d'arbre se déploie dans le ciel comme pour subjuguer les protagonistes.

Mais en 1977, lorsque Kay eut huit ans, un changement subtil se manifesta dans ses dessins. Les chevaux deviennent plus stylisés. Ils ont tendance à apparaître dans une position élégante de marche ou de saut, et sont régulièrement tournés vers la droite (141). Leurs crinières et leurs queues sont bien entretenues; les différents traits, les poils et les membres semblent rigoureusement à leur place. Tantôt montés par un

LES DESSINS D'ENFANTS COMME ŒUVRES D'ART

140

141

cavalier (142), tantôt seuls, ils figurent aussi parfois entourés de fleurs soigneusement coloriées et d'un soleil à plusieurs rayons de différentes teintes (143). Mais en même temps que cet accroissement de précision et, si l'on veut, de réalisme photographique, on peut discerner une diminution de l'originalité créatrice. Les scènes dramatiques cèdent la place à des compositions bucoliques; l'audace dans la représentation

142

143

donne naissance à une composition élégante mais essentiellement statique qui devient entièrement prévisible. Kay elle-même me dit que ses dessins étaient moins bons que ceux qu'elle faisait deux ans plus tôt, et, à certains égards, j'étais d'accord avec elle. L'âge de l'expressivité artistique, ou du moins de son épanouissement original, semblait prendre fin.

Nous avons eu l'occasion d'examiner des travaux caractéristiques de l'art des enfants — travaux qui, je tiens à le souligner, n'ont rien d'exceptionnel. Ces travaux ne manquent certes ni de pouvoir ni de charme. Mais il nous faut à présent revenir à notre question initiale et évaluer dans quelle mesure ils méritent d'être considérés comme «œuvres d'art». Il est certain que le soin apporté par les enfants à ces dessins, leur plaisir à les produire, et le pouvoir qu'ils exercent parfois sur autrui, nous font hésiter à les rejeter purement et simplement. Ces dessins ne sont sûrement pas que d'heureux hasards; trop d'attention et de soin les entourent pour nous autoriser à les écarter sans formalités. En fait, l'on se trouve inévitablement amené à faire des parallèles avec les travaux d'artistes contemporains tels que Helen Frankenthaler (144, 145), Adolph Gottlieb (146, 147), et Willem de Kooning (148, 149). Et pourtant, sommes-nous à même de fournir des preuves plus solides en faveur de la valeur artistique de ces travaux ainsi que de notre collection de représentations d'astronautes et de chevaux ?

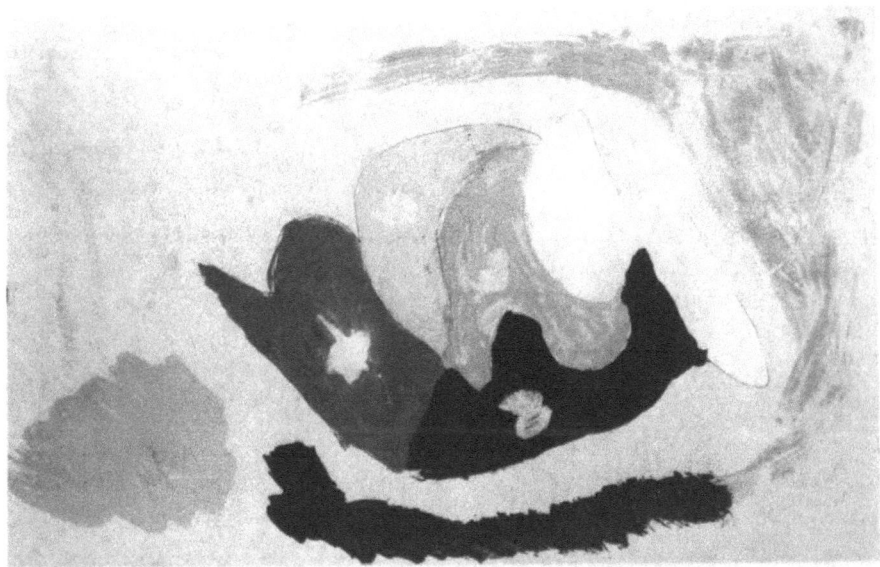

144

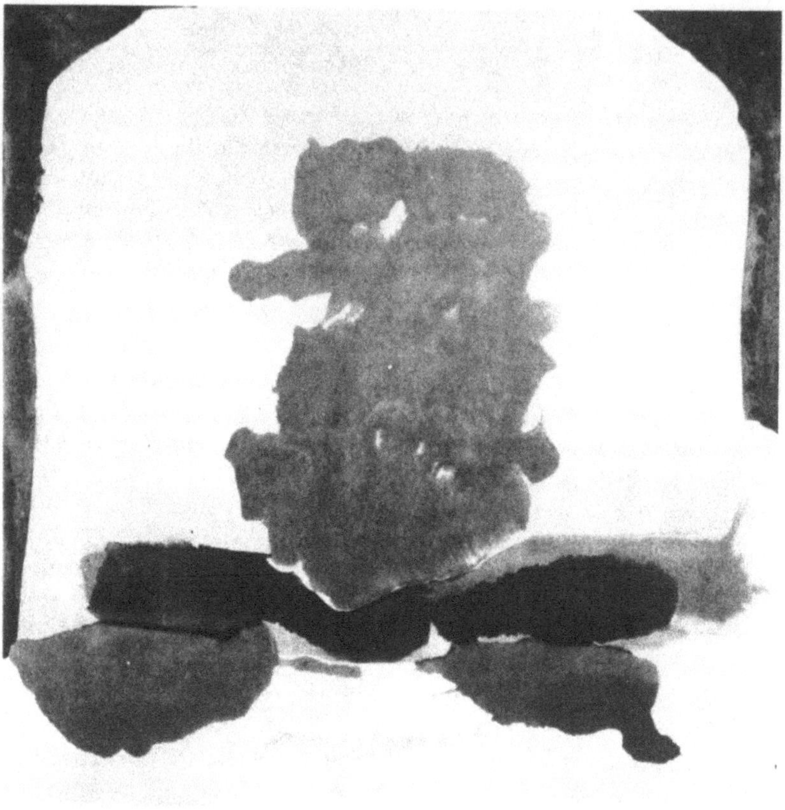

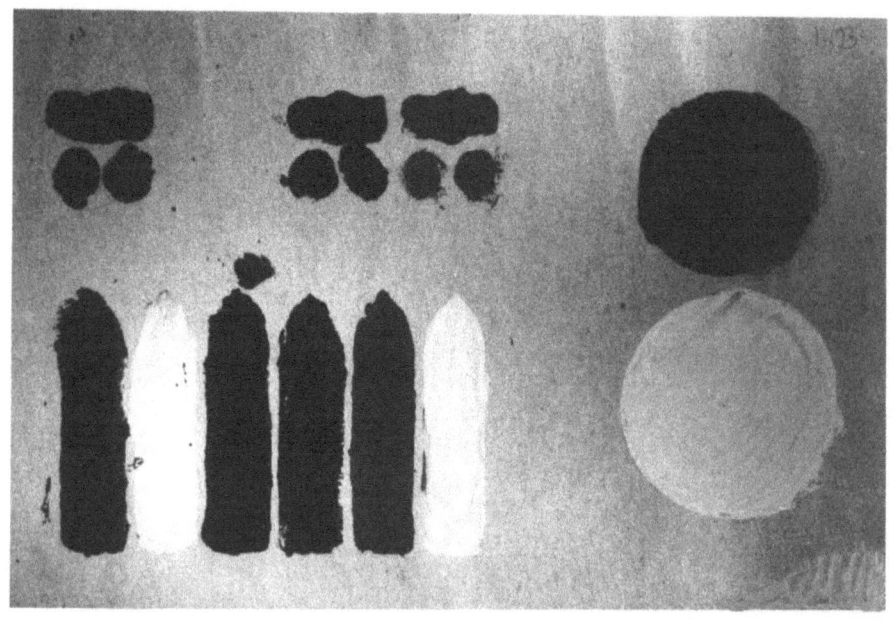

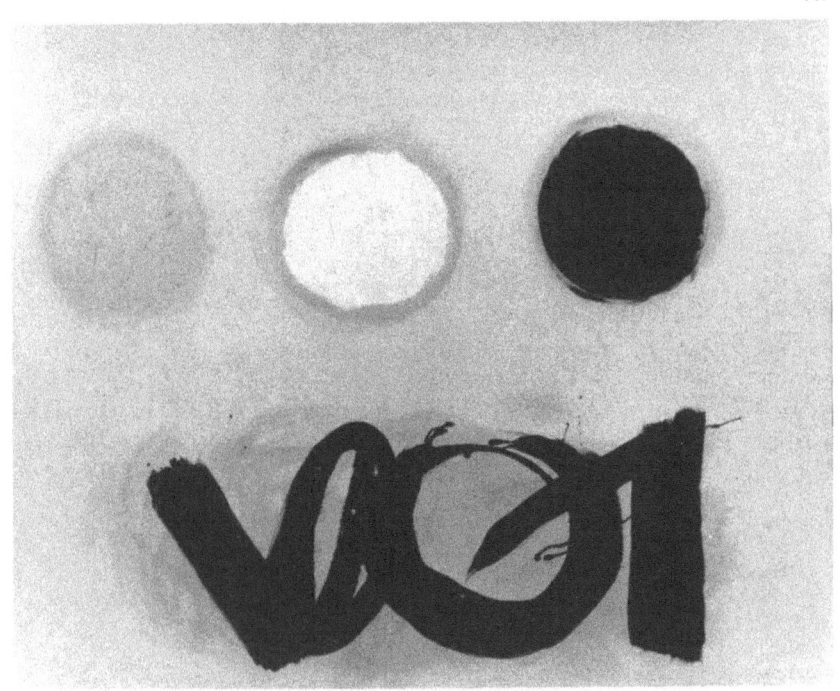

147

148

Pour répondre à cette question, nous avons besoin d'une définition valable de ce qu'est une œuvre d'art. Deux critères, souvent proposés, s'avèrent insuffisants. L'un, très à l'honneur dans la littérature psychologique, est le degré de réalisme. Dans cette perspective, si une œuvre est réaliste, elle mérite une cote élevée de valeur artistique. Cependant, l'histoire de l'art au vingtième siècle réfute si nettement ce point de vue, qu'il est difficile d'encore le prendre en considération, sauf peut-être à certaines fins expérimentales limitées. Un second critère est également défectueux : celui de l'excellence. Il est non seulement très difficile de trouver des normes d'appréciation représentant un véritable consensus pendant un laps de temps significatif, mais il est très possible que quelque chose de fortuitement élaboré puisse être jugé excellent (par exemple, les marquages faits au hasard par un chimpanzé et qui ressemblent à une création abstraite), de même qu'un travail soigneusement conçu par un maître, puisse, pour l'une ou l'autre raison, être jugé artistiquement pauvre.

Pour ces raisons, il est essentiel de trouver des critères esthétiques moins chimériques et moins précaires. Le philosophe Nelson Goodman a présenté quelques possibilités valables. Partant de l'observation que les œuvres d'art sont des symboles qui ont des fonctions déterminées, Goodman a suggéré d'évaluer la qualité «artistique» d'une œuvre en fonction de ces propriétés symboliques, considérées comme esthétiques. En dépit des apparences, cette définition n'est pas satisfaisante, car Goodman précise ce qu'il entend par esthétique. Et bien qu'il ne me soit pas possible de reprendre son analyse en détail, je peux signaler deux des critères qu'il met en évidence.

Le premier est l'inclusion de l'*expressivité* dans les symboles artistiques. Si l'enfant emploie les éléments du mode d'expression de manière à réaliser un dessin «vivant», «triste», «en colère», ou «puissant», il donne une preuve de son aptitude à façonner une œuvre d'art. Un second critère, appelé *plénitude*, implique lui aussi la manière dont sont exploitées les propriétés du médium. Si l'enfant sait utiliser les éléments du médium — par exemple les lignes — de sorte que plusieurs aspects de cet élément soient significatifs, il démontre à nouveau sa capacité d'utiliser les symboles d'une manière artistique. En d'autres mots, si, dans ses dessins, l'épaisseur du trait, sa forme, son intensité et sa régularité contribuent à l'effet de l'œuvre, l'enfant manifeste une certaine maîtrise de la «plénitude». Si, par contre, les variations éventuelles du trait se révèlent sans importance quant à l'impact, c'est qu'il ne fait pas un «plein» emploi des symboles.

Ces définitions constituent un point de départ utile pour juger si des travaux d'enfants ont effectivement qualité d'œuvres d'art. Cependant, une évaluation personnelle reste très subjective: l'un peut estimer l'œuvre d'un enfant très expressive, et que les traits y sont utilisés avec plénitude; un autre lui trouvera une expressivité et une plénitude médiocres; un troisième pourra trouver une expression et un type de plénitude différents. Un tel manque d'accord constituerait un piètre éloge pour un artiste.

Ce qui est donc difficile à découvrir, c'est une façon plus sûre de déterminer dans quelle mesure les travaux d'un enfant révèlent vraiment ces «symptômes esthétiques». Et c'est ici qu'une ingénieuse recherche de Thomas Carothers, qui travailla avec moi il y a quelques années à Harvard, mérite de retenir notre attention. Carothers présenta à des enfants des dessins identiques, sauf quant au genre de symptôme artistique qu'ils possédaient. Comme moyen de tester la sensibilité à l'expressivité, on montrait aux sujets la représentation expressivement heureuse (150) d'une scène et sa représentation expressivement triste (151).

150 151

152 153

Dans une autre série, destinée à tester la sensibilité à la plénitude, l'un des dessins ne comportait que des traits fins (152), et l'autre, des traits épais (152). Dans chaque cas, on disait au sujet que les dessins mis deux à deux avaient été commencés par deux artistes différents. On lui demandait alors de signaler les différences et de terminer les dessins de la manière dont l'aurait probablement fait l'artiste lui-même. Si l'enfant tenait compte des caractéristiques relatives à l'« expressivité » et à la « plénitude », on lui reconnaissait une certaine compétence artistique; si, par contre, il ignorait ces indications, et complétait tous les dessins de la même façon, on le jugeait incapable d'interprétation artistique.

Carothers découvrit dans ses tests une suite de comportements d'une régularité remarquable. Les enfants du niveau de la première année scolaire — âgés de sept ans — ne manifestaient que peu ou pas de sensibilité artistique. Sans tenir compte des ensembles que constituaient les dessins incomplets, ils les complétaient tous deux de la même façon (154). Les scènes tristes et heureuses, à lignes épaisses et à lignes fines : tout était identiquement complété. Les élèves de sixième année, par contre, trouvaient la tâche assez facile; dans presque tous les cas, la façon dont ils achevaient les dessins reprenaient les différences suggérées (155-157). Les dessins heureux obtenaient des conclusions heureu-

154

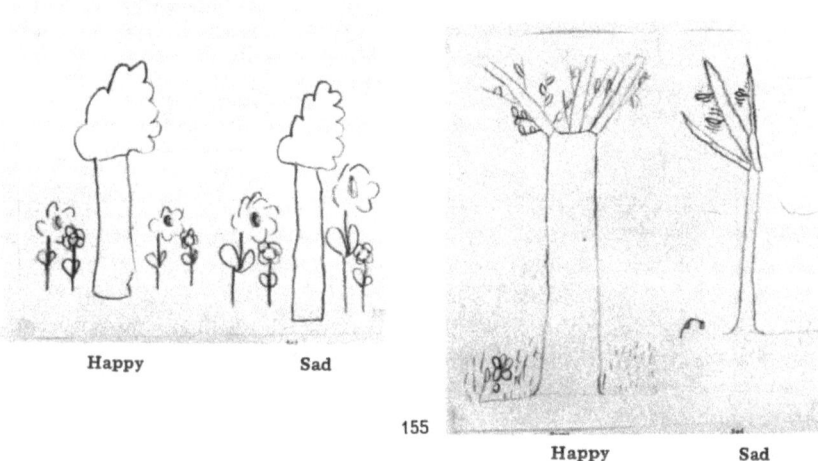

155

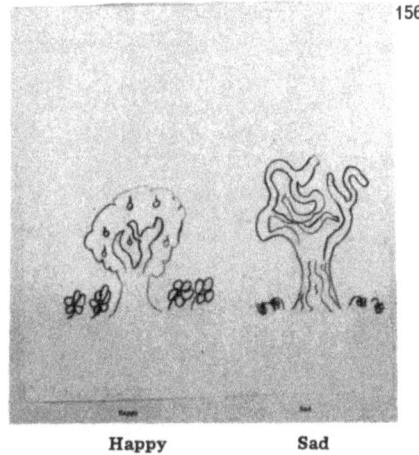

156

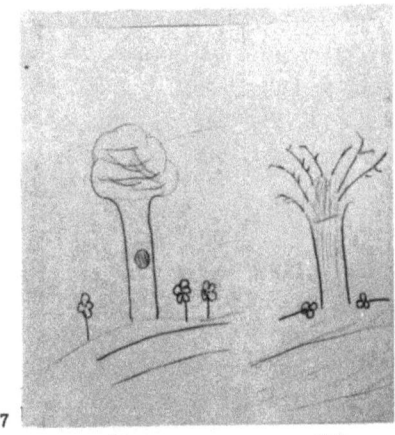

157

ses, les dessins tristes des conclusions tristes, et les versions à lignes épaisses et à lignes fines étaient complétées dans le même sens. Bien que l'âge varie suivant le « symptôme artistique » particulier que l'on examine, les enfants semblent acquérir une sensibilité artistique aux environs du milieu de la scolarité.

On pourrait certes objecter que l'enfant voyait les différences mais n'était pas à même de les rendre dans ses dessins. Afin de le déterminer, Carothers présenta également des échantillons d'achèvement des dessins et demanda lequel s'accordait avec chacun des dessins. Des échantillons d'achèvement pour une série « expressive » sont reproduits à la figure 158; des échantillons d'achèvement pour une série « plénitude » à la figure 159. Bien qu'il obtînt de meilleurs résultats en demandant simplement de faire des choix, Carothers retrouva fondamentalement ses résultats initiaux : une sensibilité artistique minime au cours des premières années de la scolarité, peu à peu supplantée par un ferme contrôle des moyens d'expression artistique au cours des années précédant l'adolescence.

Il suffit sans doute de ces constatations pour éviter de conférer sans esprit critique une valeur artistique aux dessins attrayants des moins de six ans. Il se peut que nous les trouvions agréables et expressifs, mais il est plus que probable que l'enfant n'a pas recherché délibérément ces effets. Après tout, s'il ne voit pas d'alternatives à la façon d'exécuter son dessin, s'il obéit simplement aux décrets de quelques maître intérieur, on n'est pas enclin à lui attribuer beaucoup de compréhension artistique.

Il est cependant hasardeux de tirer une conclusion assurée de cette seule recherche qui, d'ailleurs, constitue une situation expérimentale artificielle. D'autres preuves sont donc requises, et elles nous sont pré-

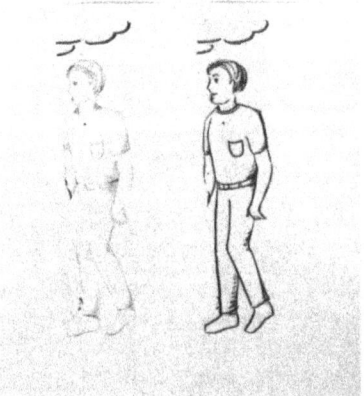

158 159

cisément fournies par une thèse de Diana Korzenik, professeur à l'Institut d'Art du Massachusetts.

Korzenik partit de l'idée que pour considérer un enfant maître de ses aptitudes artistiques, il faut qu'il ait conscience de l'effet que son œuvre exerce sur autrui. Après tout, s'il s'avère complètement inconscient des effets et des interprétations, on peut difficilement le considérer comme maître de son moyen d'expression. Par contre, s'il manifeste la capacité de voir par les yeux d'autrui, il semble raisonnable de lui attribuer une certaine maîtrise.

Une fois de plus, l'approche de ce problème se présente de façon quelque peu indirecte. Korzenik demanda à son sujet de dessiner un objet de telle manière qu'un enfant assis dans une pièce séparée puisse le reconnaître — dans le cas présenté aux figures 160a-b, « sauter ». On permettait au dessinateur d'entendre les suppositions du spectateur isolé et de corriger son dessin de manière à le rendre plus reconnaissable ou plus « déchiffrable ». Si l'enfant se révélait capable de le modifier dans ce sens, cette souplesse laisserait voir cette « dissolution de l'égocentrisme » qui tient un rôle capital chez tout artiste.

De nouveau, les sujets les plus jeunes, âgés cette fois d'environ cinq ans, se révélèrent ne tenir aucun compte du regard (et de l'opinion) d'autrui (160a). D'un essai à l'autre, ils modifiaient rarement leurs dessins, s'attendant joyeusement à ce qu'ils « parlent d'eux-mêmes »; ils confondaient l'intention avec la réalisation, rejetant la responsabilité sur le partenaire quand ce dernier ne parvenait pas à deviner correctement. A sept ou huit ans cependant, l'enfant devenait très sensible aux demandes du partenaire (160b); il cherchait au départ à faire des dessins

160a 160b

identifiables et, ce qui est plus important, il modifiait chaque révision jusqu'à ce que le partenaire puisse en deviner l'intention.

Nous avons donc ici la preuve que, au début de la scolarité, l'enfant acquiert déjà un certain contrôle sur le moyen d'expression. Il n'est peut-être pas à même d'en gouverner les aspects purement esthétiques, tels que l'«expressivité» ou la «plénitude», mais il est capable d'augmenter la lisibilité de ce qu'il fait et de se rendre compte qu'autrui peut ne pas voir son dessin de la même manière que lui.

Néanmoins, ce genre de preuve expérimentale met en doute la supposition facile que le jeune enfant est un artiste, du moins dans le sens où l'on entend généralement ce terme. Certes, les artistes tenus en honneur dans notre culture peuvent utiliser les lignes avec expressivité et plénitude; ils sont assurément conscients de la manière dont les choses peuvent apparaître à autrui et s'ajustent constamment de manière à ce que leur vision puisse être convenablement exprimée et appréhendée. Ils

161. Pablo Picasso. *Etude de cheval*. Etude de composition pour *Guernica*, 1er mai 1937. Crayon sur papier bleu. En prêt prolongé au Musée d'Art Moderne de New York, Collection de l'artiste.

162

auraient réussi facilement le genre de tâches proposées par Carothers et Korzenik (à supposer, évidemment, qu'ils auraient été disposés à jouer le jeu).

Mais qu'en est-il de l'art produit au vingtième siècle par certains grands maîtres — en particulier l'art qui se caractérise par des aspects enfantins? Qu'en est-il, par exemple, des croquis de chevaux de Picasso (161)? Leur caractère direct, leur clarté, leur absence de subtilité spatiale, l'emploi de grands traits simples (dont l'épaisseur varie rarement), ne témoignent-ils pas d'une conscience très semblable à celle d'un enfant? Et s'il existe peu de différences entre leurs œuvres et celles des enfants, pourquoi alors ne pas les mettre sur le même pied?

Nous pouvons peut-être commencer par examiner une peinture faite par un artiste de vingt ans (162). En guise d'exercice, ce peintre voulait créer les effets de travaux produits par un jeune enfant, et, en effet, son travail reprend les formes de base exploitées par celui-ci: les figures simples, les membres jaillissant du torse comme des bâtons, les couleurs fondamentales, les grands espaces entre les formes, et l'exposition directe des idées, ce qui, par certains côtés, rappelait fort la manière dont un enfant de cinq ans représenterait une scène.

Pourtant, même un examen rapide fait voir que des procédés très différents sont en jeu. Nous avons affaire ici à un essai d'imitation, séduisant peut-être, mais foncièrement manqué. Les formes sont beaucoup trop régulières, soignées et mesurées. Les contours sont étudiés, pas spontanés; les expressions du visage sont travaillées et manquent de naturel; les arrangements spatiaux sont mesurés, et non pas le fait du hasard. Ce dessin, comme un médiocre faux, ne présente que des ressemblances superficielles avec le travail d'un enfant et ne résiste pas à l'examen. C'est tout au plus une aimable farce.

Une telle condamnation ne s'applique pas aux œuvres de Klee, Picasso ou Miró, leurs peintures n'étant en aucune façon des copies d'œuvres d'enfants. Ce ne sont pas des tentatives forcées pour reproduire les formes et proportions caractéristiques du travail typique d'un enfant de cinq ans. Plutôt, dans la mesure où ces œuvres ressemblent à ce que produisent les enfants, de tels parallélismes sont inhérents à leurs explorations des éléments de base. Je pense que ce que font ces maîtres du vingtième siècle, c'est de réduire leur art aux formes les plus simples possibles — lignes, triangles, espaces clos — et d'explorer les multiples façons dont on peut les combiner en vue d'objectifs expressifs déterminés. S'ils concrétisent une certaine expression — de calme ou d'allégresse, par exemple — c'est parce que c'est cela qu'ils cherchaient à exprimer et non parce que ces propriétés se retrouvent dans les dessins d'enfants. S'ils conservent une même épaisseur de trait, c'est parce qu'ils veulent faire ressortir cette uniformité.

Mais qu'est-ce qui amène le jeune enfant à faire des dessins qui ressemblent à ceux des maîtres du vingtième siècle? Est-ce simplement un heureux hasard, une conséquence de sa manière de sentir, un choix limité de lignes et de formes? Cette explication est peut-être valable pendant les premières années, soit à trois ou quatre ans. Mais chez des enfants plus âgés, je pense qu'il s'agit d'autre chose.

A cinq ou six ans, les enfants ont déjà maîtrisé le vocabulaire fondamental des schémas, ce qui les rend capables de représenter la réalité. Possédant les « mouvements » de base, ils peuvent exécuter pratiquement ce qu'ils veulent, là où ils le veulent. Ils sont conscients des propriétés du papier, de la manière de le « remplir », de le laisser vierge, et de distribuer les éléments sur sa surface. Ils ont aussi conscience désormais de certaines normes de la société à laquelle ils appartiennent: ils prennent conscience de la façon de dessiner des figures d'une manière réaliste, de la façon de privilégier la symétrie, et de celle, en planifiant par avance, d'éviter l'encombrement ou de laisser trop d'espaces vides. Ces objectifs avaient, en fait, influencé exagérément l'imitateur des enfants présenté plus haut.

Mais s'il est vrai que ces objectifs sont déjà perçus à cinq ou six ans, ils ne sont pas encore tout-puissants. L'enfant s'efforce peut-être de les atteindre, mais n'est pas affecté s'il n'y arrive pas. Jadis, on pouvait voir là un véritable échec. Mais pour nos yeux contemporains, cet échec finit par produire une sorte d'aimable approximation, un à-peu-près, une « première ébauche » de formes artistiques plus élevées. En s'efforçant à la symétrie, l'enfant arrive à l'équilibre. En essayant de placer un nombre adéquat d'objets sur une page, de délimiter chacun d'eux et de lui donner une base, il réalise une composition harmonieuse. En s'efforçant au réalisme, il effectue des dérogations séduisantes par rapport à la ressemblance photographique. L'enfant, lui, ne s'inquiète pas de ces écarts: le fait de tendre à ces résultats lui suffit. Et, de la même manière, ceux d'entre nous qui se sont essayés au réalisme minutieux et qui ont appris que les dérogations ont leur charme, sont vivement et légitimement attirés par les travaux plus frustes des enfants.

Nous ne pouvons oublier que l'artiste adulte atteint ces résultats d'une toute autre manière. Il tourne délibérément le dos à toutes les formes compliquées qu'il peut produire et à la variété d'humeurs qu'il peut communiquer en vue de rendre, consciemment et intentionnellement, les formes et les sensibilités qui sont souvent (et peut-être trop vite) associées avec les enfants. En fait, une part de ce que nous admirons dans son œuvre, c'est son aptitude à faire fi de ce qu'il sait en vue d'arriver à une nouvelle simplicité*. Mais dans ce choix même, il y a chez l'artiste une prise de position beaucoup plus complexe: mettre en présence la possibilité de l'innocence, en dépit de sa maturité; utiliser de grands moyens au service de la simplicité. Le jeune enfant, pour sa part, illustre seulement cette innocence.

Il est possible que j'aie été injuste envers l'enfant. Les enfants connaissent toute une gamme de sentiments, et, du moins en gros, sont-ils peut-être capables de plus d'« expressivité » et de « plénitude » que je ne l'ai laissé entendre. En outre — et ici réside l'enseignement des dessins de Kay et de Jerry — les modes d'expression artistique fournissent une voie spéciale, unique même, pour affronter résolument des problèmes d'une importance et d'une complexité qui ne se prêtent pas, à cet âge, à la discussion verbale. Il est trop simple de dire avec Malraux que « le talent possède l'enfant; lui, ne le possède pas ». Comme nous l'avons vu dans la recherche de Korznik et dans le dessins de mes enfants, il existe une certaine conscience des alternatives, une certaine possibilité d'arriver à des résultats différents, même chez un enfant au

---

* Rappelez-vous les mots de Picasso: « Jadis, je dessinais comme Raphaël, mais il m'a fallu toute une vie pour apprendre à dessiner comme les enfants ».

seuil de la scolarité. Mais, quel que soit le moment, les options possibles semblent sévèrement limitées.

Il se peut même que ce soit cette qualité parodoxale et ambiguë qui, plus que tout autre chose, confère aux dessins du jeune enfant, leur pouvoir et leur fascination spéciales. Si l'enfant était aussi conscient que l'artiste adulte des potentialités du mode d'expression et de l'étendue des alternatives, il *serait* en fait cet adulte: il serait déjà passé par les univers spéciaux de l'enfance et les aurait dépassés. Si, par contre, il ignorait complètement les alternatives, s'il était complètement dépendant de son humeur du moment, il serait incapable de produire l'ensemble soutenu de travaux qui est le lot de tant de jeunes écoliers, et il serait également incapable de produire des œuvres personnelles valant la peine d'être revues et réexaminées. Nous pouvons peut-être dire que l'enfant est conscient de pratiques, de règles, de normes et d'options, mais elles ne gouvernent ni sa pensée ni son action: il peut les prendre ou les laisser. En vérité, il semble plus exact de dire que l'enfant possède un contrôle *partiel* de son talent: partiel, dans le sens qu'il est parfois à même (mais pas toujours) de réaliser ce qu'il veut, et que, parfois (mais pas toujours) il vise effectivement des fins explicites. De même que la démarcation entre la réalité et l'imagination existe déjà, mais doit être constamment contrôlée et réaffirmée par le jeune enfant, de même aussi traverse-t-il constamment la frontière entre le «talent artistique dirigé» et le «plaisir du simple acte de produire». Et ainsi, il semble approprié de parler de «première ébauche» de talent artistique chez l'enfant.

L'effloraison de l'art enfantin est réelle et puissante mais, comme toute flore, elle est saisonnière. Les années magiques, qui confèrent une qualité si précieuse aux chansons, au langage, aux dessins de l'enfant, ne durent pas: elles commencent à se dissiper dès que commence l'école. Il est trop simpliste d'attribuer cette baisse à l'école; elle se produit probablement aussi en l'absence de scolarité, et elle peut avoir des aspects aussi bien positifs que négatifs. Mais le fait que les buts et l'orientation de l'enfant changent fondamentalement après l'âge de l'effloraison semble indiscutable — et avec des résultats qui ne sont que trop évidents. Car ce qui exerce son attrait sur l'individu durant la moyenne enfance, c'est la fidélité au réel.

Chapitre 6
En marche vers le réalisme

> « Je dessinais mieux auparavant.
> Mes dessins étaient plus intéressants.
> Mais mon sens de la perspective
> est 3.000 fois meilleur à présent ».
>
> Kay, 9 ans

Lorsqu'on les juxtapose, on constate un contraste frappant entre les dessins d'enfants de huit ou neuf ans et ceux d'enfants plus jeunes. On devine facilement à quel groupe ils appartiennent : les travaux d'enfants plus âgés présentent une sorte de précision, un souci du détail, une maîtrise des formes géométriques, qui font défaut dans ceux d'artistes plus jeunes. On reconnaît facilement les schémas utilisés pour les objets familiers et l'on peut très vite déchiffrer les essais de représentation d'objets moins familiers. Et pourtant, l'on hésite à dire que les dessins d'enfants plus âgés sont « meilleurs » : en fait, la plupart des observateurs et parfois les jeunes eux-mêmes, sentent que quelque chose d'essentiel, présent à six ou sept ans, a disparu chez les plus âgés. Une certaine spontanéité, une souplesse, une certaine joie de vivre et une saveur exploratoire caractérisant les dessins puérils de l'enfant de six ans a disparu. Au lieu d'être remplacée par une maîtrise adulte, cette perte est supplantée par un produit plus travaillé mais moins expressif et moins vivant.

Il convient d'illustrer cette curieuse tendance. Considérons d'abord le dessin d'un garçon de huit ans (163). Evocation de la Noël, on y voit un arbre parfaitement triangulaire sous lequel sont disposés des paquets rectangulaires. Le frère de cinq ans regarda le dessin, et, comme c'est souvent le cas chez un cadet, il fit peu après sa propre tentative (164). On peut reprocher à la copie son irrégularité et son manque de soin, les traits grossiers entourant l'arbre de Noël, les paquets hétéroclites éparpillés dessous. Cependant, le prix de la régularité, de la précision et de

163

164

la linéarité est peut-être très élevé: en fait, on pourrait même estimer que l'esprit de joie et d'exubérance associé à la Noël est absent chez l'aîné. Même si le dessin du cadet constitue, en partie, un essai manqué pour égaler la précision géométrique de son frère, on ne peut ignorer la qualité fauve de son travail.

On trouve une preuve encore plus frappante de cette tendance dans les dessins exécutés par les mêmes enfants sur une période de plusieurs années. Mes collègues et moi-même avons suivi des enfants dans leur évolution du jardin d'enfants aux premières classes élémentaires (165-174). A maintes reprises, nous constatons que les dessins d'enfants plus

165 Dessin de Nancy, en 1re année primaire.

166 Dessin de Nancy, en 2e primaire.

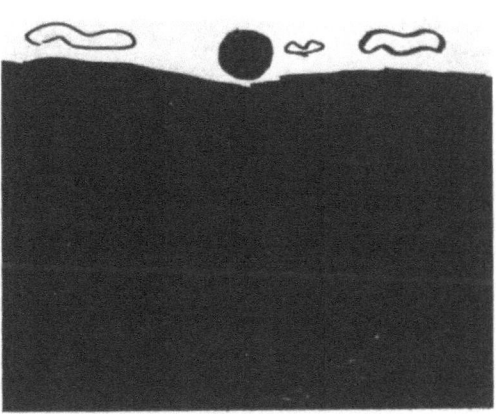

167 Dessin de Bill, en 3ᵉ année primaire.

168 Dessin de Bill, en 4ᵉ primaire.

âgés deviennent plus réguliers, plus fidèles à leur objectif, plus adroitement coloriés. Mais aussi, le sentiment de vie, la puissance, l'exubérance diminuent, ainsi que le plaisir des couleurs et des formes pour elles-mêmes, qui est si caractéristique dans les dessins d'enfants plus jeunes. Ces constatations ont été reprises dans une échelle d'évaluation : alors que la *compétence technique* s'améliore régulièrement avec l'âge, la «saveur» (la mesure dans laquelle les dessins incorporent des traits qui les personnalisent) atteint son apogée au cours de la première année d'école et baisse régulièrement par la suite. Cette découverte laisse supposer que les dessins d'enfants plus jeunes ne sont pas simplement des tentatives manquées de représentation de la réalité; ils manifestent des qualités reflétant la fraîcheur d'esprit du jeune écolier. Alors que l'enfant visant au réel est attentif à rendre correctement les moindres détails, et se passera d'un « sentiment d'ensemble », l'enfant de cinq ou six ans, lui, a un sens intuitif de ce que doit être un tableau organisé, sens submergé au cours de la période qui suit.

Même si les experts sont d'accord sur cette tendance à une approche différente du dessin au milieu de l'enfance, ils divergent largement sur sa signification. Pour la plupart, le changement est regrettable. On voit les enfants sombrer dans le marasme de la représentation exacte: la

169 Dessin de Bill, en 5ᵉ primaire.

170 Dessin de Susan, en 1ʳᵉ primaire.

171 Dessin de Susan, en 3ᵉ primaire.

172 Dessin de Peter, en 3ᵉ primaire.

173 Dessin de Peter, en 4ᵉ primaire.

174 Dessin de Peter en 5ᵉ primaire.

préoccupation scolaire pour l'aspect photographique des dessins mine l'implication de l'enfant dans le génie expressif du mode d'expression graphique. D'après cette optique rousseauiste, la représentation exacte doit être évitée à tout prix; à défaut d'y parvenir, cette étape devrait être différée aussi longtemps que possible ou franchie aussi vite que possible. L'attirance pour la représentation exacte est imputée à l'ingérence et la manipulation du système social; laissé à lui-même, le génie naturel de l'enfant préserverait son sens expressif et le prémunirait contre les séductions dangereuses de la ressemblance photographique.

Cette façon de voir n'est cependant pas unanime. Certains, tout en reconnaissant et même en admirant l'attrait des premiers dessins, estiment que leur séduction provient de facteurs étrangers et ne reflètent que peu de talent véritable. Pour ces commentateurs traditionnels, c'est ce « simple développement » que l'on devrait interrompre, de manière à ce que l'enseignement et la production artistiques véritables puissent sérieusement commencer. D'après eux, les soins croissants qu'apporte l'enfant à ses dessins, son obsession du réalisme, son souci de rendre les relations spatiales avec exactitude, représentent un changement salutaire. Ces experts soutiennent que l'enfant peut toujours, s'il en ressent le besoin, dessiner dans le style « plus libre » des premiers temps : c'est par un choix délibéré (et sage) qu'il emprunte une autre voie. C'est seulement dans la mesure où il est apte à maîtriser la nature du mode d'expression et d'en exploiter les ressources en vue de rendre fidèlement la réalité, que l'on peut considérer l'enfant comme participant vraiment et sérieusement au processus artistique.

Il est bien délicat de se prononcer entre ces positions divergentes. Ce à quoi on attache ou non du prix est une question de goût, ce qui donne lieu à des jugements qui, en un autre siècle, auraient pu être bien différents. Le dédain pour le réalisme, qui étreint notre époque « sophistiquée », aurait fait place, il y a cent ans, à une admiration pour les représentations fidèles. En fait, ce qui nous semble un déclin du degré artistique n'est peut-être qu'un produit de la culture occidentale. Ailleurs peut-être, ou ici même, à une époque à valeurs différentes, on pourrait ne pas attester cette prétendue baisse artistique durant les premières années de la scolarité.

Avant de conclure à propos de cette tendance, il semble prudent de l'examiner plus attentivement et d'en considérer les aspects tant positifs que négatifs. Il faut le dire d'emblée : l'apparent déclin de l'activité, à certains égards du moins, est réel. Alors que le dessin, la peinture et d'autres activités graphiques sont « la chose » au cours des années précédant la scolarité, cela devient par la suite moins important et moins habituel. Avec l'âge, les dessins deviennent moins variés et moins personnels : les personnages, les styles, les thèmes tout faits prévalent petit à petit. Et, comme on l'a vu, des juges impartiaux s'accordent à trouver que les dessins plus tardifs témoignent de moins de saveur et finissent tous par se ressembler. L'uniformité est due principalement au désir d'être fidèle à la réalité : ce qui est le plus apprécié, ce sont les œuvres qui suivent les canons classiques du dessin occidental; celles qui s'efforcent de ressembler à des photographies; celles qui cherchent à rendre aussi fidèlement que possible les couleurs, les formes, les dimensions, et l'aspect des surfaces des choses réelles. De même que le dessin réaliste en vient à être apprécié plus que l'art impressionniste ou abstrait, de même, dans son travail artistique, l'enfant cherche à réaliser des dessins pouvant «passer pour» des œuvres photographiques et à rechercher les personnes ou les livres pouvant en montrer la voie.

Cet intérêt accru pour le réalisme n'est pas le domaine exclusif des arts visuels. Dans presque toutes les sphères de la vie, l'enfant est de plus en plus attentif (jusqu'à la manie) à ce que les choses soient «justes», à les traiter «juste comme elles sont *réellement*». Par exemple, on doit utiliser les mots d'après ce qu'ils sont destinés à exprimer — ni plus ni moins. On méprise et on évite le langage imagé: on ne devrait pas parler de l'*aigreur* d'une personne, on ne devrait pas qualifier une cravate de *criarde*. Dans le domaine de l'activité sociale, les jeux sont jugés et joués seulement d'après les règles; celles-ci doivent être formulées avec précision et l'on doit y adhérer strictement. Les tentatives en vue d'ignorer une règle conduisent aussi vite au rejet que le fait de forger une métaphore ou d'exécuter un motif abstrait.

Etant donné que ce souci de l'exactitude domine la conduite de l'enfant, il rend hommage aux systèmes de symboles et aux ensembles d'idées qui se prêtent à une reproduction précise. C'est pour cette raison, je pense, que l'enfant de huit, neuf ou dix ans, en vient à prêter une attention de plus en plus grande au langage et à s'y fier de plus en plus. Jusqu'alors, les mots étaient encore un moyen peu sûr d'exprimer ses sentiments: les dessins (que ce soit de chevaux ou de Guerriers Célestes), en tant que moyen relativement accessible d'explorer des pensées et sensations complexes, assumaient un rôle spécial — et fournissaient une opportunité spéciale. Mais, une fois venu le temps de l'école, c'est le langage qui tient la clef de la véritable précision: on peut dire aux autres ce que l'on voudrait faire, on peut critiquer les choses que l'on n'aime pas, on peut explorer ses sentiments d'amour, de peur ou de tristesse; et introduire de subtiles distinctions éthiques avec l'espoir d'être compris. Ce pouvoir des mots constitue la raison principale pour laquelle la plupart des enfants finissent par préférer le langage au dessin comme mode d'expression — de même qu'il explique pourquoi le langage à cet âge doit s'exprimer avec une nuance d'ambiguïté.

L'acquisition de connaissances et le désir d'exactitude sont d'une grande importance à cette étape de la vie — et surtout dans notre société. Ce qui n'était que pressenti auparavant est explicitement affirmé à l'école: les récompenses vont aux bonnes réponses, rapides et claires. Des plaisanteries stupides émaillent les conversations à la cour de récréation: signe révélateur qu'il est bien d'être malin, ridicule de se tromper. Pour la première fois, un enfant demandera avec inquiétude, au cours d'une chanson ou d'un dessin: «Est-ce que c'est bien?» Une illustration caractéristique de cette tendance est l'omiprésent test d'intelligence : une mesure qui récompense les performances rapides et alimente l'idée selon laquelle celui qui obtient le plus de bonnes réponses dans le moins de temps est le plus intelligent.

Il est remarquable que, parmi les moyens les plus populaires d'évaluer l'intelligence à cet âge-là, il y a divers tests du genre « dessine une personne » ou « dessine un bonhomme », dans lesquels on demande à l'enfant de dessiner un individu aussi complètement que possible. Un système de cotation compliqué se base en gros sur l'hypothèse que plus il y a de caractéristiques présentes, plus le dessinateur est intelligent. S'il est vrai que ce genre de test peut être très utile à certaines fins cliniques et à des fins d'évaluation, il est en contradiction avec les critères artistiques. Car les facteurs qui aboutissent à un résultat élevé à ce test — qui poussent à y inclure tous les traits possibles — n'ont pas grand-chose à voir avec ce qui confère de la valeur à une œuvre d'art, et peuvent même empêcher l'enfant d'accéder au pouvoir expressif. Cependant, paradoxalement, ce test concorde bien avec les valeurs des enfants de cet âge : eux-mêmes, aussi bien que les examinateurs sont d'accord pour penser qu'un dessin doit être aussi ressemblant que possible.

En décrivant les tendances artistiques des écoliers occidentaux, j'ai déjà avancé quelques raisons du déclin de la pratique artistique. Les mœurs scolaires, l'inclination générale vers le réalisme, la valeur accordée à « rendre les choses exactement », et la confiance accrue dans les ressources linguistiques, tout cela favorise les caractéristiques de cette période. On peut citer d'autres coupables. Il y a le rôle des pairs ou les pressions sociales de ceux qui sont déjà « arrivés » : si d'autres jeunes recherchent impitoyablement le réalisme, il n'est pas surprenant que les dessins d'allure photographique soient favorisés et appréciés. La croissance des facultés critiques de l'enfant peut aussi jouer un rôle. Les premières années, il dessinait ce qu'il voulait, sans apparemment se soucier de savoir si son travail était conforme à quelque norme extérieure d'acceptabilité ou d'excellence. Désormais, cependant, à l'écoute attentive des normes adoptées par la culture en général (et, sauf chez une petite élite, ces normes tendent à être d'ordre réaliste), les facultés critiques de l'enfant engendrent une production artistique qui réussit l'épreuve du réalisme. Et de même, il est probable que l'enfant soit désolé quand ses réalisations ne respectent pas suffisamment les règles rigoureuses du réalisme.

Une explication plus spéculative, en faveur depuis peu, attribue l'origine des caractéristiques de cette période aux modifications dans le système nerveux de l'enfant. Au début de la période scolaire, la dominance du cerveau (plus spécialement de l'hémisphère gauche) est fondamentalement réalisée. Et, en conséquence principale de cette dominance, les facultés du langage («localisées» dans cette région du cerveau) sont à présent bien établies et régissent de plus en plus le comportement. Par conséquent, les facultés dépendant de la dominance de l'hémisphère droit — généralement considérées comme impliquant les fonctions visuelles et spatiales — commencent déjà à passer au second plan de la connaissance. Curieusement, à l'appui de cette hypothèse, il y a la constatation fréquente que chez les enfants qui ont des difficultés d'apprentissage — et spécialement des problèmes de lecture — la dominance a tendance à être tardive ou «mélangée»; il est significatif que les observateurs découvrent que ces mêmes enfants s'intéressent profondément et durablement à l'expression graphique. On peut certes supposer que le dessin continuera à exercer un attrait particulier chez ces jeunes qui, pour l'une ou l'autre raison, présentent des difficultés à s'exprimer dans ce qui est devenu le principal système de symboles de la culture.

Une dernière conjecture qui vaut la peine d'être mentionnée s'inspire de la tonalité affective de la vie de l'écolier. Suite aux travaux de Freud, on considère généralement les premières années à l'école comme une période de *latence*: une époque où, suite à la résolution du complexe d'Œdipe, les sentiments et les énergies de l'enfant sont relativement tranquilles, une pause avant le *Sturm und Drang* de l'adolescence. J'ai avancé l'hypothèse que le dessin est, au début de la vie, un moyen capital grâce auquel l'enfant peut exprimer ses sentiments, anxiétés, souhaits les plus profonds, et ce, particulièrement pendant les périodes où d'autres moyens ne sont pas disponibles ou moins développés. Par conséquent, le déclin de l'activité graphique que l'on observe généralement durant les années scolaires pourrait aussi être associé à une diminution du désir d'exprimer des émotions fortes et, corrélativement, à l'émergence de divers moyens d'exprimer ces préoccupations.

Il existe une autre possibilité: que les enfants, simplement, en arrivent à la conclusion que leurs sentiments ne peuvent plus être exprimés graphiquement, ou bien que le dessin ne constitue plus désormais un moyen approprié pour se mesurer avec eux. Dans leurs observations sur le déclin généralisé de l'expression durant cette période, Rose Alschuler et LaBerta Hattwick, auteurs de la volumineuse étude *Peinture et personnalité*, déclarent:

> En règle générale, à neuf ou dix ans, les enfants ont été si complètement imprégnés de la nécessité de reproduire exactement ce qu'ils voient, que leurs modes naturels d'expression ont été bloqués, et leur élan à peindre et à s'exprimer, en grande partie étouffé.

Il se peut donc que ce soient les enfants dont le développement a été particulièrement mouvementé qui seraient les plus concernés par le dessin expressif: ceux qui, en raison de problèmes personnels ou familiaux, de difficultés intellectuelles ou sociales, n'ont pas encore succombé aux pressions modelant les autres jeunes.

Cependant, il est trop simple de laisser supposer que l'enfant abandonne complètement toute expression graphique, de même qu'il est erroné de laisser croire que cesse le besoin d'exprimer ses émotions. Ce qui est plus plausible, c'est que l'enfant dispose désormais d'une série d'alternatives, dont certaines n'ont pas encore été exploitées. En art, il est attentif à présent à la façon de rendre certains effets et peut ainsi, à la demande, produire des dessins de styles différents. En outre, même quand les enfants, à l'école, dessinent suivant la « façon approuvée », ils exploreront souvent de tout autres sujets et styles au vestiaire, à la station d'autobus ou dans leur carnet de notes. Une semblable effloraison d'options se produit dans les autres modes d'expression. Et c'est cette effloraison, aussi bien que les insidieuses pressions sociales et cognitives citées plus haut, qui expliquent peut-être les préoccupations (et omissions) de l'enfant durant cette période de sa vie.

A titre d'exemple attrayant de cet accroissement des options, nous pouvons regarder une carte de l'intérieur de sa tête (ou de son esprit), dessinée par ma fille Kay, une fois qu'elle a été confortablement installée dans l'étape réaliste (175). On est frappé tout d'abord par l'exactitude des proportions et des traits: la forme de la tête est rendue avec exactitude (non sans effacements, mais ces soigneux effacements sont précisément ce dont il est question). Ensuite il y a le besoin d'étiqueter et de classifier — d'assigner une zone particulière à chaque idée importante. Chacune des petites loges, soigneusement délimitées, est dûment marquée avec son contenu: les unes humoristiques (une zone pour la toux et l'éternuement, près du nez); d'autres capricieuses (une source de sable, près des yeux); d'autres cataloguant fidèlement des sujets scolaires (gym, musique, maths, sujets « centraux »); plusieurs reflétant des valeurs et intérêts personnels: le chat adoré, au sommet du crâne, la chambre remplie de bonnes et de mauvaises idées, la chambre de « décision », les diverses figures fantomatiques et spectrales éparpillées alentour, la chambre à souhaits, aménagée avec opulence, et tout autre attirail mental de ce genre.

Mais la conception générale du dessin est encore plus révélatrice que ces précieux détails de réalisation. S'inspirant d'une leçon à l'école, Kay a trouvé une métaphore pour les processus de sa pensée: un dessin dans lequel elle peut dépeindre un trésor d'idées et de sentiments qui l'habitent. Et elle peut utiliser le langage pour rendre clair aux autres ce qu'elle exprime dans son dessin. Car, pour faire partager ses idées, elle a besoin — ce n'est pas le cas de tous les artistes — de recourir aux mots. Ici donc, chez une enfant réaliste, on trouve un intéressant amal-

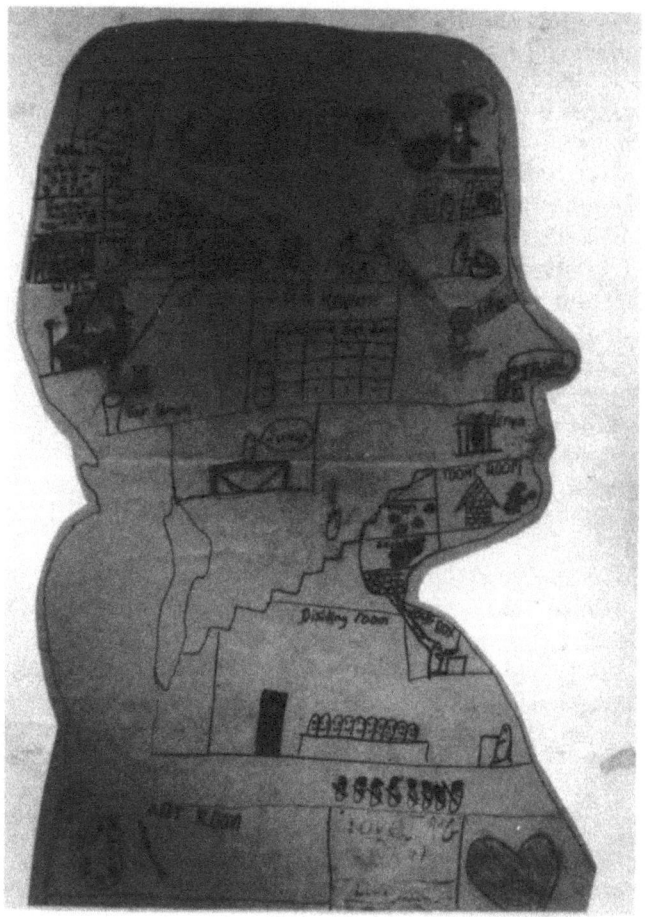

175

game des ressources graphiques et linguistiques, au service d'une conceptualisation complexe.

Considérons un autre exemple : le tableau illustré des vacances préférées de ses compagnes de classe, l'une des douzaines d'« enquêtes » conduites durant l'année scolaire (176). Nous voyons ici Kay découvrant et expérimentant le procédé de notation. Elle crée pour la circonstance une série de symboles qui peuvent l'aider à garder à l'esprit ce dont il est question — qu'il s'agisse de hobbies, de travaux de ménage, de la succession des rois de France, du réseau des îles au large de l'Angleterre, ou bien, dans ce cas précis, des préférences au sujet des vacances. Dans ce genre d'activité, deux facteurs sont combinés : le dé-

EN MARCHE VERS LE REALISME 181

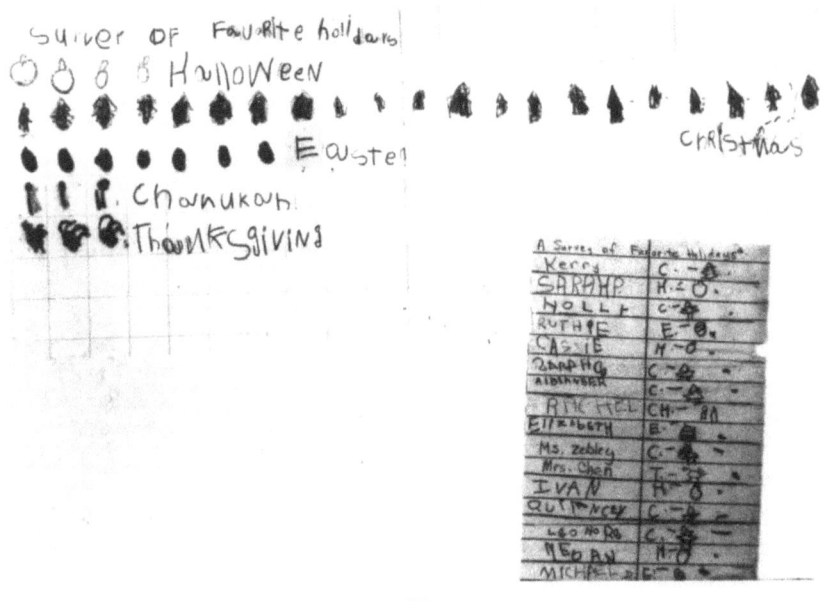

sir de noter les événements importants de sa vie et le plaisir d'utiliser les outils (les diagrammes ou symboles) qui l'aideront dans ce processus.

On ne peut inventer tous les symboles a volonté. Bien des enfants de cet âge commencent à maîtriser le système des nombres, les notations musicales, la manière de dresser une carte, et l'énergie utilisée pour appliquer le crayon ou le marqueur sur le papier est dans une certaine mesure absorbée (certains diront: dissipée) par la poursuite de ces processus graphiques mais non artistiques. Certes, le fait le plus lourd de conséquences, c'est que presque tous les enfants de notre culture s'expriment en écrivant: d'abord en maîtrisant la formation des lettres et des symboles familiers, ensuite, en produisant des passages entiers, et, finalement, en exploitant des pouvoirs littéraires naissants pour exprimer en langage imagé les pensées, sentiments, craintes et rêves qui occupent leur esprit.

L'intérêt pour l'écriture date d'avant l'école. Dès l'âge de deux ans, certains enfants ont déjà défini certaines activités comme étant de l'écriture, et plusieurs s'essaient à copier les propriétés visuelles de l'écriture cursive. En vérité, ils ont compris qu'une certaine catégorie de signes correspond à des mots, bien que, au départ, ils ne se rendent pas compte de la correspondance entre des unités graphiques spécifiques et des sons spécifiques. C'est petit à petit qu'ils reconnaissent la correspondance entre les mots écrits et les mots parlés. Ils manifestent cette compréhension par des pratiques curieusement éclairantes, telles que faire un signe pour chaque mot qu'ils prononcent, ou désigner des rangs de lettres dans un livre, tout en prononçant des mots tels que «il était une fois» ou «je ne sais pas». Et à quatre ans, ils peuvent généralement écrire la plupart des lettres ainsi que quelques mots. Il est certain qu'au moment d'entrer à l'école, l'enfant normal ne fait plus de confusion entre ce qui est du domaine de l'écriture et de celui du dessin, et qu'il a déjà une bonne compréhension de la nature du code graphique.

Cependant, tant qu'il ne sait pas lire et écrire de la prose avec une certaine facilité, l'enfant n'est pas apte à rassembler ses ressources littéraires et à s'exprimer sérieusement avec sa plume. Ce processus prend généralement des années. Et ainsi, tant que l'écriture n'a pas été maîtrisée, le système du dessin est le seul suffisamment élaboré pour permettre l'expression de la vie intérieure. Dès que les mécanismes de l'écriture et des connaissance littéraires auront atteint un stade suffisant (à neuf ou dix ans, normalement), il devient possible de réaliser avec des mots ce qui, jusqu'alors, se traduisait en dessins: la scène est prête pour le déclin — ou la mort — de l'expression graphique.

Nous pouvons voir cette tendance dans la série de dessins recueillis par Gertrude Hildreth, chargée de recherches au Teacher's College durant les années trente. Le jeune sujet de Hildreth, obsédé par les trains, dessina plusieurs centaines de ces véhicules sur une période de dix ans. Si l'on examine le rôle de l'écriture dans ces dessins, on constate une transition subtile, et pourtant capitale, dans la représentation des trains: durant les années précédant l'école, les lettres et les mots ne sont utilisés que comme simples décorations sur les trains (177, 178); tandis que durant les années de la moyenne enfance, ce sont les véhicules et les

177

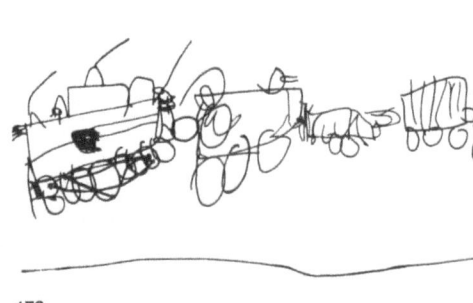

178

voies ferrées qui deviennent éléments décoratifs, l'essentiel de la narration étant à présent traduit par des moyens verbaux. En fait, dans les derniers dessins (179, 180), les trains ne sont que des illustrations d'histoires et de poèmes: les émotions ne sont plus communiquées par

la représentation expressive des trains, mais en variant la dimension de l'écriture et la pression du crayon sur le papier.

La connaissance de ce genre de système de symboles, y compris l'écriture, exerce encore une autre influence sur les dessins de l'enfant. Il acquiert une conscience très vive des multiples conventions que l'on peut exploiter pour obtenir certains effets. Là où, auparavant, les conventions se limitaient à quelques schémas très familiers (par exemple, un cercle d'où rayonnent des lignes pour représenter un soleil ou une fleur), l'enfant, à présent, découvre des formes plus subtiles, dont certaines ne présentent que peu de ressemblance visuelle avec la notion véhiculée. Et là où, auparavant, il devait inventer des moyens pour communiquer une information visuelle — par exemple, le mouvement, par une série de gribouillages — il utilise à présent les astuces de sa culture. Il apprend que l'on peut représenter le mouvement au moyen d'une série de traits derrière la personne ou l'objet; que des cheveux flottants signifient la présence du vent; que la voix d'un personnage se montre par des mots dans un ballon au-dessus de sa bouche, et que l'on indique une idée en la plaçant dans un nuage ou dans une bulle; que pour représenter le rythme, un espace entre des points traduit une période de silence. Comme le montrent les dessins de Kay, inspirés de l'auteur de bandes dessinées Hirschfeld (181), les tentatives des enfants pour exécuter ces conventions sont souvent humoristiques et ne sont que partiellement réussies; mais, de nouveau, l'*idée* que l'on peut représenter un concept plus abstrait de telle sorte qu'il soit facilement compréhensible ou « lisible », c'est durant cette période qu'elle pénètre vraiment dans la conscience de l'enfant.

181

Certaines conventions, notamment celles qui expriment succinctement un concept verbal, s'apprennent facilement: un enfant de neuf ans, une fois qu'on lui a dit comment représenter quelqu'un qui a une idée, peut faire appel immédiatement et efficacement à la convention de la «bulle». D'autres conventions, néanmoins, qui exigent une véritable maîtrise du mode d'expression graphique, ne s'élaborent qu'au bout de plusieurs années, par l'étude appliquée du trait, de la couleur et des ombres. L'aptitude à rendre la perspective, à produire le mélange approprié de clarté, à représenter les diverses relations spatiales, à maîtriser les ombres — tout cela sont des objectifs durant les premières années de scolarité, mais aucun d'eux ne sera entièrement atteint avant plusieurs années de pratique. En fait, comme nous le verrons plus loin, ils constituent un programme obligé pour les phases ultérieures du développement artistique.

En considérant le souci croissant des enfants pour la maîtrise des conventions, l'apprentissage des symboles, l'acquisition de la technique cartographique, et la représentation des relations dans l'espace, nous avons abordé l'autre aspect des dessins d'enfants durant les premières années de scolarité. Vues dans une optique rousseauiste — point de vue qui valorise par-dessus tout le charme, la saveur et l'originalité des premières années — ces œuvres ne sont guère prisées. Elles sont moins agréables à regarder, moins vivantes, moins susceptibles de violer les règles sacro-saintes, moins imprévisibles. Mais si elles témoignent d'une plus grande prévisibilité, pour la première fois peut-être, c'est parce que le programme de l'enfant a fini par ressembler à celui de la culture environnante.

Car l'enfant s'applique à présent à maîtriser la manière dont l'activité graphique se développe dans son milieu. Ce faisant, il utilise la seule façon d'apprendre qu'il connaît, c'est-à-dire choisir certaines caractéristiques dans les réalisations d'adultes chevronnés — que ce soit la perspective, les conventions, les symboles — et tâcher d'en maîtriser les procédés. Parfois, c'est l'autodidactisme qui prévaut: l'enfant regarde des œuvres et les copie aussi bien qu'il le peut. Mais il peut rechercher l'enseignement de quelqu'un de plus expérimenté, soit en personne, soit dans un livre. Il possède désormais un nouveau et pressant programme, pas simplement pour laisser se développer le «talent artistique naturel», mais pour maîtriser du mieux qu'il peut les habiletés et les techniques de l'activité graphique, qui se sont élaborées dans la culture où il vit.

En vérité, au moment où nous nous penchons sur la relation existant entre la période d'effloraison et le stade du réalisme, il convient de distinguer tant les aspects de discontinuité que ceux de continuité. En un sens, les programmes des deux groupes sont très différents: l'enfant d'âge préscolaire suit son intuition de ce qu'est une œuvre d'art, généralement inspirée par la société, mais pas reliée à des modes spécifiques d'exécution. L'écolier, par contre, est soucieux de bien faire et de suivre exactement les règles; il adopte ainsi, nécessairement, une approche plus analytique et plus réaliste. Comme exemple des aspects de continuité, même l'enfant d'âge préscolaire possède un vague sentiment des procédures en usage dans sa culture. Dans ce sens, lui aussi s'efforce au réalisme et à la régularité — son impuissance a y arriver donne des œuvres qui, pour nous, ont du charme mais qui peuvent lui apparaître à lui comme des tentatives infructueuses au regard de ce que d'autres, autour de lui, ont déjà maîtrisé.

Quand nous considérons la contribution de la culture environnante au programme graphique de l'enfant, nous nous trouvons confrontés à un problème encore plus profond. Pouvons-nous attribuer ce que nous avons vu à cet âge à autre chose qu'à l'influence de la vie dans la culture occidentale? Retrouverions-nous nécessairement des tendances spécifiques telles que le souci de maîtriser la perspective, ou même des tendances plus générales, dans un milieu culturel étranger? Assisterions-nous nécessairement au déclin de la participation artistique dans une culture où la plupart des adultes pratiquent les arts, où une plus grande liberté est laissée à l'enfant, ou bien, inversement, là où n'existe qu'une seule façon, préordonnée, de dessiner? Pour la première fois, peut-être, dans notre recherche surgit une question que l'on ne peut éluder: notre tableau du dessin, après les étapes initiales, est-il un aperçu général authentique, ou n'est-il qu'une caricature obtenue à travers le prisme technologique de notre culture?

On souhaiterait que cette question trouve facilement une réponse, mais ce n'est pas le cas. Car bien que des dessins aient été recueillis dans de nombreux milieux, il s'est révélé extrêmement difficile d'obtenir de l'information sur la façon dont se réalise le développement dans d'autres cultures. Il existe peu d'études longitudinales; des observateurs avertis ont rarement été « sur les lieux »; les dessins les plus susceptibles d'être obtenus proviennent de familles « sous influence » occidentale; les enfants appartenant aux cultures ne connaissant pas l'écriture sont gênés de montrer leurs productions à des observateurs occidentaux; et dans plus d'une culture, il n'y a qu'extrêmement peu — s'il y en a — de dessins à montrer.

Récemment, cependant, on a pu disposer d'une importante source d'information sur ce sujet. Alexander Alland, anthropologue à l'Université Columbia, a visité plusieurs milieux culturels, y compris certains où les enfants n'avaient jamais dessiné. Plutôt que de recourir au procédé habituel consistant à recueillir des dessins, Alland a filmé l'enfant à qui on donne un marqueur et à qui on demande de dessiner. D'après Al-

EN MARCHE VERS LE REALISME 187

land, le tableau « universel » des dessins d'enfants présenté par des spécialistes tels que Rhoda Kellog, est exagéré. Il ne trouve pas de preuves d'éléments soi-disant omniprésents tels que les mandalas et les cercles ; de même les normes d'âge généralement signalées n'offrent que peu de ressemblance avec celles découvertes lors de ses expéditions. Et, parmi les enfants n'ayant pas dessiné avant huit ou neuf ans, il a constaté qu'une série d'étapes étaient franchies en l'espace d'une demi-heure.

Alors que bien des généralisations au sujet de l'art des enfants paraissent douteuses, Alland trouve des preuves solides de l'influence de la culture, même dans les tout premiers dessins. Les enfants appartenant à une culture spécifique ont tendance à dessiner de façon similaire. A Bali, par exemple, les enfants ne peuvent s'empêcher de remplir tout l'espace disponible ; leurs charmantes petites formes répétitives sont dessinées séparément et pourtant bien disposées à travers la page, comme conduites par l'horreur du vide (182). Les enfants taïwanais s'inspirent de schémas « mignons » de maisons, arbres, camions, qu'ils trouvent chez les petits occidentaux (183). Les dessins des petits Japonais, faits avec une attention et une concentration soutenues, font figurer des éléments simples, délicatement étalés à travers la page et témoignent souvent d'une belle composition (184). Ces dessins font preuve d'un rythme et d'une composition caractéristiques d'autres aspects de la culture orientale : en face des œuvres de ces jeunes, on a presque le

182

183

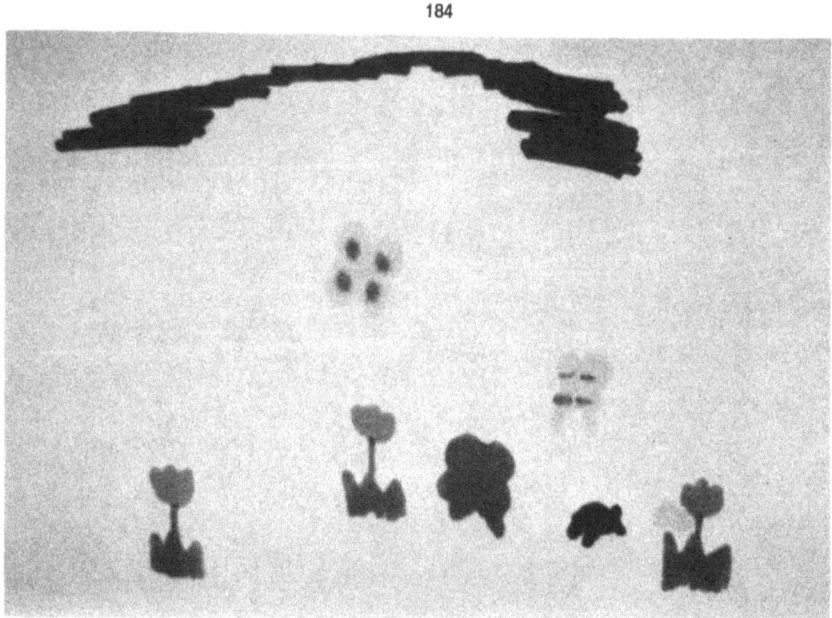

184

sentiment d'une danse balinaise, d'un poème Haiku. A moins que ces observations ne soient inexactes (et il n'y a pas de raison de le croire), il faut remettre en question le compte rendu des étapes; on doit prendre très au sérieux l'influence sur le dessin des modèles explicites de la culture et de son tempo implicite.

Que dire de plus sur la validité de notre analyse du dessin ? Dans les cultures où existent des règles strictes sur la manière de dessiner, ainsi que des normes que l'on est censé inculquer à tous les enfants, le dessin semble mieux soutenu. Plus de gens dessinent et plus de gens satisfont aux normes de leur culture. Bien sûr, tout le monde ne persévère pas. Pourtant, dans des endroits comme la Russie soviétique, où le dessin fait partie du programme scolaire, ou dans certaines sociétés des mers du Sud, où le dessin constitue une veine importante de la vie culturelle, presque chaque enfant parvient à acquérir et à conserver un certain niveau minimum de compétence. Au lieu d'un déclin, il y a l'acquisition de connaissances élémentaires — le genre de savoir acquis (non sans peine, il est vrai) par l'apprentissage de la lecture, l'écriture et l'arithmétique, les savoirs de base de notre culture. Tout ceci laisse penser que si l'on faisait de la « représentation » le quatrième savoir de base, le déclin du dessin dans notre société serait moindre. Notre ambivalence quant à la question de savoir s'il faut dessiner, et, dans ce cas, de quelle façon, semble responsable de façon significative du déclin du talent artistique graphique dans notre culture.

Cette étude laisse sans solution une autre question capitale : à savoir si le pluralisme de l'expression de soi, prisé dans notre société, peut être préservé au cours de la scolarité. Après tout, les exemples les plus puissants de talent artistique qui se perpétue, proviennent de cultures où les procédures sont considérablement plus rigides et plus contraignantes que chez nous. Mon sentiment est que cette tendance vers le réalisme est universelle; les enfants voudront toujours savoir quelles sont les règles et s'efforceront de les suivre — qu'elles encouragent le réalisme ou l'abstraction. Dans toute culture, peu après le début de la scolarité, il est probable que les enfants ressentent une forte attirance à découvrir comment les choses se font dans leur entourage et à apprendre alors la marche à suivre. Mais il se peut que cela ne se recherche pas ailleurs avec autant de force qu'aux Etats-Unis. Et une valorisation du réalisme n'impose pas non plus nécessairement une raideur mécanique : on peut représenter la réalité avec force et sentiment. En outre, un tel passage au réalisme ne s'opère pas nécessairement par des études formelles; il peut se produire par l'observation, par un enseignement informel, ou par identification avec des maîtres admirés. Après tout, dans bien des cultures, c'est par la reproduction de l'acte lui-même que l'on apprend.

Mais même si j'ai raison, même si les enfants voudront toujours découvrir comment la culture accomplit quelque chose, il est possible de maintenir le pluralisme. En d'autres mots, si la culture approuvait divers modèles graphiques et cultivait un ensemble de styles acceptables, les enfants pourraient satisfaire leur besoin de découvrir « les règles » tout en maintenant la qualité et la quantité de leurs travaux.

Ce qui se rapproche probablement le plus d'une « expérimentation naturelle » se rencontre, dans notre culture, dans les écoles progressives, modèles d'éducation alternative, où les valeurs du pluralisme sont activement encouragées et poursuivies. Une fois de plus, on n'a pas étudié ces institutions avec le soin qu'elles méritent, mais il semble que l'attrait pour le réalisme peut, du moins dans une certaine mesure, être combattu par une désapprobation culturelle du réalisme, une interprétation souple du réalisme, ou encore, la poursuite résolue du pluralisme. Même ainsi, j'ai l'impression que l'on ne pourra facilement étouffer l'attrait pour les règles chez les jeunes de cet âge. On se trouve, dès lors, face à une situation paradoxale : « Vous pouvez faire les choses de plusieurs manières ou utiliser les couleurs de façon fantaisiste... du moins le pouvez-vous dans la classe de Mme Leary, mais ne le faites pas ailleurs ». Et comme l'a fait remarquer Barbara Leondar dans son intéressante étude « L'art dans les écoles alternatives », ces institutions finissent souvent par promouvoir soit une idéologie rigide propre, aussi dogmatique que l'idéologie reçue, soit une sorte de liberté ritualiste qui réduit les arts mineurs à des travaux répétitifs et ne présente que peu du sérieux traditionnellement entretenu dans les arts :

Dans le mesure où les arts exigent de la part de ceux qui les pratiquent une rigoureuse concentration, des périodes de solitude et de retraite, et même, à l'occasion, une résistance farouche aux convenances sociales, les arts, dans cette mesure, ont pâti dans les écoles alternatives. Paradoxalement, ils ont peut-être le plus souffert dans les écoles les plus libres — c'est-à-dire libres d'autorité adulte et de structures imposées de l'extérieur. Dans ce genre d'écoles, de nouvelles tyrannies, plus subtiles que les précédentes peuvent se multiplier... la liberté des écoles alternatives peut s'avérer n'être qu'une contrainte alternative.

Notre recherche a illustré la complexité des problèmes relatifs à l'attrait qu'éprouve l'écolier envers les modes de représentation réaliste. Il est trop simpliste de considérer cette étape comme un rejet global de l'art; c'est également manquer d'esprit critique que la considérer comme un jalon nécessaire, salutaire et entièrement bénéfique dans le développement de l'enfant. Elle échappe plutôt, comme les phénomènes du développement en général, à toute appréciation facile. Le réalisme possède une aura de nécessité; on ne peut ni l'éluder, ni l'ignorer. Cependant, cette phase de la croissance peut être traitée avec plus ou moins de sensibilité, avec plus ou moins de largeur d'esprit, et la manière dont elle est traitée déterminera si, en fin de compte, l'enfant a abandonné complètement l'art graphique ou bien s'il a, au contraire, enrichi la spontanéité affective et la ferveur exploratoire des premières années et acquis la maîtrise d'outils essentiels tels que la couleur, le trait et les ombres.

Nous sommes arrivés à un point où ces problèmes ne sont plus laissés — et peut-être ne peuvent plus l'être — aux soins de l'enfant travaillant (ou jouant) seul, à la table de cuisine. Les influences de la culture sont tapies partout et l'on doit les affronter résolument. Et nulle part ailleurs cette pression n'est plus grande que dans les classes et les écoles d'art: là, la manière dont on traite les nouvelles étapes du développement artistique doivent être affrontées et solutionnées. A mesure que nous en apprenons davantage sur le développement de l'enfant, ces questions deviennent de plus en plus reliées. Le débat que l'on croyait enterré depuis longtemps entre les partisans de la copie et ceux de la spontanéité, entre les partisans de l'épanouissement naturel et ceux de l'apprentissage s'est ranimé avec plus d'insistance et de force que jamais. Et c'est logique, car la façon dont ce débat sera résolu influencera l'art des générations à venir.

Chapitre 7
Copier ou ne pas copier

Les deux tentatives en vue de dessiner un rhinocéros (présentées aux figures 185 et 186) ne paraissent assurément pas dues à la même main. L'animal, à gauche, se compose d'une forme ovale sous laquelle sont attachés quelques rectangles rabougris, tandis qu'un long cou mince, au sommet, se termine par une série de cercles concentriques suggérant une tête. La masse du tronc indique qu'il s'agit d'un animal trapu, mais il est difficile de l'identifier avec plus de précision : il pourrait tout aussi bien s'agir d'une vache, d'un éléphant ou d'un chat.

L'identification du dessin de droite s'avère moins problématique. La tête est soigneusement dessinée : on peut facilement distinguer un œil, deux oreilles et un cou se dressant sur le museau. Les pattes, plus solides

et plus robustes, soulignent la force et la stabilité de l'animal. Les traits sur le dos et les côtés, disposés de manière à indiquer la rugosité de la peau, et les traits plus réguliers disposés sur le corps, révèlent, de la part de l'artiste, un certain degré de maîtrise. Dans l'ensemble, le dessin de droite paraît plus accompli et présente même une certaine ressemblance avec le célèbre rhinocéros gravé sur bois, de Dürer (187). Cela n'est pas étonnant, car le jeune artiste avait sous les yeux le Dürer quand il a dessiné son rhinocéros. Ce qui est peut-être étonnant, c'est que c'est le même enfant qui venait de réaliser le premier dessin quelques instants plus tôt.

Chris, huit ans, auteur des deux dessins, étudiait les arts dans la classe de David Pariser, professeur d'arts plastiques dans la banlieue de Boston. D'abord, Pariser lui demanda simplement (ainsi qu'à ses camarades) de dessiner un rhinocéros. Probablement habitué à évoquer ce genre d'animaux de sa propre initiative (ou à l'invitation d'autrui), Chris chercha dans son répertoire de formes animales les schémas éprouvés pouvant passer (comme nous l'avons vu) pour divers vertébrés. On aurait pu, tout aussi facilement, lui faire dessiner une maison, un oiseau ou un camion, ou

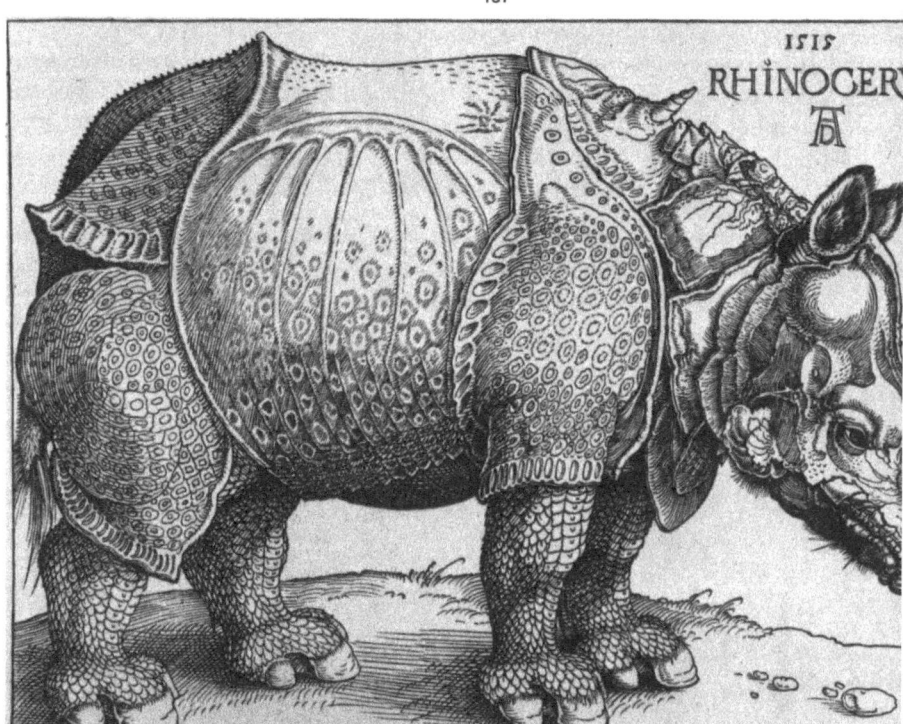

187

même plusieurs douzaines. Et dans chaque cas, on aurait facilement pu décomposer le dessin en ses composantes schématiques et les relier aux schémas qu'il préférait dans ses dessins des étapes antérieures.

Quelques minutes plus tard, cependant, Pariser proposa une tâche complètement différente. Plaçant une reproduction de la gravure de Dürer devant la classe, il demanda à Chris et à ses camarades d'examiner attentivement le contour du rhinocéros et puis, en regardant le papier le moins possible, de le reproduire au crayon sur la feuille à dessin. Donc, au lieu de faire appel à des schémas établis et de veiller à les reproduire, les uns à la suite des autres, suivant le plan habituel, on encourageait l'enfant à enregistrer « passivement » chaque virage et tournant du profil et à laisser sa main reproduire ce qu'il voyait. Comme cela se passe avec une machine à reproduire les clefs, les traits étaient adroitement guidés par le modèle, en vue d'une copie exacte de l'original. Et si le résultat garde un peu la marque de son jeune auteur, le contour général de l'animal, la texture finement travaillée, et surtout, les traits détaillés dans la région de la tête, sont incontestablement plus achevés. Nous sommes en présence, plutôt que du produit caractéristique dû à la main maladroite d'un enfant, d'un dessin qui présente au moins une légère ressemblance avec celui d'un maître dessinateur. Et il n'est d'ailleurs pas nécessaire que le modèle ait la qualité d'un Dürer. Après avoir aperçu un cheval sur un calendrier, ma fille Kay, dix ans, a pu sans effort dépasser son schéma de cheval habituel (188, 189). Et un autre élève de Pariser, dans un exercice semblable à celui que nous venons de décrire, réalisa en quelques minutes les chevaux étonnants que l'on voit aux figures 190 et 191.

188 Cheval, dessin libre.   189 Cheval dessiné d'après modèle.

190 Cheval, dessin libre.   191 Cheval dessiné d'après modèle.

Mais ces profils habilement dessinés ont été obtenus à un prix jugé par certains excessif, le prix du copiage. La façon méprisante avec laquelle la plupart des gens rejettent ce genre de méthode pédagogique, a été très bien exprimée par l'Anglais Quentin Bell, historien de l'art, dans une anecdote racontée à son collègue Sir Ernst Gombrich :

> J'enseignais à des écoliers. Il y avait dans la même école un bien meilleur professeur ... Un jour cette dame entra dans ma classe et trouva une série d'aquarelles très belles (à mon avis). « Qu'est-ce que c'est ? » Je lui expliquai que c'étaient des copies de Raphaël faites par des enfants de onze et douze ans. J'allais lui expliquer combien m'était apparue curieuse leur ressemblance non avec Raphaël mais avec Simone Martini, car si les formes en étaient merveilleusement exactes, il y manquait le sentiment. J'en fus empêché par son expression horrifiée.
>
> « Vous leur avez fait copier Raphaël ? » dit-elle. Son expression était celle, exactement, de quelqu'un à qui on aurait rapporté que j'avais commis une série d'attentats à la pudeur sur les marmots. Et en fait, d'après la conversation qui suivit, il apparut que c'était à peu près là son sentiment. Pour elle, l'« expression de soi » — ce sont ses termes — était aussi précieuse que la virginité.
>
> L'ironie de la chose, c'était que ces créatures virginales venaient à l'école avec des dessins de Mickey Mouse ou tirés de publicités quelconques, et avaient été, en vérité, « violées » mille fois avant que je leur présente les délices interdites du divin Raphaël.

Pendant bien des années, surtout dans les milieux européens, l'idéologie exprimée par la collègue de Bell a affectivement régné en maître. On considérait le développement artistique comme étant avant tout un processus naturel, qui s'épanouit d'autant mieux que l'influence du milieu est moindre. Et cette opinion paraît très sensée pour au moins deux raisons. D'abord, comme nous l'avons vu, il existe une suite chronologique régulière, spontanée et féconde, par laquelle les enfants passent naturellement durant les premières années. Cette suite donne lieu à une effloraison artistique au début de la scolarité, et semble digne d'être appréciée et protégée. En second lieu, cette aversion pour le copiage est née elle-même d'une réaction salutaire contre l'enseignement rigide du dix-neuvième siècle, où l'on forçait les jeunes à dessiner exactement de la même façon stylisée et réaliste, et où, effectivement, on étranglait l'originalité et la spontanéité.

Néanmoins, aussi exacte et appropriée que soit cette façon de voir «progressiste» pour les années préscolaires, il est incontestable que le dessin prend une tournure toute différente pendant les années de scolarité. L'enfant, alors, ne continue plus à suivre sa propre inspiration, explorant, jouant et créant, sans guère se préoccuper de ce que les autres pensent, voient ou font. Il est à présent fasciné — tyrannisé même — par les dessins d'autrui. Il abandonne sans regret l'approche insouciante de la peinture et du papier, en faveur d'une orientation plus limitée et plus contrôlée; suite à cela, il développe un intérêt croissant pour une représentation du monde aussi réaliste et fidèle que possible.

Puisque le programme de l'enfant se modifie, les personnes que concerne son développement doivent se poser de nouvelles questions. Cet intérêt pour le dessin réaliste est-il nécessaire ? Cette étape est-elle obligatoire et souhaitable, ou bien est-ce une aberration nuisible qui devrait être rapidement franchie ou même évitée ? Devrait-on honorer à perpétuité l'attitude antérieure de laisser se développer les potentialités naturelles de l'enfant, ou bien est-ce le moment d'une approche plus directive, c'est-à-dire lui montrer comment dessiner ? Et si une intervention est de mise, de quel genre ? Doit-on l'aider à faire ce qu'il désire, lui, ou ce qui semble le meilleur au professeur ? Doit-on lui présenter une variété de modèles ou seulement une seule sorte ? Et, ce qui est peut-être le plus controversé, doit-on l'encourager ou même l'autoriser à copier ?

De prime abord, ces questions peuvent paraître n'avoir qu'un intérêt pédagogique — ou polémique —, ne concernant que ceux qui se disent professeurs d'art, et non ceux qui étudient avec détachement le développement artistique. En fait, cependant, il est impossible d'esquiver ces problèmes: tant l'enfant que la société exigent qu'on les aborde. L'enfant recherche avidement de l'aide maintenant qu'il s'efforce de réaliser des dessins répondant à ses normes nouvellement acquises de réalisme ou d'exactitude photographique. Et la société qui, d'une manière ou d'une autre, a la charge de son éducation, se doit, qu'elle le veuille ou non, de répondre au mieux à ces besoins, tout en restant fidèle à ses valeurs. On ne peut échapper au problème de la formation optimale durant cette étape de l'enfance, pas plus qu'on ne peut tenir l'enfant à l'écart de toute influence sociale et le laisser se développer tout seul, comme dans une île déserte ou une utopie.

Et ainsi, ce qui semblait n'être qu'un débat pédagogique, s'avère en fait une caractéristique intrinsèque de tout tableau du développement artistique. Même si l'on s'efforce d'être purement descriptif, de ne considérer que ce qui se passe, on ne peut entièrement éviter les problèmes de normes et de valeurs. Tous ceux qui participent à ce débat ont des idées bien arrêtées sur ce qui devrait — ou ne devrait pas — se faire, et leurs convictions ont inévitablement de l'influence. En outre, les questions relatives à la formation artistique acquièrent encore plus d'importance dès qu'on reconnaît leur incidence sur le développement de l'artiste doué, l'enfant qui peut un jour arriver à la maîtrise complète du mode d'expression. Ce qui incite à faire des recherches sur le copiage et d'autres formes d'apprentissage d'après modèle, n'est dès lors pas une vaine curiosité. Ce qui est en jeu, c'est de savoir si ce genre de pratique peut faire naître ou bien miner des accomplissements artistiques remarquables. Un débat sur le copiage peut aussi éclairer les sources des travaux réalistes extraordinairement précoces qui se présentent chez l'un ou l'autre enfant ou dans l'une ou l'autre culture. Par conséquent, nous allons d'abord examiner les différentes formes de copiage, et tenter ensuite de déterminer si l'une ou l'autre peut effectivement être indispensable à la réalisation d'un haut niveau d'habileté picturale.

On peut comparer l'histoire des attitudes envers le copiage au mouvement d'un pendule. Nous avons déjà accompli une oscillation simple. Les classes d'art, durant la première partie du dix-neuvième siècle, supposaient que la bonne façon d'arriver à l'habileté artistique était de suivre soigneusement une série de directives et de reproduire fidèlement des modèles habillés comme il se doit. Cette attitude n'est pas surprenante. Elle reflétait les conceptions pédagogoqies de l'époque, de même que le désir de former des individus capables de réaliser des dessins réalistes et descriptifs.

Une fascination croissante pour la nature de l'enfant, un intérêt naissant pour diverses formes d'art primitif, et les vagues émergeantes du progressisme en éducation, tant aux Etats-Unis qu'à l'étranger, ont suscité une réaction vigoureuse durant le début de ce siècle. Tel que formulé par l'éducateur tchèque Franz Cizek et approuvé par Viktor Lowenfeld, professeur d'art austro-américain réputé, on voyait le précieux contenu de l'art comme découlant spontanément de la main de l'enfant et avec le moins possible d'intervention extérieure ou d'étude d'après modèle. Selon cette façon de voir, les mains des bébés étaient sacrées: toute intervention risquait de vicier la qualité du produit.

Ces derniers temps, néanmoins, une approche toute différente de l'éducation artistique a fait (ou s'est refait) des adeptes. Les commentaires ironiques de Quentin Bell, rapportés plus haut, trouvèrent en la personne de son collègue E.H. Gombrich un auditeur sympathique. En outre, par ses écrits très influents, Gombrich a rappelé à toute une génération jusqu'à quel point tout dessin se base sur des œuvres antérieures, qu'elles proviennent de pairs compétents ou de maîtres réputés. Gombrich se demande si un œil innocent, une main virginale existent vraiment. Plus récemment encore, deux éducateurs de l'Université de Pennsylvanie, Brent Wilson et Marjorie Wilson, ont embrassé avec un enthousiasme sans partage le point de vue approuvant la formation et réservant une place privilégiée à la copie.

D'après les Wilson, la copie a toujours été le principal moyen par lequel un artiste doué est parvenu à la maîtrise de son art. Non seulement la tradition a toujours favorisé cette approche, mais elle est aussi, en fait, la façon appropriée de procéder dans l'éducation artistique. Le développement naturel peut guider un enfant durant les premières années, et l'on devrait laisser ce processus suivre son cours irrégulier mais fondamentalement progressif. Une fois à l'âge de l'école, cependant, les enfants ne seront plus capables de progresser par eux-mêmes. Leurs ressources sont trop faibles, leur esprit de plus en plus enveloppé par ce qui les entoure. Les sources logiques d'inspiration pour des travaux artistiques sont les modes d'expression culturels qu'ils ont fini par apprécier. Il n'est pas étonnant que les jeunes qui veulent dessiner, recherchent et étudient les bandes dessinées, les programmes de télévision, les récits d'aventures, la science-fiction et autres succès populaires.

Tout en avançant les arguments du bon sens en faveur de l'importance des images que l'on peut copier, les Wilson ont également recherché une base expérimentale à l'appui de leur point de vue. Dans une étude portant sur 147 étudiants du secondaire et post-secondaire, ils ont interrogé les sujets sur les sources de leurs dessins. Il se révéla que l'on pouvait découvrir pour presque chaque image dessinée une source graphique antérieure; leurs modèles allaient de dessins réalisés par des membres de la famille à des images dérivées des médias populaires, d'illustrations et photographies vues à la maison ou à l'école. Les enfants se tournaient naturellement vers ce genre de source parce qu'ils ne savaient pas eux-mêmes comment rendre les effets désirés, ni ne possédaient aucun « programme » personnel efficacement adaptable. Dès qu'ils avaient repéré un schéma permettant de réaliser un certain effet, ils y introduisaient facilement et de façon répétée des modifications mineures en vue de réaliser des effets graphiques plus spécifiques.

L'importance potentielle du copiage se révèle avec force chez les jeunes qui ont produit des dessins en grande quantité. Anthony, un enfant étudié par les Wilson, a fait environ dix mille dessins dans le style des « Marvel Comics » et ce, sous tous les angles imaginables (192, 193). D'après l'analyse des Wilson, Anthony était capable de dessiner un personnage dans n'importe quelle position grâce à tous ses essais antérieurs, en faisant ensuite la « moyenne » de ces postures pour réaliser une nouvelle figure. Comme un comédien pouvant s'adapter à toutes les situations, Anthony avait si bien intégré l'ensemble des différentes options pour dessiner une figure humaine, qu'il pouvait, sans grand effort, projeter toute configura-

192

tion nouvelle souhaitée. Cette pratique, cette « aptitude à calculer » différencie l'artiste de grand talent qui semble capable d'exécuter de nouvelles visions en nombre apparemment illimité, de l'enfant moyen dont le répertoire limité de schémas est rapidement épuisé.

On a également avancé un autre genre de preuves de l'importance du fait de copier. Les Wilson supposèrent que si ces modèles stimulent les dessins des écoliers, les travaux d'enfants appartenant à un milieu riche en modèles devraient être plus variés et plus accomplis que ceux réalisés dans une société plus démunie à cet égard. Par exemple, si on leur demande de dessiner une série relatant un récit d'aventures, les enfants appartenant à un milieu culturel plus riche devraient représenter plus de personnages aux personnalités reconnaissables, une plus grande gamme d'activités et les dépeindre sous des angles plus variés.

Les Wilson eurent l'occasion de vérifier cette hypothèse en se procurant deux séries de dessins réalisés dans des conditions comparables, provenant l'une d'Amérique, l'autre d'Egypte. Comme on pouvait s'y attendre, les dessins narratifs témoignaient d'une part, de la gamme étendue des « schémas » facilement accessibles dans la société américaine et, d'autre part, des sources relativement restreintes des jeunes Egyptiens. En un certain sens, on peut dire que cette recherche ne fait que confirmer l'évidence. Cependant, de l'avis des Wilson, ces conclusions contredisent les tenants des camps rivaux : aussi bien ceux qui s'opposent violemment à la copie que ceux qui pensent qu'elle n'apporte pas grand-chose.

193

On peut faire appel à d'autres arguments en faveur d'activités du genre de la copie. Dans une série de recherches récentes entreprises à l'Université Sterling en Grande-Bretagne, on demanda à des enfants de dessiner des cubes en perspective, et de copier également des motifs abstraits sans ressemblance avec des objets familiers (194). Il s'en dégagea deux résultats inattendus. D'abord, les enfants pouvaient dessiner les motifs abstraits avec plus d'exactitude que ceux ressemblant à des objets familiers (195, 196). Apparemment, d'une manière rappelant l'expérience en classe de Pariser ou bien les deux chevaux de Kay, le fait de savoir comment dessiner quelque chose et comment exploiter ses schémas antérieurs, contrecarrait une exécution exacte, tandis que la possibilité de dessiner simplement la chose en elle-même entraînait une meilleure performance.

202 GRIBOUILLAGES ET DESSINS D'ENFANTS

194 Echantillon de stimuli de la recherche de Phillips. Le motif B a le même nombre de lignes et de zones que le modèle A, mais n'a pas de points et ne représente pas un objet solide. Le motif C est identique à A mais sans les points. Le motif D est identique à C, mais tourné de 45 degrés.
Les enfants étaient plus susceptibles de voir A et C comme des images d'objets, et B et D comme des motifs à deux dimensions. Ils copièrent avec plus d'exactitude les motifs B et D que les motifs A et C. Leurs copies étaient également plus exactes quand on leur demandait de garder les yeux sur le modèle plutôt que de fixer alternativement le modèle et leur dessin.

195 Exemples de dessins qui furent considérés comme exacts.

196 Exemples de dessins qui furent considérés comme inexacts.

D'autre part, les expérimentateurs comparèrent les copies des enfants gardant les yeux fixés sur le modèle et, de ce fait, incapables de surveiller leur travail, avec les dessins de ceux à qui on permettait de laisser le regard voyager entre le modèle et leur travail. De nouveau, l'avantage revient aux enfants capables de faire abstraction de leur connaissance des moyens habituellement utilisés, et de se concentrer entièrement sur le modèle. Ces études révèlent que mieux on connaît un objet, plus on a tendance à se baser sur des schémas élaborés antérieurement plutôt que sur les propriétés «rétiniennes». Inversement, une copie attentive donne lieu à un rendu exact.

Il est donc clair qu'il n'y a pas lieu de dénigrer le copiage. Non seulement les écoliers semblent rechercher les modèles quand on ne leur en fournit pas, mais le copiage n'entraîne pas de conséquences catastrophiques et on peut même en attendre des résultats bienfaisants. Il semble évident que les enfants se référeront à des modèles, surtout quand ils veulent obtenir certains effets qu'ils n'ont pas acquis «naturellement» et qu'ils ne peuvent par eux-mêmes obtenir. Et pourtant, à mon avis, c'est à juste titre que l'on a reproché aux Wilson de ne pas avoir présenté les dangers éventuels d'une stricte politique de copiage. Tout programme qui fait trop de place à ce genre d'activité court le risque d'engager les enfants à subordonner leurs travaux à ceux des autres. Un autre risque, c'est que les professeurs fournissent seulement un certain genre d'œuvres d'art à copier, ou que les élèves eux-mêmes ne soient attirés que par une seule forme d'art: la représentation réaliste, selon toute probabilité. Il y a peu de chances que la copie puisse enseigner toute la gamme des moyens de dépeindre la réalité, sans parler des multiples façons de dépeindre des univers ou des concepts imaginaires.

Les apologies du copiage minimisent également une distinction très importante formulée par Rudolf Arnheim. Les modèles peuvent en fait servir à deux fins radicalement différentes. Ils peuvent servir au copiage servile, par lequel on cherche à reproduire, presque à la manière d'une contrefaçon, chaque détail du modèle, et supprimer ainsi toute individualité. Bien que cette activité puisse fournir certains tours et recettes, un tracé mécanique n'a pas grand-chose à voir avec l'essentiel de l'expression artistique. Et, une fois le modèle retiré, l'expérience obtenue par ces efforts de copiage risque de ne pas mener à d'autres tentatives graphiques.

Mais on peut aussi se servir des modèles de façon plus utile et plus créatrice, comme une indication de la manière de faire, une suggestion de procédés, un guide pour résoudre les problèmes et surmonter les obstacles. Considérés comme guides efficaces plutôt que comme maîtres absolus, les modèles peuvent avoir une grande valeur et les artistes, à toutes les époques, y ont en effet recouru spontanément. Ils peuvent indiquer aux débutants comment obtenir des effets de texture, d'ombre ou de perspective. Les modèles peuvent, dans ce cas, aider l'artiste à réaliser ce qu'il désire exprimer, d'une façon intelligible tant à lui qu'à autrui, plutôt que de lui donner une façon de reproduire servilement ce qu'un autre, travaillant à des fins différentes, peut avoir réalisé. Employé efficacement, le copiage devrait jouer le même rôle que la traduction d'un poème : nous aider à rendre dans notre propre langue l'essentiel d'une œuvre, sans pour cela traduire chaque mot littéralement. Et sur la base des enseignements de ce genre de copiage, les artistes devraient devenir plus aptes à exprimer avec succès ce qu'ils désirent.

Il convient d'envisager le copiage de deux façons : soit comme moyen de création, soit comme une fin en soi. Dans le domaine du chant, nous voyons assurément la différence entre un étudiant qui imite comme un perroquet les paroles et les notes d'un motet qu'il ne comprend pas, et un étudiant qui utilise l'enregistrement d'un chanteur de talent, ou l'exemple de la voix de son professeur de chant, comme moyen de former sa voix. Cependant, avant de pouvoir accepter entièrement cette distinction, nous devrions enquêter dans deux autres directions. D'une part, s'assurer si on peut, en fait, distinguer, d'un point de vue comportemental, ces deux modes de copiage. D'autre part, nous devons voir comment le fait d'imiter un comportement quelconque peut effectivement contribuer à un haut degré d'habileté représentative. Bien que nous reviendrons sur ce sujet du rôle du copiage dans le « développement normal », il peut être utile d'aborder ces questions en étudiant d'abord un certain nombre de personnalités inhabituelles.

Une preuve curieuse de l'existence de deux sortes distinctes de copiage nous vient d'une source inattendue : un artiste amateur que mes collègues et moi avons étudié voici quelques années. Cet homme de soixante-treize ans était atteint d'une forme d'agnosie visuelle, un état dans lequel, suite à une attaque, il cessa de reconnaître les objets qui lui étaient présentés visuellement. On avait la preuve que cette maladie n'était pas simplement un problème de langage car il était capable de nommer ces objets correctement quand on les lui faisait toucher. On avait aussi la preuve qu'il ne s'agissait pas d'un trouble purement visuel car il pouvait, de sa main, tracer exactement dans l'air le contour d'un objet perçu visuellement.

Quand on lui demandait de copier des dessins ou de représenter certains objets, on constatait deux approches différentes. Quand il ne les connaissait pas, il les copiait servilement. En fait, il pouvait souvent les copier presque à la perfection jusque dans tous les détails (tout en insistant qu'il ne savait pas ce qu'ils étaient) (197). Même quand (pour d'autres raisons) il ne parvenait pas à placer tous les détails au bon endroit, il était évident qu'il possédait un mécanisme sans pareil de copie servile (198, 199). Cependant, quand il était à même de reconnaître visuellement l'objet (c'était parfois le cas) ou qu'on le lui nommait, un mode de dessin entière-

197A Sérigraphie originale d'un coq perché sur un poêle.

197b Copie de la sérigraphie par le malade.

198 Copie d'un avion-jouet: noter le débordement des hélices et l'omission de caractéristiques telles que le nez de l'avion.

199 Copie d'une poupée.

ment différent se manifestait. Il exploitait alors son arsenal de schémas élaborés au cours des ans. Les images dessinées à l'aide de cette connaissance incluaient certaines caractéristiques de l'objet mais en omettaient d'autres (200, 201). Elles étaient plus semblables à son style antérieur et (à nos yeux) plus vivantes et plus personnelles; pourtant, elles étaient nettement moins fidèles. Les « connaissances en dessin » l'emportaient sur l'« enregistrement pur » (mais stupide). Dans une sorte de copiage créa-

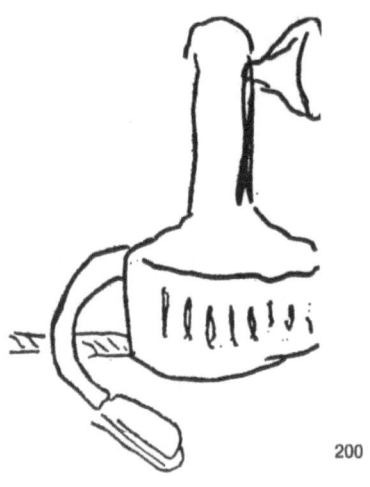

200

201

teur, il alliait habilement sa perception de l'objet avec son style graphique bien développé.

L'existence chez *un seul* individu d'approches différentes de la copie apporte à la distinction d'Arnheim un début de preuve. En outre, sachant que bien des artistes, au cours de leur formation, ont beaucoup pratiqué le copiage et qu'un artiste déterminé a conservé la capacité de copier de deux façons différentes, il semble légitime de conclure que le copiage peut jouer un rôle formateur dans le développement du talent artistique. Mais il nous faut également examiner une autre question : le talent artistique doit-il s'édifier sur le copiage, ou bien est-il possible d'arriver à des sommets sans programme de copie; en fait, en suivant un itinéraire complètement différent?

Pour aborder cette question, je me baserai sur deux sources qui n'ont sans doute jamais été juxtaposées auparavant. A mon sens, ces exemples soulèvent avec une égale insistance le problème des origines du génie artistique, et, du moins en ce sens, ils méritent d'être reliés. Les deux sources que j'ai à l'esprit sont, d'une part, les œuvres des artistes rupestres aux temps préhistoriques et, d'autre part, les dessins exécutés par une jeune fille bien singulière nommée Nadia.

Au cours de l'été 1940, de jeunes écoliers jouaient dans les champs de Montignac, en Dordogne, dans le sud de la France. Alors qu'ils étaient à la recherche d'un trésor, ils découvrirent une grotte et décidèrent de l'explorer. Bien qu'ils eussent déjà pénétré dans des grottes, ils découvrirent dans celle-ci un spectacle surprenant: des centaines de dessins d'animaux de formes et tailles variées, soigneusement exécutés — taureaux, cerfs, chevaux — courant, sautant, nageant, se livrant à des combats, et réalisés dans une variété de styles allant du réalisme à l'imaginaire. De retour chez eux, les garçons firent part de leur découverte: il s'agissait des trésors graphiques préhistoriques ornant les grottes de Lascaux.

Les archéologues et anthropologues ont à présent étudié l'art paléolithique de très nombreux sites, en Europe et en Afrique du Nord, depuis Altamira en Espagne, Thayingen en Suisse, et Otrante en Italie jusqu'à Mexin en Ukraine. Ces dessins diffèrent les uns des autres à maints égards: certains sont entièrement exécutés en tons noirs; d'autres présentent une combinaison de bruns, de rouges et de jaunes; certains comportent de nombreux détails et des activités variées, tandis que d'autres se réduisent aux contours d'animaux vus de profil. Il existe aussi des similitudes révélatrices: les humains sont rarement dépeints (quoiqu'on ait découvert en Dordogne, en 1976, un ensemble passionnant de visages); il y a peu d'identification de sexe et rarement des activités sexuelles; les tailles relatives des animaux sont généralement ignorées; et les peintures se retrouvent plus nombreuses dans les zones profondes et apparemment inaccessibles des grottes. Mais ce qui a le plus frappé les observateurs, c'est que les meilleurs de ces dessins présentent une évidente maîtrise du mode d'expression artistique, de la part de ceux qui ont été choisis pour décorer ces lieux importants dans la vie de leur culture (202, 203, 204). Même en faisant un gros effort d'imagination, on ne pourrait dire qu'ils sont faits au hasard et sans but précis. Comme l'a dit Alexander Marshack, qui est actuellement le plus grand spécialiste de cet art: «Les artistes de la période glaciaire ont produit des chefs-d'œuvre comparables à presque tout ce qui s'est fait depuis».

Comment un art de cette qualité — reflétant une virtuosité et un très haut degré d'élaboration — a pu naître en ces temps de chasse et de cueillette, sans alphabet et avec seulement des outils rudimentaires, c'est ce qui intrigue (et stupéfie) les spécialistes. Certes, il se pourrait que les artistes rupestres soient arrivés à cette maîtrise après une longue évolution, semblable à celle que nous avons constatée chez les enfants dans la culture occidentale contemporaine. Cette évolution a peut-être eu lieu graduellement au fil des générations (et il se fait que nous avons accès aux seuls sommets), ou bien au cours de la vie de chaque enfant ou de quelques enfants exceptionnels, de la façon dont nous anticipons

202

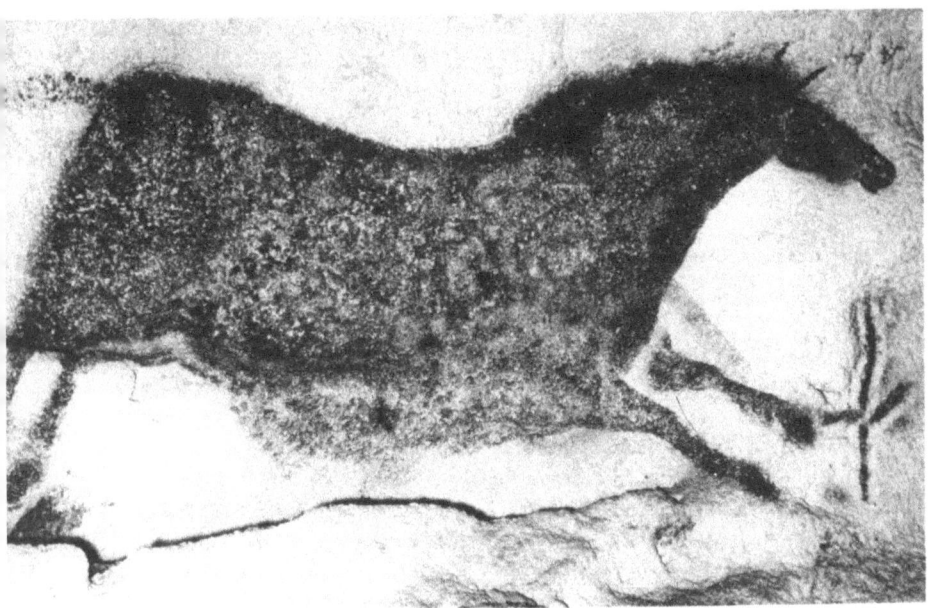

203

204

à présent l'avenir d'un enfant extrêmemnt doué. Mais il se peut aussi que les artistes rupestres dessinaient d'une façon complètement différente de celle des artistes contemporains, qu'ils parvenaient à la puissance de leurs œuvres par un itinéraire tout différent.

La simple suggestion que les artistes rupestres ont atteint *leur* maîtrise en suivant d'autres voies — en voyant les animaux au travers des yeux de l'esprit et en «copiant» cet «enregistrement» sur les parois des grottes — équivaut à une hérésie. Après avoir patiemment établi que les individus passent, à un rythme prévisible, par la même suite d'étapes régulières et programmées, avec bien des possibilités (et peut-être le besoin) de copier, nous risquons, par cette simple hypothèse, de ruiner toute notre argumentation. Cela va directement à l'encontre de l'exposé ici présenté: l'élaboration patiente et graduelle de schémas, leur utilisation de plus en plus souple, une longue trajectoire allant d'une dépendance totale vis-à-vis de schémas rigides jusqu'à l'aptitude à rendre fidèlement les détails d'entités spécifiques. Est-il réellement possible pour des individus — aujourd'hui ou jadis — de court-circuiter ce processus, d'une manière ou d'une autre, et d'arriver à la fluidité des contours naturels par quelque itinéraire spécial?

A cette question, on peut à présent proposer un *oui* surprenant et peut-être catégorique. En 1977, parut une étude de cas, celui d'une enfant de cinq ans nommée Nadia qui éxecutait des dessins aussi impressionnants (et énigmatiques) que ceux des élèves copieurs de Pariser et des dessinateurs de Lascaux. En outre, Nadia n'était nullement un génie qui aurait franchi à toute allure les étapes du dessin et opérait désormais «par-dessus la clôture», à un niveau intellectuel de dix ou vingt ans. Bien au contraire: Nadia souffrait d'un trouble grave, l'autisme infantile.

Décrit pour la première fois au début des années quarante, par un pédiatre de Baltimore, Leo Kanner (à la même époque, à peu près, où de jeunes Français découvraient les grottes de Lascaux), l'autisme infantile est un état dans lequel les enfants sont psychologiquement coupés de l'univers des êtres humains. En raison soit de quelque désordre génétique ou de contraintes singulières du milieu, au début de leur existence (les spécialistes en discutent), une infime minorité d'enfants restent incapables d'établir des relations avec autrui. Ces enfants évitent de croiser un regard; ils ne répondent pas à qui leur parle et ne se servent pas du langage pour communiquer leurs désirs, besoins ou peurs. Au lieu de cela, ils sont enfermés dans leur propre univers, souvent réduits à se cogner la tête «contre le mur», à se balancer compulsivement d'avant en arrière, passant leurs jours et leurs nuits à explorer des objets, à répéter des sons dénués de sens ou à fixer le vide.

Tout en présentant un net retard dans certains domaines et des troubles émotifs profonds, les enfants autistiques se distinguent des arriérés mentaux et des enfants souffrant d'une psychose infantile. Ce qui est symptomatique chez ces infortunés enfants, c'est la conservation étonnante de certains îlots d'habileté. On a fait état d'enfants autistiques pouvant reconnnaître, se rappeler et reproduire des centaines de mélodies; chanter des opéras entiers à un an et demi; assembler et démonter des objets complexes avant l'âge de la scolarité; exécuter de longs calculs arithmétiques à la vitesse d'un ordinateur; et lire, à deux ans, des textes à haute voix (cependant, sans comprendre, semble-t-il, les mots qu'ils déchiffrent et prononcent).

Les spécialistes ont généralement vu dans ces phénomènes étranges une preuve que des « ordinateurs mentaux » peuvent se développer chez des enfants, même en l'absence de l'appui social et affectif normalement accordé au cours des premières années. L'aptitude à reconnaître et à re-créer certains motifs réguliers — du genre en honneur en musique, en mathématique, et dans le langage, en certains de ses aspects syntaxiques et orthographiques — peut se rencontrer même chez un individu qui est, par ailleurs, isolé de la société. (En fait, la plupart des prodiges humains se sont manifestés précisément dans les domaines intellectuels où des progrès rapides sont possibles malgré un commerce peu fréquent avec autrui, ou malgré une pauvre compréhension d'autrui). Mais jusqu'à la publication de *Nadia*, il n'y avait guère de raisons de penser que la même sorte de « développement pur » des aptitudes soit également possible dans le domaine de la représentation graphique.

Nadia est née en octobre 1967 à Nottingham, en Angleterre, de parents ukrainiens émigrés. La deuxième de trois enfants, elle semblait d'abord se développer normalement, mais les quelques mots qu'elle connaissait disparurent à la fin de sa première année, et elle devint par après de plus en plus autistique. A trois ans, son développement était déjà nettement détérioré: le développement moteur était lent; elle ne comprenait pas le langage d'autrui et n'était pas capable de communiquer ses pensées par les moyens habituels du langage, des gestes ou de la musique. En fait, et cela accentuait encore ses malheureuses carences dans le domaine symbolique, elle ne se livrait à aucun jeu.

A trois ans et demi, Nadia, une enfant par ailleurs apathique, manifesta soudain une extraordinaire capacité pour le dessin. Se servant de la main gauche, elle commença à dessiner des animaux, surtout des chevaux, d'une façon qui faisait penser à celle d'un adolescent doué ou d'un artiste adulte plutôt qu'à celle d'une jeune enfant, encore moins d'une enfant présentant des déficiences cognitives et affectives accablantes (205). Allant directement à l'encontre de toutes les descriptions antérieures sur les origines de la symbolisation graphique, elle escamota

205

apparemment les diverses étapes des gribouillages, des schémas et des têtards. Et quand elle exécutait des figures, elle ne recourait pas aux schémas habituels, composés de formes géométriques simples, juxtaposées. Au lieu de cela, apparemment sans aucun besoin d'exercice, ses dessins rendaient avec une fidélité remarquable les contours de l'objet décrit; en outre, et ceci allant une fois encore à l'encontre de tous les exposés existant sur le développement des connaissances en dessin, les travaux de Nadia faisaient montre d'adresse à rendre la perspective, et d'autres astuces du métier d'artiste, connaissances qui ne sont habituellement acquises qu'après des années de pratique patiente et d'évolution des aptitudes « naturelles » (206, 207).

La manière dont Nadia dessinait était aussi surprenante que ce qu'elle dessinait. Elle n'œuvrait pas à partir d'un modèle. Bien que ses dessins s'inspiraient souvent d'images, dans la plupart des cas, elle ne les avait pas vues depuis un certain temps. Au lieu de cela, utilisant ces images seulement comme point de départ, elle en variait les versions presque à volonté, essayant diverses formes jusqu'à ce qu'elle arrive à un produit fini qui correspondait à ses critères rigoureux. Ses dessins finaux apparaissaient souvent comme des combinaisons de plusieurs œuvres qu'elle avait vues. Ce qui était encore plus significatif, c'est qu'elle ne semblait pas avoir besoin de dessiner les détails dans un ordre déterminé, ni même juxtaposer les traits les uns à la suite des autres : elle pouvait placer un détail à un endroit du papier, un autre plus loin, et puis les joindre à un autre moment, suprêmement assurée que les diverses parties s'ajusteraient. En fait, il ne lui était même pas nécessaire de regarder les lignes qu'elle avait tracées; pour le dessin d'un cheval, par exemple, elle esquissa d'abord un cou, puis plaça correctement les

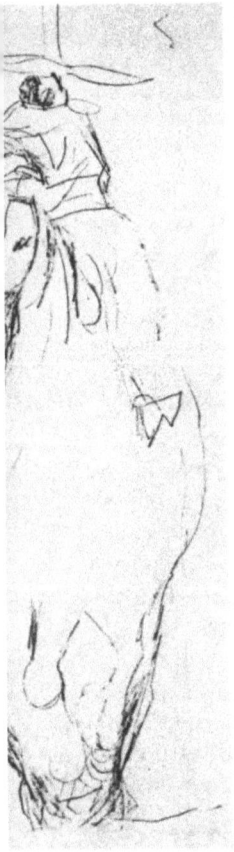

206

207

oreilles dans leur position relative dans l'espace, alors que le contour de la tête n'était pas encore dessiné. Son approche générale était aussi différente qu'on peut le concevoir de celle de la plupart des enfants artistes : tandis que les enfants de son âge répètent compulsivement le même schéma et sont tout déconcertés si on leur demande de modifier la séquence habituelle du tracé, Nadia, elle, dessinait très rapidement et pouvait revenir à son dessin, même après une longue interruption, au point exact où elle l'avait laissé.

Elle était plutôt comme un artiste adulte chevronné, en ce sens qu'il n'était pas possible de deviner ce que serait l'image. Elle dessinait un pan par-ci, un pan par-là : en fait, il y avait des pans un peu partout. Elle traçait ensuite avec une économie de moyens les quelques coups de crayon nécessaires pour assembler le tout.

Etant donné le caractère extraordinaire des réalisations de Nadia — une de ses thérapeutes, Lorna Selfe, les qualifie avec justesse d'«incroyables» — réalisations allant, par ailleurs, à l'encontre de tous les rapports sur les enfants tant normaux qu'anormaux, toute tentative d'explication de son talent sera nécessairement spéculative. Cette enfant semble avoir miraculeusement allié l'expressivité préscolaire à la maîtrise du réalisme de l'âge scolaire. Ses thérapeutes expriment l'opinion que, en tant qu'enfant souffrant d'une lésion cérébrale, elle aspire à trouver une voie d'expression, et que la nature, dans sa sagesse, l'a menée dans le royaume du graphisme. Cependant, cette explication ne me paraît ni nécessaire ni suffisante. Il n'existe certainement aucun lien entre les lésions cérébrales et une augmentation des aptitudes — après tout, la plupart des enfants présentant une lésion cérébrale produisent des dessins aussi primitifs que le sont leurs réalisations dans d'autres domaines. Certes, quelque forme inhabituelle de lésion cérébrale, qui empêcha Nadia d'utiliser les voies de communication habituelles, peut l'avoir poussée vers la sphère graphique; en effet, on connaît quelques cas d'enfants autistiques qui ont été attirés vers les arts. Cependant, cette explication ne donne pas la moindre indication sur les raisons de sa faculté à produire des dessins aussi précoces et d'une telle virtuosité.

Les performances de Nadia dans d'autres tâches nous donnent quelques indications. Plusieurs aspects de son comportement révèlent qu'elle possédait une «imagerie éidétique», c'est-à-dire la capacité de voir avec vivacité en esprit des scènes vues dans la réalité. Elle réussit un test d'imagerie éidétique des plus sévères en reconnaissant les parties d'une image composite, qui ne pouvait être recomposée qu'en juxtaposant mentalement deux images présentées à des moments différents. Plus que dans toute autre tâche proposée, sa performance fut la meilleure là où elle devait reconnaître les formes d'un puzzle. Elle était habile à assortir des images avec leurs silhouettes; et quand on recouvrait un dessin qu'elle était en train de copier, elle était capable de l'achever. Une autre preuve que c'était une image qui la guidait, c'est que Nadia continuait souvent à dessiner en débordant de la page, comme si elle y était contrainte par la forme qu'elle essayait d'exécuter; et contrairement à la plupart des jeunes qui apportent automatiquement des correctifs aux dimensions fortement agrandies des objets qui sont dirigés vers eux, Nadia les dessinait exactement selon les dimensions rétiniennes.

En contraste frappant avec cet ensemble de caractéristiques, Nadia ne parvenait guère à voir les dessins comme des entités chargées de signification. Quand on lui demandait de constituer des classements d'images sur la base de la *signification*, elle n'y réussissait généralement pas. Apparemment, alors que Nadia pouvait retenir mentalement les aspects purement visuels d'objets et de scènes, elle était incapable de les classifier. Puisqu'il a été démontré que l'image mentale tend à disparaître quand on demande à l'individu éidétique de classifier ou de nommer l'objet, l'incapacité de Nadia à classifier (conséquence de sa lésion cérébrale) prouve que, même si elle ne possédait pas l'imagerie éidétique, elle avait de puissantes capacités rétentives.

Cependant, si l'explication des performances de Nadia à partir de la lésion cérébrale semble insuffisante, l'interprétation éidétique l'est tout autant. Il y a en effet de nombreux individus éidétiques (peut-être 10 pour cent de la population enfantine), et ils ne dessinent généralement pas de façon particulière ou de façon particulièrement douée. La vision est une condition nécessaire pour le dessin, mais il ne s'ensuit nullement que la plupart des gens (éidétiques ou non) puissent sans effort dessiner ce qu'ils voient. Nadia devait réaliser, grâce à des mécanismes moteurs très fins, les formes qui s'étaient imprimées avec tant de vivacité dans son imagerie mentale.

Ici, il se peut que nous trouvions un lien révélateur entre les exercices de dessins en contours décrits plus haut et les réalisations étonnantes des grottes paléolithiques. Soit un individu doté d'une imagerie visuelle extrêmement puissante. Supposons en outre qu'il est coupé de la société et qu'il n'a, de ce fait, que peu de contact avec ce que font les autres et avec la manière dont ils le font; pourtant, il garde un besoin profond de comprendre son expérience, grâce aux rares voies de conceptualisation restées relativement épargnées. Il est du moins concevable — juste concevable — que cette combinaison d'éléments puisse donner lieu à un ensemble unique de performances, qui, réunies, permettent à l'individu d'arriver à des comportements habituellement atteints par une voie différente. Comme l'*idiot* savant qui joue aux échecs ou résout des problèmes arithmétiques du niveau d'un adulte doué, il se peut que Nadia ait fonctionné grâce à un puissant mécanisme mental du genre d'un ordinateur — mécanisme rarement exploité, pour autant qu'il le soit, mais existant peut-être chez quelques-uns. Il est possible que cet ordinateur existe chez d'autres sans qu'on l'ait jamais remarqué; ou encore que, lorsqu'il se présente chez un enfant normal, celui-ci parvienne si rapidement au stade de reproduction réaliste, qu'il passe à côté de potentialités remarquables.

Quelle pourrait bien être la nature de cet ordinateur? De même qu'un enfant ordinaire peut explorer tactilement une forme en passant les mains sur la surface, ainsi Nadia a-t-elle pu, de la même façon, capter et explorer les formes gravées dans sa mémoire. Ses mains étaient pressées sur ses yeux un peu comme celles des élèves de Pariser imitant le contour d'un modèle. Elle avait certainement eu l'occasion de connaître des représentations occidentales tenant compte des lois de la perspective. Lorna Selfe rapporte même que Nadia étudiait souvent un dessin pendant plusieurs semaines avant d'en exécuter une version (208), et l'on peut voir que ces premières tentatives étaient pratiquement des doubles du modèle (209, 210). Mais Nadia avait beaucoup d'occasions

208

209

210

de recréer ces motifs, et il était naturel que des variations ou des écarts mènent finalement à des schémas paraissant plus originaux et plus puissants. Quand nous ajoutons ces possibilités à la forte motivation poussant à l'acquisition de compétences, face à l'inexistence d'autres voies de communication, nous commençons à comprendre l'apparition d'un talent artistique exceptionnel.

Reste à savoir si Nadia a passé par les étapes normales de développement, soit dans ses dessins, soit dans son imagerie mentale, avant l'âge où on a commencé à l'étudier. Nous manquons d'information à ce sujet. Cependant, quelques premiers dessins faits à trois et quatre ans présentent un vague rappel des schémas des dessins d'enfants d'âge préscolaire (211, 212, 213). Il reste donc possible que Nadia ait passé par les mêmes étapes de développement que les enfants normaux, mais à une allure incroyablement rapide.

211

212

213

En étudiant les artistes paléolithiques et la jeune Nadia, il semble que nous nous soyons écarté de notre sujet. Les pratiques utilisées en classe par les professeurs peuvent paraître avoir peu de rapport avec les hommes des cavernes qui (au moins au début) ne disposaient pas d'une réserve d'œuvres comme sources d'inspiration; pas davantage avec une malheureuse jeune fille ayant atteint son plus haut degré artistique avant d'aller à l'école et qui, en fait, cessa pratiquement de dessiner quand elle commença d'y aller. Le copiage servile semble exclu, et le « copiage intelligent » semble n'avoir joué, tout au plus, qu'un rôle secondaire dans ces réalisations surprenantes.

Cependant, les phénomènes exceptionnels éclairent parfois les phénomènes ordinaires. De même que nous nous sommes tourné vers une artiste atteinte d'une lésion cérébrale et vers les hommes des cavernes pour y trouver des témoignages sur les sortes de copiage, de même pouvons-nous faire appel à ces mêmes sources pour nous renseigner au sujet des options offertes à l'apprenti-artiste. Nous remarquons d'abord la qualité des réalisations, tant des troglodytes que de Nadia. Ni les uns ni l'autre ne se limitent à une unique méthode d'exécution. Ils possèdent des schémas extrêmement souples, pouvant s'adapter à diverses fins et qui sont véritablement expressifs, captant le détail des mouvements, des émotions et de l'individualité, ce qui constitue la marque même de l'activité artistique. Nous pouvons supposer une aptitude à regarder les objets avec attention, à s'en rappeler l'apparence, mais aussi à dépasser ce qui a été vu — soit dans la vie, soit dans les livres — et de combiner ces aptitudes en fonction du but poursuivi.

L'existence de tels cas individuels, si rares soient-ils, affaiblit la thèse en faveur du copiage. Il ne paraît pas essentiel de passer de longues heures à copier servilement les œuvres d'autrui pour arriver à une représentation plus personnelle et plus expressive. Une telle activité peut en fait être utile, mais il semble possible, du moins en principe, de s'en passer.

Proposer une explication de ce qui permet à un artiste paléolithique ou à une jeune enfant autistique de réaliser des dessins d'une telle adresse et d'une telle expressivité, s'avère infiniment plus difficile. Il serait facile d'affirmer, mais beaucoup plus difficile de réfuter, qu'il s'agit simplement d'individus très doués et très précoces; il se peut qu'ils passent par les mêmes étapes que les autres mais à un rythme plus rapide.

Et pourtant, n'y avait-il pas autre chose ? Avec un potentiel génétique adéquat, il est évidemment possible aux plus doués de se développer au point de pouvoir dessiner de façon aussi convaincante que l'ont fait les hommes des cavernes ou Nadia. Il semble concevable que certains individus puissent naître avec un talent extrêmement développé ou prédominant dans ce domaine. Ainsi, comme un enfant qui apprend à parler en quelques mois, ces personnes sont capables de dessiner d'une manière réaliste et convaincante avec relativement peu de pratique ou de formation. Leur ordinateur est si perfectionné et si prêt à « décoller » qu'il ne nécessite qu'une légère impulsion pour atteindre son plein épanouissement. Même des génies comme Picasso ou Klee n'ont donné toute leur mesure qu'après bien des années. Ce que nous réussissons tous pour le langage, et quelques-uns soit pour la musique, soit pour les échecs, l'un ou l'autre, peut-être, peut y arriver dans la sphère graphique.

La localisation de cette aptitude dans le cerveau n'est pas prioritaire dans notre recherche. On peut toutefois supposer que cette habileté d'ordre visuel et spatial est une fonction de l'hémisphère droit. Si tel était le cas, on comprendrait que cette aptitude ait pu se développer aussi remarquablement chez une fillette gauchère dont le langage était complètement détérioré et qui sans doute avait peu l'usage de l'hémisphère gauche. A une époque antérieure au langage écrit, avec la réalisation déjà d'un haut niveau mental, il peut y avoir eu un groupe d'individus qui ont également exploité leur hémisphère droit beaucoup plus que ce n'est le cas aujourd'hui. Il se peut que le prix de l'évolution, que nous avons payé en adoptant un style très verbal, soit une « sélection » en dehors des individus de cette sorte, à l'exception de quelques artistes de talent.

Mais bien que l'épanouissement facile de cette aptitude ait presque disparu aujourd'hui, il est encore possible d'y parvenir. L'évolution ne s'est pas déroulée avec une rapidité telle qu'elle empêcherait l'acquisition de l'habileté à dessiner. Je considère les premières années comme le moment d'établir les bases en vue de réalisations ultérieures en dessin, dans le contexte général du développement cognitif et affectif; et les années de la moyenne enfance comme la période où nous pouvons (grâce habituellement à une formation) atteindre un haut degré de réalisme dans le domaine graphique. En fait, la plupart d'entre nous n'atteignent pas (et peut-être ne le désirent-ils pas) cette habileté; mais la nature nous a accordé cette phase de latence de la moyenne enfance comme une période où nous pouvons « récupérer » le temps et le savoir perdus entre Nadia et nous-mêmes.

Envisagée de cette manière — hypothétique, il est vrai — la controverse sur le copiage apparaît sous un autre jour. Les enfants, pendant cette période, font face au double défi de parvenir à analyser la réalité et d'utiliser ensuite les fruits de cette analyse, avec une certaine fidélité, dans leur activité graphique. Certains y arrivent sans grande peine; pour d'autres, cela représente un exploit. D'autres encore s'exercent énergiquement en vue d'y arriver plus aisément. Le peintre William Hogarth, par exemple, s'exerçait à entraîner sa mémoire :

> Je m'efforçais de prendre l'habitude de m'exercer la mémoire ; en me répétant mentalement les diverses parties dont sont composées les choses, je pouvais, par degrés, les combiner et les représenter au crayon. Ainsi, je disposais d'un avantage matériel sur mes concurrents, à savoir l'habitude, acquise très tôt, de retenir dans mon regard intérieur, sans copier froidement sur place, tout ce que je désirais représenter.

Il est temps de porter un jugement final sur le copiage. Nous avons vu que pour les individus de notre société, l'acquisition d'habiletés à la représentation exacte est privilégiée pendant les années de scolarité. Le copiage se présente comme le moyen évident d'atteindre cette habileté, et nous pouvons nous attendre à ce que les enfants soient attirés vers lui, avec ou sans encouragement. Mais la mesure dans laquelle ils copieront et le genre de copiage auquel ils se livreront, varieront d'après leurs capacités et leurs inclinations, aussi bien que d'après les modèles, suggestions et contraintes présentées par les professeurs et autres personnes chargées de leur éducation.

Voilà donc pour ce qui est de la trajectoire caractéristique au cours de la moyenne enfance. Mais qu'en est-il des enfants doués ? Ces individus aux capacités exceptionnelles auront franchi très vite les premiers stades du développement. Ils ont alors le choix, durant leurs années de scolarité, ou de s'adonner à la copie des modèles proposés dans leur milieu ou, à la façon de Nadia et des hommes des cavernes, de continuer une exploration plus personnelle du mode d'expression. Il est peu probable qu'ils adoptent le copiage servile et, même s'ils le font, qu'ils en tirent profit pour leur activité artistique ultérieure. En vérité, chez les plus doués — qu'il s'agisse d'enfant autistiques, d'individus préhistoriques ou de futurs artistes — l'« ordinateur » graphique est tellement perfectionné que la présence d'un modèle physique s'avère inutile, et que le copiage d'une image intérieure fait rapidement place à l'expérimentation et à l'invention. Pourvu qu'ils en arrivent au point de pouvoir aisément exécuter des ressemblances acceptables et de varier celles-ci à l'infini, on peut s'attendre à ce que, au cours de l'adolescence, ils transcendent ce réalisme et développent des positions graphiques personnelles.

Troisième intermède
La création de personnages

Les trois personnages et le cadavre, grotesquement affublés de costumes médiévaux, ne constituent qu'une petite partie de la ménagerie picturale créée par Stuart Carter, âgé de onze ans (214). Depuis ses sept ans, s'inspirant de sagas telles que *Le seigneur des anneaux* de Tolkien, Stuart a inventé des douzaines de personnages impliqués dans diverses aventures, possédant des personnalités distinctes et reflétant l'imagination fertile de leur créateur (215). Stuart fréquente ces personnages

214

215

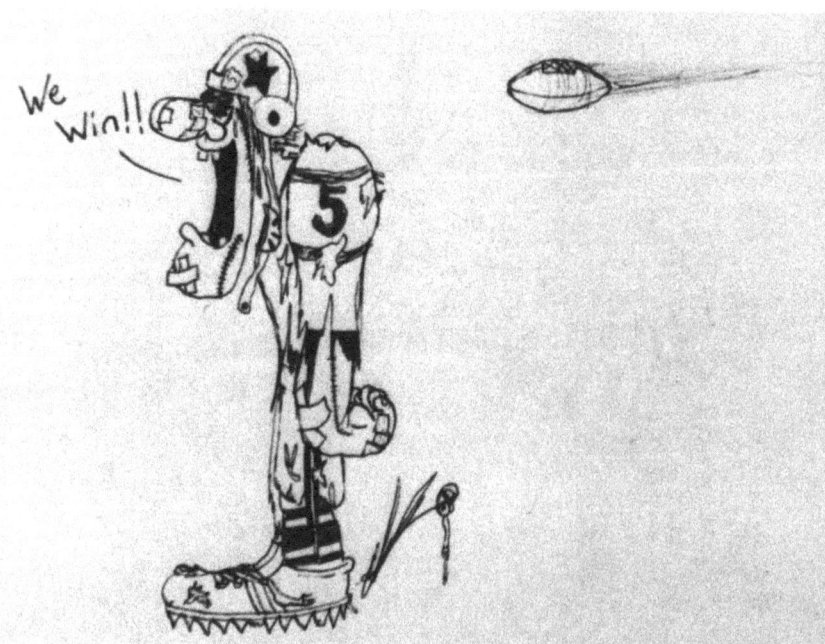

216

presque tous les jours, car il dessine chaque fois qu'il en a l'occasion: à l'école durant les classes, chez lui devant la télévision, à sa table de travail pendant les week-ends. De même que ses personnages acquièrent vie et vigueur grâce à ses efforts, lui s'inspire et se nourrit des aventures dans lesquelles il les lance.

Bien que Stuart n'ait aucune peine à faire croître cette population à la Hobbit, ses dessins ne se limitent pas aux personnages de ce style. Certains ont une allure nettement contemporaine. Par exemple, un joueur de rugby en train de jubiler, alors qu'un ballon est sur le point de le frapper en pleine nuque (216). Il a tracé des portraits de shériffs, de hors-la-loi et d'un chef indien (217); il a dessiné une série de plongeurs à demi vêtus projetés en l'air (218). Les poses, les expressions de tous les

217

218

personnages, ainsi que les activités dans lesquelles ils sont engagés, sont des plus diverses. En vérité, Stuart a maîtrisé les préliminaires de l'art de la caricature ou, comme il préfère l'appeler, de la bande dessinée.

Cependant Stuart reconnaît que son art est très limité. Il désire dessiner de manière réaliste, c'est-à-dire de manière à ce que les choses soient ressemblantes, mais il pense n'y avoir pas réussi. Il parle avec admiration d'un ami qui parvient à dessiner de manière convaincante d'après « nature ». Stuart, lui, s'inspire de bandes dessinées, d'illustrations trouvées dans des livres. Il regarde aussi la télévision avec avidité et s'efforce de « fixer » les personnages de manière à capter dans sa mémoire leurs attitudes et grimaces les plus caractéristiques. Mais il ne se sent à l'aise que dans la caricature, parce qu'elle lui laisse une marge de liberté. Personne ne peut dire s'il a ou non réalisé un personnage tel qu'il le voulait, et, de ce fait, le juger bon ou mauvais. Le dessin animé constitue pour lui un compromis entre son désir de bien dessiner, de rendre avec précision les expressions qu'il voit dans son esprit et sa crainte de ne pas réussir à dépeindre la réalité d'une manière convaincante.

Artiste en herbe, Stuart faisait des caricatures de ce genre depuis longtemps déjà. Sa mère a conservé quelques personnages conçus quand il avait sept ans (219). Ils ne sont encore alors que des versions légèrement modifiées de figures humaines conformes aux règles; quelques traits seulement en sont exagérés. Leurs attitudes, elles aussi, sont très conformes aux règles: de face ou de profil, ne suggérant que rarement le mouvement. Quand il s'essaye à des poses moins classiques, le résultat a le charme des approximations enfantines. L'humour seul semble bien établi. Ce que Stuart a accompli entre-temps, c'est de transformer sa série naissante de monstres en schémas souples, et de pouvoir les exécuter avec la facilité avec laquelle il réalisait jadis un têtard ou une figure-bâton. Il a aussi appris à représenter certains mouvements, activités et attitudes avec une telle aisance, que ses personnages peuvent désormais ramper, voler, rire ou soupirer.

Stuart est, fondamentalement, un autodidacte. Il dessine parfois avec un ami, mais dans l'ensemble, c'est par lui-même qu'il a trouvé ses

« stratégies ». D'innombrables bandes dessinées et un livre unique sur le dessin ont été ses sources principales. De temps en temps, il a consciemment cherché à maîtriser certains effets. Insatisfait, par exemple, de sa manière de représenter les mains, il s'est plongé dans quelques livres et a finalement trouvé une procédure adéquate (220). Dorénavant, c'est ainsi qu'il les dessinera, jusqu'à ce qu'il trouve un nouveau défaut à combattre.

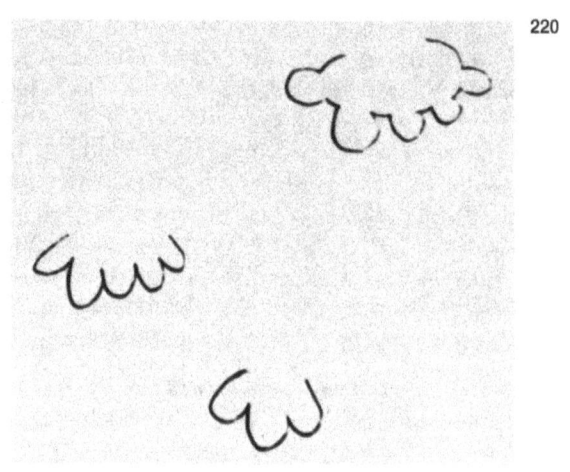

220

Stuart est un assez bon élève, il aime beaucoup les sports et jouit d'une grande popularité auprès de ses camarades. C'est un garçon tranquille et plutôt réservé. Certaines matières scolaires ne lui plaisent pas. Ce qu'il aime le plus, c'est de pouvoir dessiner. Il parle très sérieusement de devenir plus tard dessinateur humoristique : son objectif actuel, c'est d'être caricaturiste politique, comme Paul Szep du *Boston Globe*, et il conserve précieusement une photo dédicacée de cet artiste. Cependant, Stuart ne semble pas être très conscient des exigences de ce métier; il croit que, pour devenir caricaturiste politique, il lui suffira d'apprendre quelques formes et particularités en plus.

Peut-être, toutefois, en est-il plus conscient qu'il n'y paraît ? Il me dit qu'il pense avoir atteint la limite de ses possibilités propres, et qu'il a, à présent, besoin de conseils pour arriver à vraiment bien dessiner. Il se plaint de ne pouvoir faire un usage approprié de la couleur (bien qu'il pense qu'une bonne partie du problème réside dans son incapacité à colorier convenablement les formes sans en dépasser les contours). Cependant, il semble peu disposé à accepter de l'aide. Il est possible que l'aspect social d'une classe de dessin lui déplaît, ou qu'il craint qu'un professeur n'apprécie pas sa galerie de gredins et n'essaie de lui inculquer des valeurs graphiques qu'il n'aime pas, celles, par exemple, de l'«art moderne», tenu en piètre estime.

J'ai demandé à Stuart de dessiner quelques objets courants se trouvant dans la pièce (221). Nous fûmes tous deux frappés de la médiocrité de ces représentations : elle ne reflétaient guère la verve et la saveur qui rendent ses caricatures si vivantes. Manquant de schémas généraux ap-

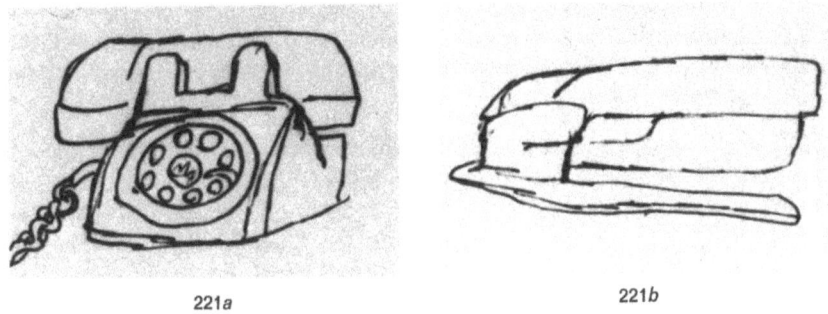

221a   221b

plicables à tous les sujets, ou d'une réserve suffisante de schémas spécifiques, Stuart en était réduit à du copiage d'amateur. Ce n'est qu'en animant son propre univers, qu'il peut créer une variété d'émotions et de scènes, dépeindre des personnages au repos, au jeu, se disputant, volant dans l'espace, envahissant un ranch, ou assis sur un tabouret dans un restaurant McDonald. C'est à travers ces personnages et ces rencontres qu'il explore les différentes facettes de sa vie. Le même jeune homme qui a de la difficulté à dessiner une agrafeuse de manière convaincante, peut exécuter, pratiquement sans effort, toute une variété d'expressions chez ses personnages : contentement, inquiétude, agacement (222). Dans chaque cas, les parties constituantes fondamentales naissent sous une forme identique en quelques secondes, tandis que les variations dans la forme de la bouche, l'orientation des yeux, et la disposition des cheveux, confèrent l'expression désirée.

222

Il est évident que le point fort de Stuart, c'est de recréer différents épisodes de la vie de ses personnages. Il dessine dans une veine se situant en dehors des tendances de l'art contemporain. Il est rare qu'il visite un musée, il n'a que faire des mouvements de l'art contemporain, et, en fait, trouve les œuvres abstraites ridicules et stupides. Il réserve sa considération à ceux qui peuvent exécuter des représentations (caricatures comprises) mieux que lui et espère être un jour capable de les égaler. Entre-temps, il continue à dessiner tous les jours, chaque fois qu'il en a l'occasion, et à espérer que, soit par ses propres efforts, soit grâce à quelque forme acceptable d'enseignement, il sera capable d'obtenir les effets qu'il considère comme essentiels dans son art. Comme un vrai primitif, il se cantonne dans le seul style qui lui importe.

Dans son attitude envers l'art contemporain, Alison Franklin, neuf ans, fait pratiquement écho à son homologue Stuart Carter. Elle non plus ne prise guère le radicalisme des artistes contemporains et trouve que la représentation figurative constitue l'essence de l'art. «N'importe quel enfant de deux ans peut faire de la peinture abstraite» déclare-t-elle. Elle aussi se montre très hésitante à l'égard de l'enseignement artistique structuré, partageant apparemment le sentiment de Stuart, selon lequel quelque chose de valable, de précieux même, peut se perdre sous l'influence d'une telle intervention. Cependant, tout comme Stuart, elle est vivement consciente de ses limites et recherche soit une formation alternative, soit une assistance qui puisse amener ses capacités au niveau de ses ambitions.

C'est également l'univers des bandes dessinées qui constitue la source principale de l'inspiration d'Alison, mais son imagination et son style ont pris une autre forme, tout aussi curieuse. Dans l'un de ses dessins (223), elle a réuni un ensemble extraordinaire de personnages, chacun avec ses caractéristiques et son histoire. Mais la manière dont elle a procédé paraît beaucoup moins organisée, beaucoup plus dépendante de l'inspiration du moment, moins «consciente» que le procédé de Stuart pour ses «habitués». Laissons Alison elle-même décrire sa collection de personnages :

J'ai d'abord dessiné cette dame mince. Elle est la caissière. Elle fait des échanges d'articles de Noël. Cette femme sur le tabouret est son contraire. L'une est grande, l'autre petite, l'une est grosse, l'autre mince. Ce n'est pas très réussi. Puis j'ai fait la dame à deux têtes avec les yeux exorbités. Puis on voit ces curieux petits vers de terre. Ce sont des petits vers que j'ai trouvés dans les livres du Dr Seuss. Puis j'ai fait l'homme «balle de tennis». Ses bras sont attachés comme des pattes d'araignée. Il a des bottes et des patins à roulettes. Au-dessus de lui, il y a un oiseau navajo, les motifs sur sa queue sont navajos. Le type trempé est du genre auquel on pense quand on a un rhume; il est tout dégoulinant.

Et là, ce sont des Chinois. L'idée m'en est venue alors que je me rendais à ma leçon de chant. Les essuie-glaces faisaient des formes qui ressemblaient à des Chinois, puis ils les ont effacées, alors je les ai dessinées pour les conserver. Je fais souvent ça.

223

Puis j'ai fait le joueur de basket-ball. A côté de lui, quelqu'un dont les parties du visage se sont répandues; ses yeux, par exemple, sont au bout de son cou. Il fume une cigarette. Ses chaussures sont des pattes d'oie. Le sac vient d'un crocodile: c'est pour protester contre le massacre des animaux.

Ensuite, nous avons ce curieux type «bouffon». Le grand type est une femme et un homme, avec les mains dans les poches: une combinaison de différentes personnes. Il y a aussi les bonshommes genre arabe, avec des turbans et des chaussures bizarres, de long nez bouffis, et des serpents en guise de langues. A côté du type arabe qui salue de la main, il y en a un autre. J'avais commencé par faire une grosse dame, mais elle est devenue deux hommes, et puis des Arabes. Mes dessins ne finissent jamais exactement comme prévu.

Cette jeune artiste commence par des gribouillages dont elle tire toute une série de figures géométriques. Une figure ou une forme en entraîne une autre, et (comme Léonard scrutant les formes tapies dans les rochers d'une montagne), Alison commence à percevoir une ressemblance qui s'y trouve cachée. Elle développe ensuite ces formes, effaçant si nécessaire, jusqu'à ce qu'elle aboutisse à un personnage ou un objet qui frappe son imagination. Il est rare qu'elle utilise un modèle ou qu'elle se fie à sa mémoire visuelle, bien que, par le passé, elle ait essayé de recréer des personnages dessinés auparavant. Ce n'est que rarement que le personnage se révèle avec la forme ou l'expression prévue, mais, une fois encore, cela n'a pas d'importance. En vérité, elle semble trouver plaisir à suivre le jeu inconscient de ses mains et de son esprit, exploitant les occasions, créant des hybrides fantaisistes qui font ses délices et suscitent les sourires de son entourage.

Comparée à Stuart, Alison semble aborder l'art d'une façon plus désinvolte, moins contrainte. Bien qu'elle dessine souvent, ce n'est pas une activité quotidienne. En fait, elle reste parfois des semaines sans dessiner. Et ce n'est pas en regardant la télévision ni en lisant des livres qu'elle trouve ses idées; elle préfère, dit-elle, « laisser la nature suivre son cours ». Ses intérêts sont très variés : elle écrit, notamment, et joue du piano. C'est aussi une collectionneuse invétérée : des objets en verre, des coquillages, des babioles; elle s'en sert pour créer son cadre de vie, qu'elle arrange et modifie pendant des heures. L'une des meilleures élèves de sa classe, Alison envisage plusieurs professions, outre celle d'artiste.

Bien que la plupart de ses dessins soient figuratifs, elle a exécuté par le passé plusieurs travaux abstraits. Sa préférence allait à des motifs richement colorés, remplis de formes diverses, de configurations linéaires, de figures harmonieuses et compliquées, etc. Les deux dessins reproduits ici ne sont qu'un échantillon parmi les douzaines qu'elle exécuta il y a quelques années (224, 225). Il semble que son sens merveilleux de la forme — ne se manifestant plus seulement en motifs abstraits — ait été incorporé dans ses représentation narratives (226). Comme Stuart, elle a commencé, il y a quelques années, à faire le portrait d'une phalange de personnages, et bien que les premiers groupes ne fussent

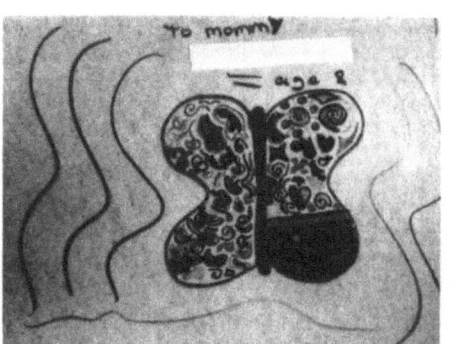

224

LA CREATION DE PERSONNAGES   233

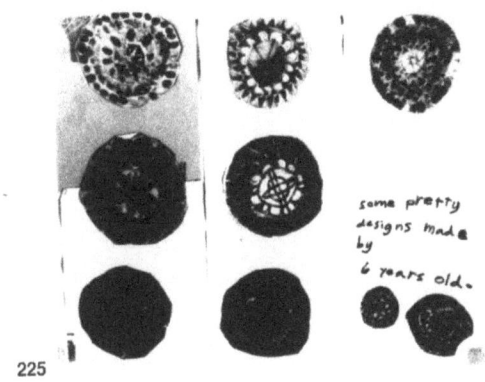

225

226

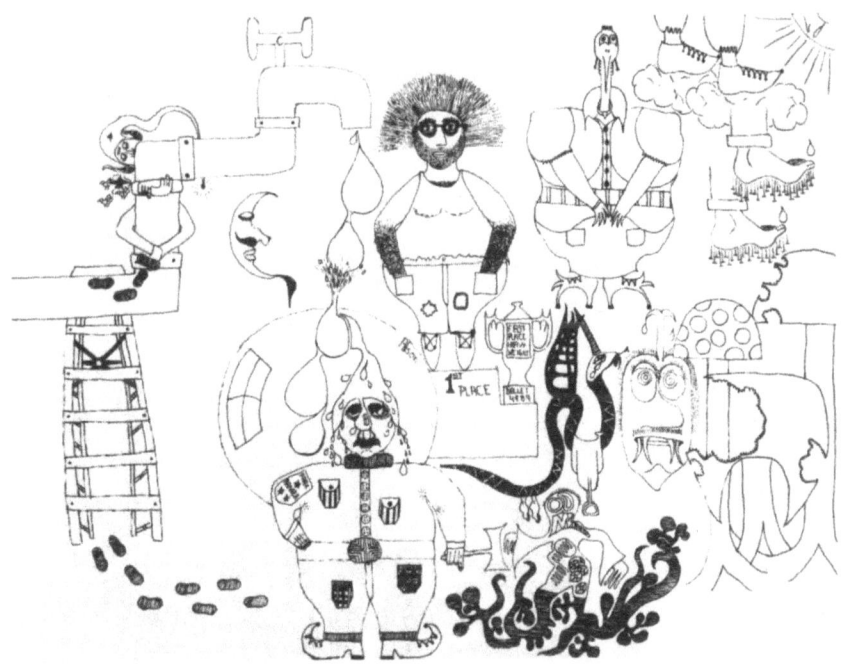

pas aussi fantaisistes et réussis que ses tentatives plus récentes, ils se signalaient par leur humour élégant et un sens du macabre.

En conformité avec ses orientations multiples, Alison a illustré ses écrits. Une partie de cette production a paru dans un journal qu'elle édite avec une amie. Un récent poème sur le gardiennage, et l'illustration qui l'accompagne (227) expriment à la fois l'humour de la situation et un esprit cahotique.

Injustice (à lire vite)
Mon petit frère saute sur ma tête
Il donne des coups à sa sœur qui saigne, qui saigne
Le souper est en train de brûler
La maison tourbillonne
Le bébé crie
L'eau bout
Maman est partie
Et papa ne peut pas rester
Le mobilier est mis en pièces
Mon frère est tombé
Mes cheveux sont en feu
Et je commence à avoir marre
De tout ce tapage
Et je pense que c'est un crime
De devoir garder un enfant.

On découvre la variété du talent d'Alison quand on examine d'autres dessins. Par exemple, la manière consciencieuse avec laquelle elle dessine une maison, témoignant d'un sens très sûr des textures spécifiques dans une composition complexe et bien proportionnée (228). A remar-

227

228

quer, en contraste, le charmant personnage créé peu après son dixième anniversaire (229).

Devant cette variété impressionnante, on se demande si le dessin d'Alison est réellement aussi peu prémédité qu'elle le prétend. Par exemple, priée de refaire les dessins des Arabes, elle y réussit facilement, à la fois en copiant directement (230) et en les effectuant de mémoire (231). Et elle n'est pas non plus complètement à l'abri des influences culturelles. Elle essaie parfois de copier des sujets; par exemple, son charmant portrait d'Edouard VI d'après Holbein (232).

Cependant, de même que Stuart, Alison est une artiste naïve et préfère d'ailleurs se considérer comme telle. Elle aime mettre en contraste des choses qu'elle sait bien dessiner (des feuilles, des vignes, des ar-

229

230

231

bres, des plumes) avec des entités qui posent des difficultés (des gens dans de drôles d'attitudes et des animaux). Elle a du dédain pour les dessins académiques et pour la perspective académique. « C'est peut-être très bien pour certains, mais cela s'éloigne de ce que je désire réaliser ». En fait, elle affirme avec indignation (et de façon plutôt savante) :

232

« Les Egyptiens avaient leurs propres lois de perspective et beaucoup de gens pensent qu'elles sont aussi bonnes que les nôtres ».

Pourtant, en dépit de ses réserves vis-à-vis de l'art contemporain, Alison se montre très sensible à l'élan sous-jacent à toute activité artistique. Elle aime dessiner surtout parce que, dit-elle, comme lorsqu'on écrit, cela donne un sentiment d'accomplissement. Elle fait aussi remarquer que c'est un moyen de montrer ce qu'on ressent. Et elle affirme que les gens qui *savent « regarder » un dessin* peuvent voir ce que ressent l'auteur. Elle dessinerait même pour elle seule, tant cette activité a de l'importance pour elle. Et en fait, dans ses carnets elle dessine parfois juste pour elle-même; il arrive aussi qu'elle jette certains de ses dessins. Bien qu'elle ne soit pas encore très décidée pour une carrière d'artiste, Alison ne cache pas qu'elle est très sensible à bien des éléments qui motivent les artistes.

A l'instar d'autres artistes doués de onze ans, essentiellement autodidactes, Stuart et Alison présentent des traits nettement semblables. Le genre de sujets qu'ils traitent, leurs aptitudes et leurs lacunes, leurs doutes au sujet d'une formation structurée et l'univers de l'art, tout cela les rapproche non seulement l'un de l'autre, mais également de ces préadolescents qui trouvent plaisir et réconfort dans leurs dessins. Ce qu'ils dessinent le mieux, c'est ce qu'ils aiment : en créant des personnages imaginaires, en leur conférant des expériences et des expressions qui leur importent. Ils se distinguent beaucoup moins dans les sortes de travaux que leur propose un professeur d'art (ou un psychologue). Et, se rendant compte que leurs buts peuvent différer de ceux des adultes qui professent un intérêt pour les arts, ils expriment avec insistance leur désir de suivre leur propre route. En vérité, comme pour souligner la part importante que le dessin joue dans leur vie, ils peuvent se rappeler tous deux les circonstances qui ont inspiré les dessins que nous avons passés en revue. Cependant, ils expriment leur regret de ne pouvoir atteindre certains effets. Tous deux sont arrivés à la conclusion qu'il est peu probable qu'ils y parviennent jamais s'ils restent entièrement livrés à eux-mêmes.

Quelle importance attacher aux différences existant entre nos deux jeunes artistes? Stuart planifie-t-il ses dessins davantage que Alison? La différence ne réside-t-elle pas seulement dans la façon dont il les présente? Le talent de Alison est-il réellement plus varié que celui de Stuart ou bien est-elle simplement plus disposée à entreprendre quelque chose de neuf? Stuart est-il plus sérieux dans ses activités artistiques, vu qu'il dessine tous les jours et même à l'école? Ou bien, retirant plus de satisfaction de son activité graphique, ressent-il davantage le besoin de s'y livrer? Stuart, avec son objectif bien défini de caricature politique, surpassera-t-il bientôt Alison, étant donné l'orientation moins définie de cette dernière? Ou bien l'un de ces jeunes artistes, ou tous deux, comme tant d'autres préadolescents, mettront-ils bientôt de côté leurs crayons, à mesure qu'ils trouveront d'autres moyens, plus sociaux peut-être, de s'extérioriser?

Cette dernière question est peut-être primordiale dans la vie du jeune «pré-artiste». Ce qui unit Alison et Stuart et les distingue déjà de bien des jeunes de leur âge, c'est qu'ils dessinent encore et qu'ils semblent retirer force et réconfort de leur activité graphique. Alison s'exprime peut-être mieux à ce sujet; Stuart illustre peut-être mieux ce trait dans sa vie quotidienne. Mes rapports avec eux m'ont permis de constater que leurs activités artistiques jouent un rôle important dans leur vie. Stuart éprouve le besoin d'une communauté où il se sente à l'aise, afin de venir à bout des pressions et tensions familiales. Il y arrive en grande partie en se consacrant à son dessin de façon sérieuse, régulière, presque monacale. Alison est un être aux talents multiples, douée d'une imagination tellement vive qu'elle pourrait lui nuire si elle s'exprimait trop directement et avec trop d'insistance auprès de personnes plus réservées. Tout comme un ventriloque ou un montreur de marionnettes, elle peut dompter et canaliser grâce à ses dessins une énergie et une intelligence extraordinaires et met dès lors beaucoup d'elle-même dans ce qu'elle fait. Comme elle le fait elle-même remarquer, les autres sont libres de dégager de ses réalisations les aspects et traits personnels qu'elle y a investis, et ils peuvent les y reconnaître sans désagrément.

C'est parce que ces jeunes gens vivent dans une culture gavée d'exemples artistiques, parce qu'ils ont l'occasion de dessiner chez eux et à l'école, parce qu'ils ont des camarades et des parents disposés à s'intéresser à ce qu'ils font, qu'ils ont pu continuer à dessiner et à faire des progrès réguliers et parfois remarquables. Ils ont tous deux trouvé les solutions adoptées par la plupart des jeunes artistes dans notre culture: l'exploitation de l'univers caricatural des médias. Ce faisant, ils ont échappé à l'ennui des cours d'art structurés, tout en satisfaisant le double besoin de la représentation réaliste et du sentiment d'accomplissment. En outre, ils ont trouvé un exutoire à des facettes naissantes et potentiellement gênantes de leur personnalité.

La poursuite et l'approfondissement éventuels de leur engagement dans les arts dépendra de plusieurs facteurs. D'abord, comme ils le reconnaissent, la formation personnelle qu'ils peuvent poursuivre est limitée. A moins qu'ils soient extraordinairement habiles à tirer parti des enseignements de leur culture, ils auront besoin, à un moment donné, d'une formation artistique structurée. Ils doivent veiller, cependant, à ce que la réelle originalité dont ils ont fait preuve, ne soit pas détruite ou sapée par les valeurs et structures rivales de l'univers artistique officiel. Ils doivent, en outre, continuer à produire les idées et sentiments qu'ils souhaitent partager avec autrui: quelque chose qu'il est malaisé (du moins pour eux) de mettre en mots ou d'exprimer d'une autre façon, mais que le médium graphique leur permet d'exprimer. Ce médium devra leur permettre d'exprimer les sensations corporelles, les émotions, les tensions, les objectifs et les aspirations qui viendront peupler leur vie d'adolescents. Leur entourage devra continuer à apprécier leur production et leur faire sentir que la vie d'artiste est un état acceptable et même honorable. Peut-être doivent-ils d'une façon plus insaisissable et pourtant capitale, continuer à se développer en personnalités complètes et intéressantes ayant des messages importants à communiquer. Le dynamisme de Stuart, son sens d'une œuvre à accomplir, doivent s'allier au zèle imaginatif et exploratoire d'Alison. Sans de telles méthodes et de tels messages, ils continueront peut-être à amuser et à divertir, mais ils ne parleront pas avec profondeur à autrui.

Chapitre 8
Perspectives personnelles

C'est à la fin du quinzième siècle que Léonard de Vinci acheva sa *Dernière Scène* (233). Cette œuvre n'est pas seulement l'incomparable chef-d'œuvre d'un artiste de la Renaissance, exceptionnellement doué; elle représente aussi le point culminant de plusieurs courants de l'art occidental, qui s'étaient combinés dans l'œuvre et la personne de Léonard. Il y a avait déjà eu plusieurs « Dernières Scènes » (234), mais aucune ne peut se comparer à la peinture murale de Sainte-Marie des Grâces à Milan. Car, en une seule œuvre monumentale, Léonard a rendu comme cela n'avait jamais été fait auparavant, l'émotion, la gravité et la signification religieuse d'un moment capital de la chrétienté : cet instant terrible où Jésus déclara qu'un de ses disciples allait le trahir.

L'œuvre de Léonard a été si souvent reproduite et analysée, qu'il est malaisé de la voir avec un regard neuf. Nous pouvons peut-être nous rapprocher de cette appréciation candide en mettant en contraste la réalisation de Léonard avec celles de ses prédécesseurs. Ce débat servira en même temps à présenter certaines étapes que franchissent les artistes adolescents dans notre société. Alors que les « Cènes » précédentes manquaient de profondeur, l'œuvre de Léonard témoigne d'une perspective consommée; les proportions et la profondeur de la pièce qui s'ouvre finalement sur l'extérieur, sont clairement rendues. Alors que les « Cènes » précédentes présentaient les disciples alignés de gauche à droite, sans plus, Léonard a dépeint chacun d'eux avec des traits personnels caractéristiques, des expressions de visage bien marquées, engagés chacun dans une activité déterminée: parlant, gesticulant, s'observant, reflétant le drame ambiant. En vérité, le fait même que ce soit

233 *La Dernière Cène*, Léonard de Vinci, vers 1495-1498.

234 *La Dernière Cène*, Andrea del Castagno, vers 1445-1450.

un *moment* qui est dépeint, celui où Jésus vient de faire sa déclaration qui suscite diverses réactions de la part de ses disciples, est une innovation. Plutôt que de faire le portrait de n'importe quel moment de la cérémonie de la Pâque, Léonard a clairement « capté » un moment culminant de tension dramatique.

Plusieurs autres traits différencient cette œuvre des précédentes. Sa composition est admirable : les apôtres par groupes de trois, reliés, dans chaque cas, par des gestes et des mouvements; le Christ, point de mire manifeste, gardant un isolement sacré. Judas le traître, lui aussi, bien qu'il ne soit pas séparé des autres, paraît isolé : lui seul ne fait pas de gestes, ne pose pas de questions. Les ombres et la pénombre, l'emploi de demi-teintes, le jeu de la lumière, l'expression de chaque personnage, tout contribue à la puissance de l'œuvre; de plus, ces qualités soulignent ce qui, dans les peintures de la Renaissance, et surtout dans les œuvres de ce maître, se détache des réalisations antérieures.

Une comparaison vient à l'esprit. De même que l'œuvre de Léonard diffère à bien des égards de celles de ses prédécesseurs, de même elle présente plusieurs traits qui sont absents dans les travaux des préadolescents. Nous pouvons, du moins dans le sens large du mot, constater des similitudes incontestables entre l'artiste de la pré-Renaissance et le préadolescent. Ni l'un ni l'autre n'ont maîtrisé les lois de la perspective, la manière de rendre le mouvement, l'emploi subtil et expressif de la lumière, des ombres, de la couleur, du clair-obscur; ou l'art de rendre la gravité d'un moment historique dans les limites d'un mode d'expression à deux dimensions. Léonard passait des journées entières à contempler son travail inachevé sans y ajouter un seul coup de pinceau; et peut-être est-ce cette patience et ce soin infinis, associés à son génie, qui rendirent possibles ces résultats exceptionnels. Cependant, il est aussi possible que ce n'est qu'à la suite des découvertes scientifiques, techniques et intellectuelles de la Renaissance, qu'une telle œuvre ait pu s'accomplir avec succès.

Léonard n'était pas seulement un artiste incomparable; il possédait aussi une connaissance approfondie — probablement sans égale — de la peinture. Etudiants et érudits consultent encore ses carnets de notes et commentaires. Il y révèle les problèmes qui le préoccupaient, lui et les plus clairvoyants de ses confrères; également le résultat de ses réflexions sur son activité artistique. Il insiste sur l'importance d'une représentation exacte des rapports de profondeur. « On doit, déclare-t-il, préférer la perspective à tous les discours et à tous les systèmes ». Il étudie les principes de la lumière et les propriétés de l'œil, et en déduit que « chaque objet envoie son image à l'œil par une pyramide de lignes; on obtiendra des formes de dimensions égales par une pyramide plus ou moins grande, selon les distances ». La pratique doit reposer sur des théories solides. « La perspective est le guide et la porte; sans elle, on ne peut rien faire de bon en dessin ».

Presque toutes les grandes découvertes de Léonard se trouvent dans ses carnets. Il y traite de la théorie des couleurs, de la perspective plongeante, de la représentation de la figure humaine, de celle des émotions, du drapé des vêtements, des ombres et des principes généraux de la composition. Ses passages les plus enthousiastes traitent de la représentation des individus : vieillards, enfants, personnages grotesques. Il signale neuf sortes de nez, ceux qu'on peut représenter de face, et la façon de se les rappeler. Un passage savoureux dévoile la façon de dépeindre un homme en colère :

> Pour dessiner une personne en colère, il faut la représenter tenant quelqu'un par les cheveux, lui cognant la tête contre le sol, lui enfonçant un genou dans les côtes; le bras et le poing droits levés, les cheveux dressés, le front sévère, les sourcils froncés, les dents serrées, les commissures des lèvres farouchement abaissées, le cou gonflé et labouré de sillons.

Les étapes à suivre pour apprendre à peindre sont clairement exposées : « Le jeune devra d'abord apprendre la perspective, puis les proportions. Il peut alors copier un grand maître, pour s'habituer aux formes précises. Ensuite, d'après nature, pour confirmer par la pratique ce qu'il a appris. Ensuite, contempler longuement les œuvres des différents maîtres. Puis, prendre l'habitude de mettre son art en pratique et travailler ». Il donne des conseils sur la manière de vivre à la campagne tout en peignant, sur les avantages de peindre avec des compagnons, sur l'importance de peindre et d'étudier la nature.

Les carnets de notes de Léonard nous aident même à aborder *La Dernière Cène*. Ainsi nous lisons qu'« un (disciple) qui buvait, a remis le verre en place et tourné la tête vers celui qui parlait... Un autre parlait à l'oreille de son voisin qui, pour l'écouter, s'est tourné vers lui, tout en tenant un couteau d'une main et, de l'autre, le pain qu'il vient de couper en deux ». On peut aussi trouver des notes sur la façon de rendre des groupes d'individus :

> Quand vous vous promenez, observez, notez et examinez les circonstances et les comportements des hommes en train de se parler, de se quereller, de rire ou de se battre, et non seulement les activités des hommes eux-mêmes mais aussi celles des spectateurs. Et faites-en un croquis en quelques traits, dans un carnet que vous devriez toujours avoir avec vous.

En fait, les carnets de notes nous fournissent des renseignements précieux sur la façon dont un maître de la Renaissance considérait différentes œuvres, y compris son chef-d'œuvre chrétien.

Certes, les commentaires de Léonard ne devraient pas laisser supposer qu'une grande œuvre résulte de la maîtrise d'une série de principes étudiés dans un manuel (on doit savoir aussi quand ne pas les respecter). Ils ne devraient pas non plus laisser supposer qu'on peut réduire des œuvres comme *La Dernière Cène* à quelques formules verbales. L'existence d'un compte rendu verbal ne garantit pas la qualité des œuvres, pas plus que l'absence de ce genre de notes ne laisse prévoir une moindre qualité artistique. Néanmoins, quand on examine l'art à l'époque de Léonard, on découvre un programme beaucoup plus ambitieux qu'auparavant, de même qu'une plus grande conscience de ce qu'on désire réaliser et de la manière d'atteindre cet objectif. En fait, les problèmes qui se présentaient à l'époque de Léonard sont les mêmes que ceux auxquels se trouvent confrontés nos jeunes artistes actuels à l'approche de l'adolescence. Mais il n'est pas aussi paradoxal qu'il y paraît, que des jeunes gens ordinaires tentent aujourd'hui ce que seulement les plus grands maîtres pouvaient réaliser voici cinq cents ans. Car dans tous les domaines de la vie — allant de la compréhension des concepts philosophiques fondamentaux à la maîtrise des principes de physique, astronomie ou chimie — les idées les plus originales d'une génération passent petit à petit dans le domaine public au cours des générations suivantes, permettant ainsi aux jeunes de les acquérir sans difficultés et d'une façon plus «naturelle». Il est infiniment plus facile d'assimiler une idée qui est dans l'air et universellement acceptée par ses aînés, que d'être le premier à la concevoir: c'est pourquoi nous continuons d'honorer Socrate, Aristote, Kant, Newton, Darwin et Einstein.

En quoi, dès lors, le jeune de treize, quinze ou dix-huit ans diffère-t-il de l'enfant de huit ou dix, dont nous avons étudié les activités dans les pemiers chapitres? L'adolescent, outre ses différences physiques et physiologiques, commence à penser autrement, à avoir d'autres préoccupations. Auparavant, il avait appris à connaître le monde directement, par son activité physique et par ses organes des sens. C'était l'époque où il commençait à gribouiller et à prendre plaisir à de simples marques sur la page. Bientôt, il a été capable de penser le monde en termes de symboles; et, par conséquent, à pouvoir «déchiffrer» les marques faites par d'autres et, finalement, à inventer lui-même des marques représentant les choses.

Relier le domaine symbolique avec l'univers de son expérience physique et sensorielle constitue le défi majeur devant lequel se trouve l'enfant au début de la scolarité. La plupart du temps, la réponse au problème s'exprimait par un désir croissant de façonner des œuvres ressemblant à la réalité, ainsi que par une irritation vis-à-vis des tentatives graphiques qui laissaient un trop grand écart entre l'univers environnant et sa représentation. Cependant, à cette période, l'enfant était encore limité au langage, aux images et autres symboles pour décrire aussi fidèlement que possible l'univers physique.

Avec les découvertes cognitives de l'adolescence, il en vient à penser le monde d'une manière beaucoup plus complexe. Il est à présent capable de raisonner par juxtapositions et comparaisons. Le jeune peut décrire un état de choses ou même un univers, et puis examiner et réviser la description, tout cela exclusivement au niveau des mots. Il devient capable d'élaborer des théories, de faire des déductions, de conceptualiser toute une série de possibilités et d'en déterminer la meilleure, sans être obligé à des expérimentations concrètes. En même temps, il y a un accroissement considérable du sens critique. Le jeune peut juger plus sévèrement ses propres travaux et ceux des autres. Cette capacité accrue exerce une influence capitale sur sa production artistique; si, à cette période de critique scrupuleuse, il la juge insatisfaisante, la tentation de cesser peut s'avérer irrésistible.

Parallèlement à ces grandes découvertes intellectuelles, des changements considérables interviennent dans les *préoccupations personnelles et sociales*. Alors qu'au cours de la première année, l'enfant était orienté principalement vers les membres de sa famille, et, plus tard, vers les camarades de son sexe, son cercle à présent s'élargit et s'approfondit. Son intérêt pour autrui gagne en signification affective au fur et à mesure qu'il établit des relations plus complètes et plus constantes, y compris finalement des relations intimes avec des membres du sexe opposé. En même temps, il s'intéresse de plus en plus à lui-même. Une fois que s'est développé le sentiment du moi, il se voit comme un sujet séparé : il se préoccupe des objectifs qu'il s'est fixé, de son aptitude à les atteindre, et de l'opinion d'autrui. Le sentiment d'identité apparaît : le souci de la manière dont les différents rôles expérimentés s'assemblent pour former un tout équilibré. Il existe des risques si cette synthèse des objectifs, motivations et expériences personnelles ne parvient pas à se réaliser.

L'aptitude à envisager diverses possibilités intellectuelles et sociales, confère un nouveau pouvoir à l'activité artistique. Le jeune, qui n'est plus désormais attaché à la représentation réaliste de son environnement, peut s'aventurer dans au moins deux voies : il peut représenter des objets d'une manière qui a un sens pour lui, même si cette manière ne répond pas aux canons du réalisme ; ou bien il peut dessiner des objets ou des événements inexistants.

En outre, se basant sur son aptitude à voir et comprendre la façon dont un tableau a été réalisé, l'adolescent peut à présent envisager des aspects plus savants du métier; ceux sur lesquels s'est penché Léonard : comment dépeindre au mieux le mouvement, la perspective, la personnalité, les conflits. N'étant plus limités à seulement « voir » ces aspects et à réfléchir à la manière de les rendre, et donc moins attachés à une conformité contraignante, les jeunes artistes peuvent dorénavant découvrir des principes, les exprimer, les expérimenter, les réviser: bref, appliquer les méthodes de l'expérimentation scientifique à la pratique de l'art. C'est pourquoi l'adolescent peut maîtriser les ombres, le mouvement, les proportions, la perspective. Il dispose des facultés intellectuelles requises pour trouver les méthodes, et de l'obstination nécessaire pour les maîtriser.

Le jeune devient aussi capable d'élargir son approche de la couleur. Alors que durant la première enfance il témoignait d'un vif attrait pour les couleurs brillantes et primaires, et que dans la moyenne enfance il s'efforçait de conférer à chaque objet sa « véritable » teinte, l'adolescent est capable d'exploiter la couleur avec plus de subtilité. Il est sensible aux effets de la juxtaposition des couleurs: il fera des expériences avec des mélanges afin d'obtenir la tonalité ou l'atmosphère émotionnelle recherchées, même si cela va à l'encontre des coloris conformes.

En outre, l'adolescent devient — ou redevient — capable de représenter les choses et les événements dans leur contexte. Les dessins et les peintures ne sont plus un simple agglomérat d'éléments séparés; la possibilité de les ajuster en entité organisée et intégrée se présente d'une façon plus consciente et contrôlée. Cette sensibilité à un tout organisé permet au jeune de mieux apprécier les grandes œuvres du passé, de même qu'elle rend possible de produire (sans en garantir toutefois la réalisation) des œuvres qui seront influencées par cette connaissance. En même temps, à la suite de cet accroissement du sens de l'organisation, l'exécution d'œuvres qui présupposent elles-mêmes un autre genre — parodies, caricatures, satires et autres mystifications — devient une option vivante, une sorte de témoignage de l'aptitude accrue du jeune à concevoir un symbole artistique comme un tout intégré (quoique sujet à révision).

Dans tous les aspects de la vie de l'adolescent, on peut discerner des reflets de cette capacité de synthèse. Dans sa recherche d'une identité cohérente et acceptable, il développe, peut-être pour la première fois, un véritable style personnel, une *façon d'être*, qui colore toutes les dimensions de son existence et si tout va bien, imprègne aussi sa production artistique. Le plein épanouissement d'un style — qu'il soit personnel ou artistique — prend plusieurs années et peut (heureusement peut-être) ne jamais être complètement achevé. On ne peut davantage y arriver consciemment: un style authentique et sincère (par opposition à un style artificiel) doit découler de façon naturelle de nos expériences vécues et de nos productions symboliques. Cependant, la *possibilité* de cette cohérence formative est mise nettement en évidence durant l'adolescence; l'individu, de plus en plus autonome, a l'occasion de se constituer lui-même en œuvre d'art, de créer une *personnalité* qui sera connue par les autres aussi bien immédiatement qu'à travers ses réalisations. Il se peut que les artistes entament ce processus beaucoup plus tôt que les profanes.

Ces affirmations ont trouvé une intéressante confirmation lors d'une exposition du Musée National d'Israël au cours de l'hiver 1978-1979. Des toiles — « œuvres de jeunesse » — de quelques-uns des principaux artistes d'Israël, se trouvaient réunies dans une salle d'exposition spéciale. Dans la plupart des cas, on pouvait voir des œuvres réalisées par le même enfant à différents âges. Bien qu'il y eût, évidemment, des différences individuelles entre les artistes, on discernait quelques caractéristiques générales. Les jeunes dessinateurs étaient vraiment précoces : l'utilisation qu'ils faisaient du trait et de la couleur, leur sens de la composition et leur habileté à évoquer le réel étaient très impressionnants. L'enseignement artistique structuré commençait habituellement à dix ou onze ans, probablement parce que, à ce moment-là, les artistes (ou leurs familles) ressentaient le besoin de conseils compétents. Durant ces années de la préadolescence, ils manifestaient souvent une facilité technique étonnante : en fait, certains étaient de véritables virtuoses du pinceau à douze ou treize ans. Mais c'est seulement au milieu de l'adolescence que se manifestait la preuve d'une personne derrière le dessin — une voix ou un style personnels — laquelle animait toute la toile et lui donnait sa puissance émotive. Plus tôt déjà, certes, on pouvait déceler les signes du talent artistique, tels que l'utilisation adroite des propriétés du trait ou la sensibilité à des états affectifs. Mais ce n'est que dans les dessins exécutés pendant leur adolescence, qu'on sentait l'inspiration et le talent requis pour une vie productive dans les arts. Parmi ces dessins-là, et parmi ceux-là seulement, certains auraient pu prendre place dans un musée eu égard à leurs mérites propres.

Tenant compte de ce qui précède, il semble évident que les événements des dernières années de l'enfance exercent une influence profonde et durable sur le talent artistique — chez ceux-là du moins qui persévèrent. L'examen du talent artistique pendant l'adolescence nécessite une étude des changements survenant à cette période. Par conséquent, nous allons jeter un coup d'œil à des jeunes de ce genre, tandis qu'ils s'essaient à relever les défis de ces années : la réalisation d'effets picturaux qui dépendent de la compréhension spatiale; la capacité de communiquer individualité et expressivité; la réalisation, par formation et développement naturel, d'une personnalité particulière qui pourra donner un « artiste ».

Pour le jeune enfant, l'activité graphique est facile et naturelle. Il y prend plaisir et se réjouit du résultat, mais il est peu probable qu'il se pose des questions d'ordre existentiel à ce sujet. Quand on lui demande de dessiner un certain objet, il y jette un regard rapide — rarement davantage — et en trace son équivalent graphique. Et quand on lui demande de dessiner une série d'objets, il opère de la même façon: qu'on lui en ait donné la liste, qu'on lui en ait montré une image, ou qu'on lui ai dit de les dépeindre d'après nature, exactement comme il les voit. Mais petit à petit, les enfants finissent par se rendre compte de la complexité de ce genre d'instructions. Ils sont conscients qu'il existe diverses façons de dépeindre quelque chose.

C'est dans les efforts de l'enfant pour venir à bout des lois de la perspective qu'apparaît le plus clairement le conflit entre le programme de la culture et le développement propre de ses habiletés. Presque tous les enfants dans la culture occidentale sont en contact avec la perspective classique et finissent tôt ou tard par comprendre que des techniques spéciales sont nécessaires pour représenter des objets plus éloignés. Et la plupart tentent par eux-mêmes d'obtenir ces effets de perspective. L'observation de la manière dont ils l'abordent se révèle très instructive: on a l'occasion d'établir si la perspective peut s'acquérir par simple imitation, si elle peut s'acquérir même en l'absence de modèles appropriés, ou si elle suit quelque autre trajectoire.

Le psychologue anglais John Willats demanda à des enfants de différents âges de dessiner une scène simple (quoique impliquant bien des problèmes): une table rectangulaire, sur laquelle se trouvent quelques objets familiers (235). Les enfants étaient installés de manière à faire face à l'un des longs côtés de la table. Tous les enfants devaient donc s'atteler à une tâche qui, modestement, ressemblait à celle entreprise par Léonard voici cinq cents ans. On divisa les dessins obtenus en six groupes, chacun représentant une étape dans le processus de réalisation de la perspective. Une analyse de ces étapes peut nous éclairer, non seulement sur le développement normal de la manière de rendre la perspective, mais peut-être aussi sur l'histoire des tentatives de représentation, antérieures aux réalisations de la Renaissance.

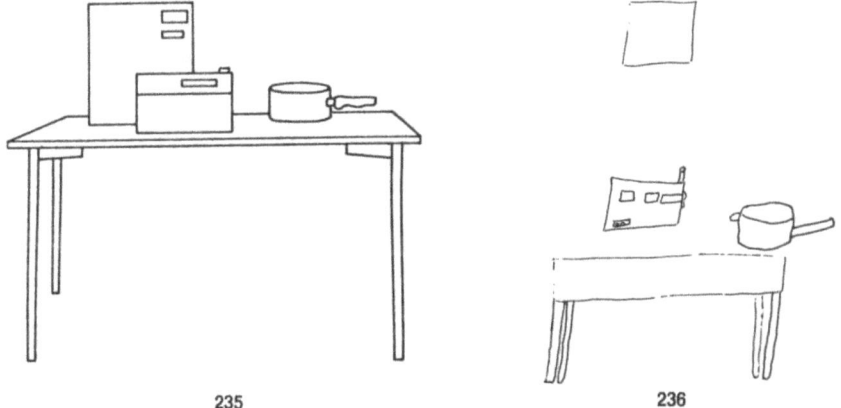

235   236

Comme on peut le voir dans les figures, les sujets les plus jeunes — six ou sept ans — traçaient une boîte rectangulaire pour le dessus de la table et, pour ce qui est des objets, ils se contentaient de les dessiner plus haut (236). Pour eux, il n'y avait pas de problème et donc pas d'efforts pour rendre la perspective. Ceux du deuxième groupe (237) tracèrent une simple ligne droite (rappelant la ligne de base) en guise de dessus de table, et y placèrent les objets de gauche à droite. Ici encore, le souci de la perspective était minime. Un troisième groupe (238) représenta également le dessus de table comme un rectangle mais, cette fois, ils présentèrent les objets placés dessus, dans leur situation relative à peu près correcte. Ici, pour la première fois, on constatait un souci de rendre quelque chose des relations géométriques entre les objets.

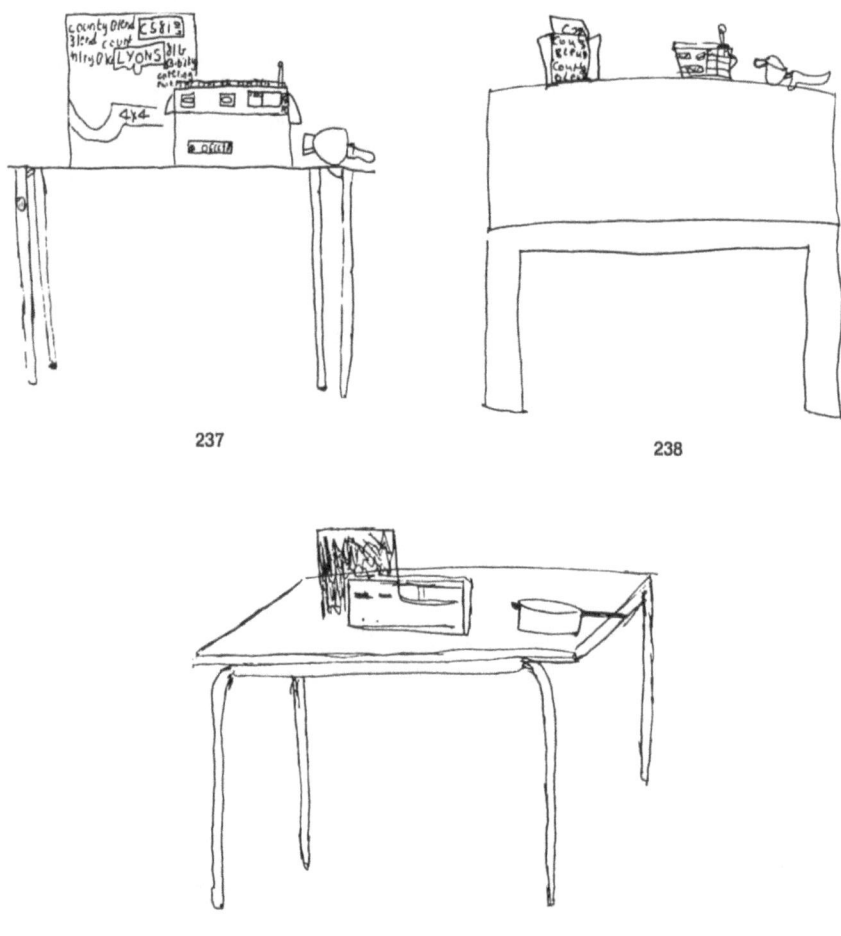

237

238

239

Ce n'est qu'au cours des quatrième, cinquième et sixième séries d'essais, que l'on constate un véritable effort pour représenter le dessus de la table dans sa perspective correcte, et chaque série correspond à une forme différente de perspective. Dans la quatrième série (239), nous voyons un exemple de projection oblique: les petits côtés sont dessinés en perspective isométrique plutôt que de façon convergente. Les rapports d'avant en arrière existant dans la réalité sont représentés sur la surface de l'image par des rapports obliques, faisant de la table un parallélogramme.

Les dessins des deux dernières séries relèvent le défi de la perspective centrale; ils font voir que la table est rectangulaire mais que le côté éloigné apparaît plus petit que le côté proche. Les dessins de la cinquième série (240) présentent des «perspectives naïves»: l'artiste a bien l'idée que les deux côtés de la table devraient différer de longueur et les pieds, de hauteur, mais il n'exécute pas cette idée avec une exactitude géométrique: le résultat est plutôt approximatif. Par contre, les dessins de la sixième série (241), dont on a estimé qu'ils respectaient la perspective, présentent une convergence exacte. On pourrait dire qu'à la cinquième étape, l'enfant a appris que les orthogonales doivent converger mais n'a pas encore appris à appliquer cette règle pour traduire l'apparence effective de la scène; dans une certaine mesure, il obéit encore «aveuglément» à la règle. A la sixième étape cependant, l'enfant a appris à coordonner son cadre de référence avec celui de la scène perçue; et ainsi, il s'inspire des règles de la perspective pour dessiner une scène qui rend ce qu'il voit et qui produit le même effet visuel sur autrui.

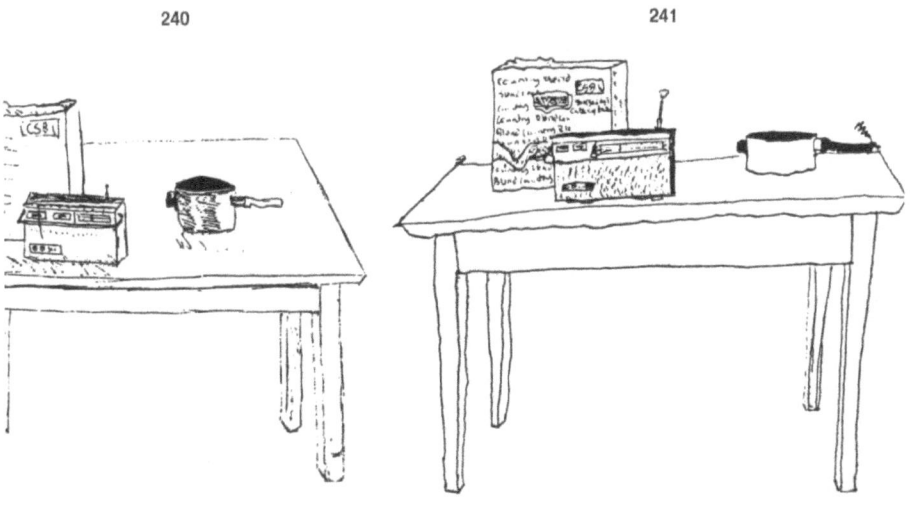

240
241

Comme Willats le fait justement remarquer, les étapes par lesquelles passent effectivement les enfants pour s'attaquer à la perspective, défient tout exposé simpliste sur la manière dont s'acquièrent les habiletés graphiques. Si on pouvait arriver à rendre la perspective grâce à l'imitation servile — que ce soit d'après nature ou d'après des dessins — un processus aussi long ne serait pas nécessaire. Il ne serait pas possible non plus de rendre compte des diverses étapes intermédiaires : les objets alignés sur une droite, la projection oblique. Ces manières de faire, en effet, ne se retrouvent habituellement pas comme modèles dans la culture. De même, il est erroné de dire que chaque enfant découvre lui-même les solutions au problème de la perspective. Si tel était le cas, les lois de la perspective auraient été découvertes beaucoup plus tôt et seraient beaucoup plus répandues de par le monde. Par conséquent, une explication satisfaisante de la réalisation de la perspective doit être plus complexe. Comme d'autres aspects du dessin étudiés dans ces pages, le développement reflète une interaction entre, d'une part, l'évolution des habiletés de l'enfant et de sa conception du monde et, d'autre part, les modèles et exemples qu'il rencontre. Les enfants ne maîtriseront pas la perspective grâce aux réalisations de Léonard, mais, avec ces dernières comme base, un enfant ordinaire a plus de chances de pouvoir modifier ses habiletés naturelles dans le sens requis pour arriver à rendre correctement la perspective.

Et ainsi nous voyons l'enfant réussissant, grâce à l'expression graphique, à évoquer le réel d'une façon à la fois agréable et géométriquement correcte. Ce scénario se répète si on étudie la manière dont un enfant apprend à dépeindre le mouvement, à maîtriser les proportions du corps, à transformer en un schéma souple la représentation académique d'un objet. Dans chaque cas, nous rencontrons, au début, une seule solution, assez rigide. Des essais hybrides, intéressants et même amusants, viennent ensuite, quand l'enfant cherche à transcender ses schémas. A preuve : la représentation, un pied en l'air, d'une personne en train de courir ; ou d'une autre, qui se penche, et dont un membre est beaucoup plus long que l'autre ; ou d'un chien, vu de profil, mais dont la tête est tordue de manière à être vue de face. Finalement, il arrive à de meilleures solutions et parvient à donner une version satisfaisante du concept désiré : mouvement, perspective ou jeu d'ombres.

Plusieurs facteurs entrent en jeu pour que l'individu parvienne à transcender ses tentatives hybrides, qui conservent le schéma de base, tout en faisant un « geste » dans la bonne direction. Certes, on ne peut sous-estimer l'importance de conseils qualifiés et la possibilité de s'inspirer de modèles. Cependant, l'empressement de l'enfant à expérimenter, à regarder soigneusement les travaux d'autrui, à juger ses propres perceptions, compte pour beaucoup. Les travaux de dessin auxquels il se livre et l'importance qu'il attache à obtenir certains résultats, entrent également en jeu. Mais, de toute manière, l'enfant qui obtient les meilleurs résultats est celui qui élabore des schémas en variant son travail : membres qui se plient, visages aux expressions différentes, objets se chevauchant convenablement, objets éloignés, etc.

Une fois équipé de cette série de schémas, l'enfant est en position favorable pour extrapoler : examiner une nouvelle scène et découvrir une solution située, tant sur le plan conceptuel que perceptuel, quelque part (à bonne distance, souhaitons-le) entre les deux schémas les plus proches. Certes, ce genre de compromis ne marche pas toujours ; on rencontre même souvent des tentatives d'interpolation entre deux intentions (par exemple, la course et la marche, la tristesse ou la déprime) qui ne réussissent à rendre aucun des deux aspects, ni même un troisième, mais aboutit plutôt à quelque chose de bizarre ou de grotesque. Cependant, des découvertes passionnantes peuvent découler de ces ratages apparents, pourvu que le jeune soit attentif à ce qu'il a fait, et disposé à apprendre à quoi cela ressemble vraiment, et qu'il soit prêt à l'incorporer dans ses modèles de manière à pouvoir en tirer profit ultérieurement. Comme le savait fort bien le dessinateur humoristique Rodolphe Töpffer, pratiquement chaque variante de l'œil ou de la bouche humaine produit un *autre* visage ; et de même, presque chaque variation d'un dessin d'après des choses réelles, trouve quelque correspondance dans l'univers quotidien (242). Sinon, elle peut toujours passer pour une représentation imaginaire ou grotesque.

Nous avons examiné jusqu'ici les étapes de développement par où passe le préadolescent normal. Mais puisqu'il est peu probable que ce dernier devienne un artiste et que, peut-être, il dessinera de moins en moins, nous devons nous demander si notre tableau du développement typique inclut les enfants doués. Comme le laissent supposer nos Intermèdes, les enfants doués ne sont pas une exception. Eux aussi, manifestent le souci de la représentation exacte et fidèle et sont déçus quand ils n'y parviennent pas ; ils retournent souvent à une forme stylisée de dessin, en partie pour se défendre contre les difficultés qu'ils rencontrent avec le réalisme ; et, petit à petit, ils se fixent des buts plus ambitieux dans le domaine des effets expressifs et des relations spatiales.

Mais qu'en est-il des individus encore plus doués, et surtout de ces préadolescents qui seront un jour de grands artistes ? C'est en se référant aux artistes contemporains qui ont fini par rejeter le réalisme et ont produit des œuvres plus abstraites ou plus « primitives » qu'on abordera le mieux cette question. Quand on examine les œuvres de jeunesse de Pablo Picasso (243-250) et de Paul Klee (251-257), la réponse est très claire. Ces futurs maîtres sont passés, dans leur jeunesse, par les mêmes étapes que l'enfant normal et l'enfant doué présentés ici. Certes, ce fut à une allure plus rapide et avec une profondeur et une sensibilité vrai-

Voici bien, on ne peut le nier, la tête humaine aussi élémentaire que possible, aussi purement fruste qu'on puisse désirer. Et bien ce qui frappe dans cette figure? C'est que, ne pouvant pas ne avoir une expression, elle en a une en effet; c'est celle d'un pauvre stupide, balbutiant et d'ailleurs pas trop mécontent de son sort. Dire d'où à quoi tient ici cette expression, n'est pas très aisé; mais la trouver par comparaison, c'est chose facile pour quiconque y appliquera sa curiosité. Ce fut une nouvelle tête,  je trouvai qu'elle est moins stupide, balbutiante, qu'elle sinon d'esprit; du moins de quelque capacité d'attention, et je remarquai bien visiblement que cela tient principalement que j'ai avancé la lèvre inférieure, diminué l'écartement des paupières et l'œil du nez. Que si j'ai multiplié les têtes, afin de multiplier les comp

242

243 *Scène de corrida et colombes*, Malaga, 1890 (9 ans).

244 *Page de notes avec des chiens*, 1893 (12 ans).

ment peu ordinaires. Cependant, jusqu'à leur adolescence, bien que l'Impressionnisme et le post-Impressionnisme existassent déjà, ils produisirent des œuvres très réalistes: exactes et fidèles comme des cartes postales illustrées. On pourrait dire qu'ils étaient réalistes avec acharnement. Un peu plus tard, ils commencèrent à copier les œuvres des maîtres reconnus. Ils essayaient alors d'en imiter le style, même quand celui-ci n'était pas réaliste, mais la précision minutieuse de leurs efforts semble une confirmation supplémentaire de leurs tendances réalistes. Ce n'est qu'au cours de leur adolescence que leur propre approche graphique — d'abord un hybride des styles les plus importants — commença à se manifester. Et il leur fallut encore des années avant de trouver les modes d'expression personnels grâce auxquels ils sont aujourd'hui justement célèbres.

245 *Portrait du vieux Corunna*, 1895 (14 ans).

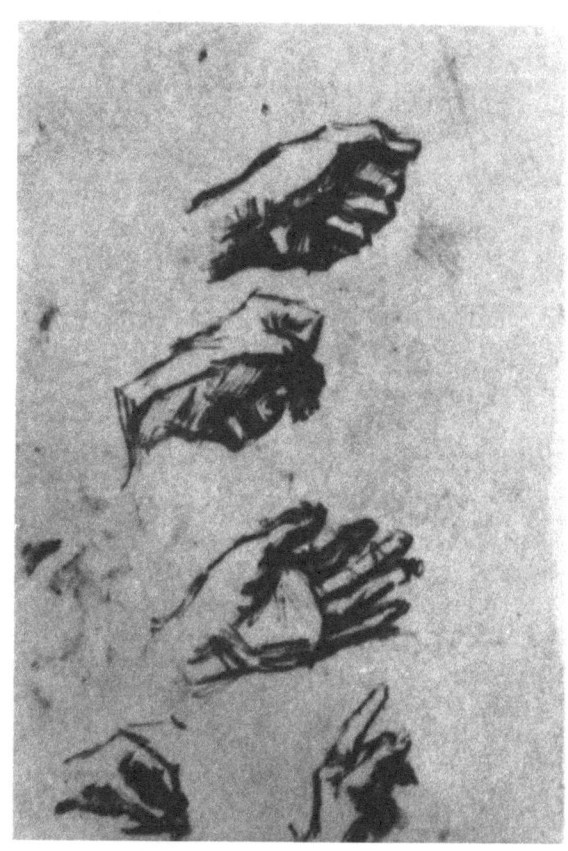

246 *Etude de mains*, Barcelone, 1895-1897 (14-16 ans).

247 *Profil d'un buste de femme*, Barcelone, 1896 (15 ans).

248 *Copie du portrait de Philippe IV par Vélasquez*, 1897-1898 (16-17 ans).

249 *Esquisses diverses*, Madrid, 1897-1989 (16-17 ans).

250 *Menu*, Barcelone, 1899-1900 (18-19 ans).

251 *Homme, ?, chaise, lapin*, 1884 (5 ans).

252 *Cheval, traîneau et deux dames*, 1884 (5 ans).

253 *Dame au parasol*, 1883-1885 (4-6 ans).

254 *Deux figures en mouvement*, 1885 (6 ans).

255 *Maison à Berne*, 1888 (9 ans).

256 *Aspect de Berne vu de Kirchenfeld*, 1890 (11 ans).

257 *Tour de l'horloge à Berne*, 1892 (13 ans).

Ainsi donc, nous constatons que même les jeunes artistes les plus doués s'efforcent de dessiner le monde tel qu'il apparaît. Les découvertes et les progrès de la Renaissance n'étaient que des moyens plus puissants pour réaliser des dessins de plus en plus véridiques, presque semblables à des photographies. Cependant, tout jeune artiste se trouve encore confronté à un défi supplémentaire : utiliser les instruments dont il dispose de manière à réaliser un dessin qui ait une signification pour lui.

C'est ici qu'un esprit ouvert aux possibilités prend toute son importance. Pour représenter fidèlement la réalité, l'adolescent n'a pas seulement à sa disposition tout un arsenal d'instruments : perspective, proportions, personnalité, tournures. Il s'y ajoute un nouvel ensemble d'intérêts qui enrichissent sa vie sociale et affective, et qui se présentent comme autant de sujets susceptibles d'être traités. Désormais, le jeune n'est plus réduit à dessiner la réalité telle qu'elle apparaît à l'objectif ou à un regard prétendument innocent. Il peut aussi commencer à explorer l'univers des pensées, des émotions, des formes, du style. Et il peut le faire d'une façon personnelle et significative, qui rend sur le papier ses préoccupations les plus intimes et les plus importantes. Les rapports avec autrui, si importants au cours des premières années, reviennent à l'avant-plan.

Le désir d'exprimer ces pensées dans son travail artistique est probablement ce qui différencie le plus l'adolescent de ses homologues plus jeunes. Mais la manière dont s'exprime cette orientation qui dépasse le réalisme, varie sensiblement d'un individu à l'autre. Cela se voit parfois dans la manière dont l'adolescent représente la réalité. Les couleurs choisies n'imitent plus simplement celles de la réalité : l'artiste choisit plutôt la couleur en fonction de l'impression qu'elle est susceptible de produire sur autrui. La forme et l'épaisseur du trait deviennent un autre moyen de rendre sur le papier la nature de ses sentiments. Et bien sûr, le sujet traité peut être lui aussi une indication très nette de ses préoccupations intimes.

Un penchant pour le portrait naît souvent à cette époque. Quand bien même les très jeunes artistes ont toujours eu une prédilection pour la figure humaine, l'adolescent, lui, aborde le corps et le visage humains avec une grande charge émotionnelle (258, 259). Il y a une préoccupation accrue pour les caractéristiques sexuelles des sujets : une insistance sur les caractères sexuels secondaires — surtout dans la représentation

258

259

des personnes du sexe opposé — et une expérimentation avec les possibilités physiques de son propre sexe. Ces œuvres sont imprégnées de sensualité. On s'applique beaucoup aux portraits, surtout de ceux qu'on aime, admire ou craint. Il n'y a pas seulement de nouveaux efforts pour arriver à la ressemblance, mais ce à quoi, de nouveau, on s'attache surtout, c'est à rendre les émotions, les traits de caractère et la personnalité. Il ne suffit pas qu'il y ait ressemblance, il faut aussi que le portrait donne la même « impression ». Et si, du portrait, se dégage la même impression, il en viendra peut-être à ressembler à la personne.

L'expérimentation avec les formes abstraites est courante chez les artistes adolescents. A la suite, tant des apports originaux de Picasso, Mondrian et Braque, que des mouvements plus radicaux associés à l'Ecole de New York, les jeunes se sentent libres — voire encouragés — à faire des expériences avec la forme pure. (De même, des courants plus récents tels que le Pop Art, l'Op Art, et le Nouveau Réalisme, trouvent facilement un écho chez les adolescents).

L'intérêt pour les formes abstraites se remarque aussi dans un phénomène ancien et curieux : le griffonnage ornemental (260). Presque partout où existent des marqueurs, on peut être assuré que le jeune se livrera à ce genre de griffonnage : pour décorer son carnet de notes de configurations linéaires ; pour en enjoliver les pages avec des lignes, des figures et des formes qui se croisent ; pour couvrir des pages entières de

filigranes compliqués, d'ornementations et autres formes extra-réalistes et surréalistes.

Différents facteurs semblent inciter à ces griffonnages. Tantôt, l'enfant a un trop-plein d'énergie à dépenser; tantôt le griffonnage — comme une basse chiffrée dans un concerto — accompagne une rêverie, tantôt on expérimente des formes pour le plaisir. Mais ce qu'il y a de plus curieux à propos de ces formes censément sans signification, c'est qu'elles nous rappellent les gribouillages, formes et motifs de l'enfant avant qu'il soit en âge d'imiter le réel. Ces griffonnages témoignent de ce que, pour la première fois en une dizaine d'années, l'individu est libéré de la tyrannie de la fidélité au réel. Ils indiquent aussi que le jeune laisse plus libre cours qu'auparavant au jeu des processus inconscients, à l'expérimentation des formes pures dont se nourrit sans doute l'activité créatrice. Dans les formes géométriques et les arabesques que dessinent dans les marges les enfants d'âge préscolaire, les adolescents et les artistes expérimentateurs, on trouve la manifestation la plus franche de l'imagination graphique, peut-être même les clefs des découvertes créatrices. Et si c'est vraiment là la fonction des griffonnages, ces derniers constitueraient une aide considérable pour le jeune qui s'efforce de trouver des formes lui permettant d'exprimer plus efficacement ses soucis, sentiments, craintes et aspirations.

Car l'art n'aura de chances de survivre dans le répertoire quotidien de l'enfant que s'il continue de lui fournir un exutoire à ses préoccupations essentielles. Les pressions s'exerçant contre un engagement dans les arts en tant que métier sont suffisamment irrésistibles et, paradoxalement, la concurrence suffisamment forte, pour que cela exige de la part d'un individu une motivation extraordinairement puissante pour continuer la pratique d'un art. Selon toute probabilité, les facteurs qui font que l'on se consacre à l'art pendant toute sa vie sont aussi variés que les cultures et les époques historiques. Dans notre culture, cependant, il semble que les individus susceptibles de se choisir comme artistes et desquels la société attend une contribution à sa vie culturelle, sont ceux-là pour qui le domaine graphique fournit un exutoire irremplaçable: un moyen d'expression que rien d'autre ne leur procure et qui leur sert de « soupape ».

Il existe quelques preuves à l'appui de ces hypothèses. Deux psychologues éducateurs, Jacob Getzels et Mihaly Csikszentmihalyi, examinèrent une classe d'étudiants de l'Ecole de l'Institut Artistique de Chicago, dans l'espoir de déterminer les raisons pour lesquelles ils avaient choisi une carrière artistique et quels seraient ceux qui y réussiraient. Les biographies de ces aspirants artistes laissent voir certaines similitudes curieuses et révélatrices. Bien qu'il n'existât aucun signe précoce évident de leur vocation artistique, ceux qui avaient choisi cette profession avaient remarquablement réussi leurs cours artistiques à l'école; leurs dons avaient été reconnus, et ils n'avaient généralement pas excellé dans la même mesure dans d'autres domaines. Malgré leur succès en art, ces individus avaient eu tendance à être solitaires pendant leur adolescence, et à éprouver des sentiments d'infériorité; ils combattaient parfois ce sentiment en dessinant, d'une façon souvent peu flatteuse, les personnes qui les tourmentaient.

Leur travail artistique remplissait aussi un rôle plus positif. Il devenait plus expressif, moins défensif, à mesure qu'ils s'efforçaient, par les lignes, les formes et les couleurs de leurs réalisations, à se frayer un chemin parmi les différentes pressions et tensions de leurs vies. Il était rare que ces conflits fussent vécus — ou esquissés — ouvertement. Il n'est pas nécessaire qu'un père hostile soit représenté sous son vrai jour. Mais les sentiments de tension, de rejet et d'hostilité se laissaient voir dans l'expression des peintures, fussent-elles figuratives ou abstraites. Et les plus talentueux parvenaient à traduire leurs conflits avec succès si bien que désormais, ils les maîtrisaient — du moins sur le mode graphique et visuel. Getzels et Csikszentmihalyi décrivent ce phénomène:

> A mesure que le jeune artiste élabore les moyens d'explorer les expériences les plus obscures et les plus intimes, il découvre de nouvelles contradictions, de nouvelles questions, de nouveaux problèmes. Dans ce sens, la situation difficile dans laquelle il se trouve, est semblable à celle de l'homme de science qui, étudiant un virus non décelé jusqu'alors, attrape une maladie inconnue et doit trouver le remède qui lui sauvera la vie. L'artiste projette sur la toile une expression visuelle de l'expérience qui le tourmente. En travaillant avec ces éléments, il parvient à cerner son problème, pour lequel il n'y a pas de solution connue. Il lui faut à présent trouver lui-même cette solution.

Un même genre de raisonnement permet de prévoir quels sont les artistes qui réussiront le mieux après leurs études. En l'occurrence, c'est l'aptitude à découvrir les problèmes se présentant dans leur travail artistique, et puis, d'employer, pour les résoudre, les moyens à leur disposition. Getzels et Csikszentmihalyi furent à même d'appuyer cette affirmation de manière empirique. Ils fournirent aux étudiants un ensemble d'objets, leur demandant de les assembler à leur guise dans une peinture. Ils découvrirent que ceux qui avaient été capables de prendre conscience des problèmes inhérents à ce déploiement et de le résoudre dans leur travail, étaient ceux qui, par la suite, réussirent le mieux. De l'opinion de ces chercheurs, l'artiste qui réussit est un individu qui connaît des conflits, les formule, les exprime sous une forme visuelle, parvient à les résoudre par des moyens symboliques, et, ce faisant, arrive à un nouvel équilibre affectif et intellectuel.

Je trouve cette formule séduisante mais peut-être un peu trop belle. En fait, il se peut que toute formulation visant à *expliquer* le mystère de la création artistique — y compris la célèbre dissection que Freud a faite du génie de Léonard — soit vraisemblablement insuffisante et sonne même creux. Heureusement, dans l'œuvre d'un autre psychanalyste, Otto Rank, qui s'intéressa surtout aux artistes occidentaux d'après la Renaissance, on peut trouver de solides correctifs à une façon aussi spéciale d'envisager les réalisations artistiques.

Rank voyait la période de l'adolescence — le temps, par excellence, de l'acquisition de différentes connaissances techniques et expressives — comme une période déterminante pour celui qui deviendra un artiste. Car, selon Rank, ce qui est essentiel à la réalisation d'un grand talent artistique, bien plus que l'acquisition des moyens techniques, c'est l'aptitude à parvenir à une personnalité d'artiste : devenir une personnalité ayant une sensibilité originale, parvenir à une personnalité ou à un style distinct, extraordinaire, capable de façonner des œuvres importantes pas seulement pour soi-même mais aussi pour le monde où l'on vit. Le futur artiste doit être poussé à réaliser quelque chose d'important ; pour devenir une figure transcendante, il faut posséder un ensemble de traits et un tempérament qui puisse se traduire et s'exprimer par le moyen de l'art, il faut aussi posséder l'énergie et la force de se consacrer entièrement à l'une des rares formes possibles de l'immortalité. Par définition, seuls quelques individus réussiront à faire de leur vie une telle œuvre d'art, et, bien sûr, en l'absence d'habiletés techniques, ces individus auront du mal à devenir de grands créateurs. Et il est révélateur de considérer comment Rank a retourné le problème : au lieu de découvrir la grandeur et la personnalité qui se dégagent d'une œuvre, Rank décèle le futur artiste chez celui qui, d'abord, devient une personnalité marquante. Ce n'est qu'alors que l'artiste peut utiliser son savoir d'une manière assez puissante et subtile pour devenir un maître important.

Etant donné la situation généralement précaire dans laquelle se trouvent placés les artistes, et les différentes pressions allant à l'encontre de leur genre de vie, il est difficile, dans notre société, de continuer à se consacrer à l'art. Il ne suffit pas de vouloir être artiste : c'est la société, en fin de compte, qui joue le rôle déterminant. Devenir un artiste professionnel est en soi-même un accomplissement et le fait de parvenir à un haut degré artistique est un phénomène rare et peut-être imprévisible. Une foule de facteurs : l'exercice de dons précoces, une excellente formation, la maîtrise du mode d'expression, des contacts avec le monde artistique, une motivation exceptionnelle, et peut-être, dans la plupart des cas, une histoire personnelle tourmentée, tous ces facteurs sont sans doute des ingrédients nécessaires à la réussite. Ceux-là seulement qui ont les aptitudes et la volonté délibérée de réaliser tout un éventail de possibilités, qui cherchent à rendre des états d'âme, qui eux-mêmes sont devenus des personnalités marquantes, ceux-là seuls semblent avoir des chances raisonnables de s'introduire dans le cercle magique de l'accomplissement artistique.

L'œuvre d'un Léonard se détache de celle des autres mortels, et ce qu'il a réalisé dans sa *Dernière Cène* dépasse la compétence même de l'adolescent le plus doué d'aujourd'hui. Cependant, les traits de personnalité « retenus » par la Renaissance : une personne d'une ambition impérieuse, créatrice, énergique ; le souci de représenter tous les détails avec exactitude, le désir de faire une synthèse de toutes les connaissances, de traduire tous les sentiments, la volonté de surpasser tous ses confrères, tous ces traits restent à l'honneur chez les adolescents d'aujourd'hui. Il est difficile d'éviter la comparaison entre les réalisations des adolescents contemporains, et les « jalons » marqués par l'art occidental durant le *quattrocento*. Ce faisant, nous nous hasardons sur le terrain dangereux du développement : car s'il est logique de parler du développement individuel et d'en dresser l'évolution, il est beaucoup plus périlleux de faire un tableau de l'art de toute une civilisation. Néanmoins, tout exposé sur le développement de l'art exige que l'on examine des problèmes historiques de ce genre. Et ainsi, nous devons nous pencher sur la question de savoir si, en art, le progrès est possible.

Quatrième intermède
Portrait d'un artiste adolescent

Il est difficile d'imaginer un intérieur plus encombré que la chambre à coucher de Gabriel Foreman (261). Cette chambre est littéralement surchargée, du sol jusqu'au plafond, sur tous les murs et à travers toute la pièce, d'un assortiment ahurissant de stimulations: un mélange de couleurs, de formes, d'objets et de sons tirés de tous les domaines de la vie d'un garçon de seize ans. Au surplus, Gabriel m'assure que «tout ce qui

se trouve dans cette pièce a sa raison d'être et son histoire; je n'y mettrais pas n'importe quel vieux bazar».

L'affirmation de Gabriel est convaincante. Ce jeune homme, doué d'une très vive imagination, est réellement attaché à chacun des objets très variés se trouvant dans sa chambre. Les «posters» de chanteurs, de comédiens et autres vedettes; les décalcomanies, les affiches et enseignes de divers établissement commerciaux, le poste de télévision et la radio (diffusant de la musique rock à plein volume), des pages déchirées d'illustrés, témoignent de son intérêt pour la culture populaire. Son intérêt pour les beaux-arts se manifeste par une reproduction d'un portrait par le Gréco, et aussi par les nombreuses sculptures et les dessins qu'il a lui-même exécutés. Plusieurs photographies et dessins de lui-même, y compris une remarquable série de clichés pris chaque année depuis la petite enfance et alignés par ordre chronologique dans une niche de sa chambre, traduisent l'intérêt qu'il se porte à lui-même. Son immersion dans l'adolescence se reflète par différents dessins à connotations sexuelles, les graffiti qui décorent les boiseries de la pièce, la collection de plaques d'immatriculation près du lit, le billard automatique qui, lorsqu'il n'y joue pas, est couvert d'un monceau de papiers, de livres, de gadgets, de bandes dessinées, de vieux vêtements, de bouteilles de vin, de bric-à-brac et autres objets hétéroclites associés à des expériences dont il désire se souvenir.

Ce n'est pourtant pas que Gabriel ait mauvaise mémoire, du moins dans le domaine visuel. Quand il passe en revue les innombrables dessins réalisés au cours des douze dernières années, il ne manque jamais de se rappeler les circonstances de leur exécution, ce qui les a suscités, la technique employée, ses réactions (et celles des autres) vis-à-vis de sa production, et, enfin, comment il les juge aujourd'hui. Il semble que son esprit soit un répertoire inépuisable d'impressions visuelles. En même temps que les mouvements graphiques nécessaires à la re-création de ces images par le dessin, il peut, à volonté, retrouver chacune d'elles, les combiner, les réviser à plaisir, ou même en inventer de nouvelles. La manière dont nous aménageons notre cadre de vie est une indication sur nos expériences électives, sur les choses auxquelles nous attachons du prix. S'il y a un grand chaos créateur dans l'esprit de Gabriel, il y a aussi de l'ordre et de l'organisation et nous pouvons nous faire une idée de cet ordre en contemplant les coins encombrés, les recoins bourrés et tous les objets qui remplissent sa chambre.

Bien que n'étant encore qu'un élève du secondaire, Gabriel sait très bien ce qu'il est. Sa confiance en soi, ainsi qu'une remarquable aptitude à faire sa propre publicité, se manifestèrent quand je lui demandai s'il désirait devenir un artiste: «J'en suis déjà un, répliqua-t-il aussitôt, je ne peux pas m'en empêcher». Et il est vrai qu'à bien des égards, Gabriel méritait ce titre. Il dessine régulièrement et avec une adresse croissante depuis ses deux ans. Il a à son actif des réalisations remarquables, dans une série de modes d'expression, allant des films à la sculpture. Il est intensément et continuellement impliqué dans les arts. Il a cultivé une allure d'artiste: un visage sensible, des mèches de cheveux flottantes, des mouvements élégants. La manière dont il se voit — sérieux, sombre, profond, sensible, élégant — transparaît dans ses autoportraits, et cela ne s'écarte pas beaucoup de la manière dont les autres le perçoivent (262).

Gabriel est issu d'un milieu fait sur mesure pour susciter un talent artistique. Ses parents sont peintres tous les deux, ils ont participé à de nombreuses expositions et gagnent leur vie grâce à leur art. C'est un couple intelligent, cultivé, aimant; ils ont encouragé fortement les efforts artistiques de Gabriel et de son talentueux frère aîné D.L. Ils sont volontiers disposés à faire des démonstrations de techniques artistiques; ils ont généreusement pourvu leurs fils en matériel d'art; ils leur ont assuré un foyer où les objets d'art occupent une place d'honneur. Et, ce

262

263

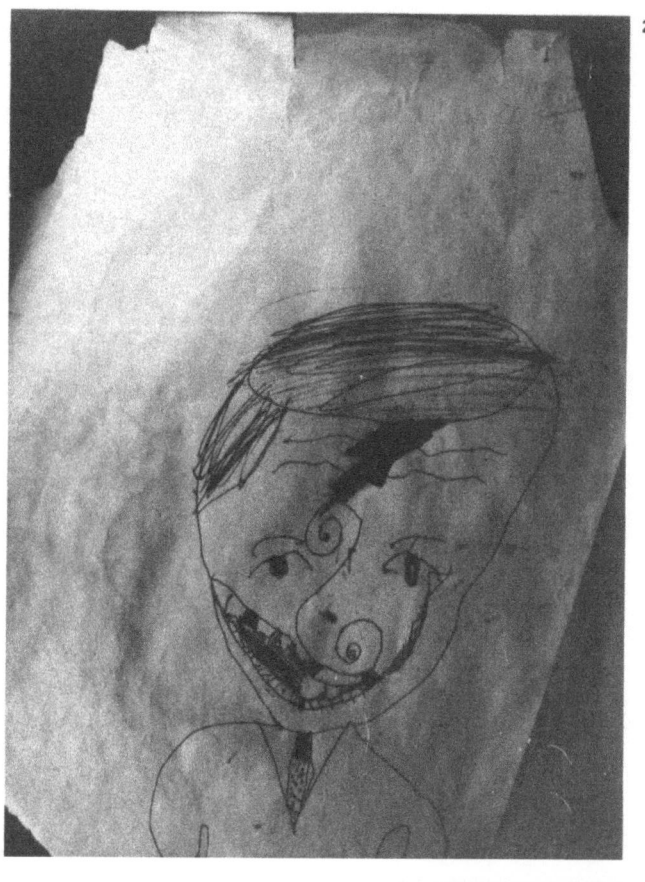

264

qui est peut-être plus important, ils ont, par leur exemple, montré à leurs fils l'acceptabilité et même la beauté de la carrière artistique.

Cette atmosphère accueillante porta très tôt ses fruits dans le cas de Gabriel Foreman. Avant l'âge scolaire, il franchit rapidement le stade préfiguratif et dès trois ou quatre ans, il peignait des personnes et des scènes dépassant largement les simples schémas de cet âge. A cinq ans, mis en présence d'une photo de lui-même et de ses deux frères, il se mit à dessiner au pastel un remarquable portrait des trois enfants, rappelant les enfants abandonnés que dessinait le Picasso première manière, ou les personnages hagards de l'artiste français contemporain Jean Léon Jansem (263). D'autres dessins de la même époque — la tête (264) et le chat (265), par exemple — soulignent la variété de son talent dans ce domaine.

Au début de sa scolarité, Gabriel manifestait déjà un penchant marqué pour le portrait: personnes familières, personnages d'autres peintures ou personnalités en vue. Nous voyons se développer cette aptitude dans les copies qu'il a faites — à huit ans — du portrait de Claes D. van Voorhout de Frans Hals (266) et de Mona Lisa (267), de même que dans un autoportrait (268) fait à dix ans. Mais, à cette époque, il était aussi fort influencé par des genres plus populaires: il copia avec une exactitude étonnante une série de caricatures de R. Crumb (269), de même qu'un ensemble d'adroites adaptations des œuvres de l'artiste Don Martin (270) du *Mad Magazine*. Durant cette période, apparut son don

265

266

267

268

269

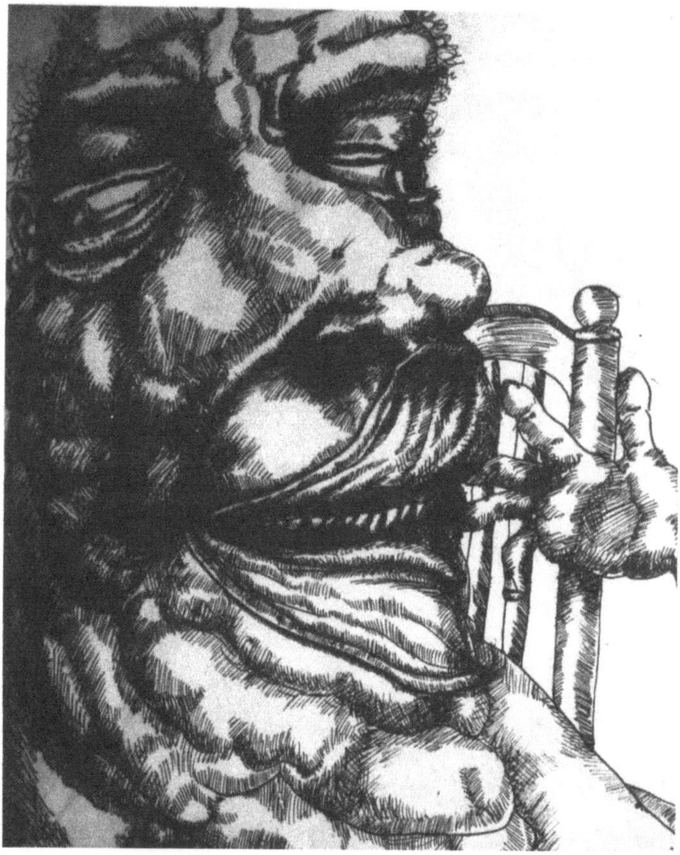

pour les formes grotesques, illustré par le portrait pathétique d'un personnage atteint de strabisme, exécuté à onze ans (271).

Parce qu'il s'est passionné pour d'autres modes d'expression: le violon, le cinéma d'amateur (son frère et lui ont réalisé une centaine de petits films, d'une durée allant de trois minutes à une demi-heure), différentes sortes de sculpture et la construction d'une mobylette, Gabriel n'a plus été à même de se concentrer pleinement sur les arts graphiques. Néanmoins, son talent pour le portrait continue de s'améliorer, son habileté à dépeindre les caractères et les personnalités s'est considérablement accrue. Impressionné par une visite à une résidence pour personnes âgées, il réalisa un dessin plutôt lugubre de quelques vieillards assis en rang (272). Un rabbin qu'il connaissait posa pour un portrait qu'il

272

réalisa avec beaucoup de sensibilité (273). Et, comparé avec un travail similaire exécuté à dix ans, on constate de grands progrès dans l'art de l'autoportrait (274). Il recourt cette fois au symbolisme — par le truchement du miroir brisé — et parvient à traduire une expression de gravité et d'inquiétude.

Cette évolution s'est opérée rapidement et sans que Gabriel en ait clairement conscience. Il obtenait déjà d'excellents résultats à un âge ou d'autres enfants ne sont pas encore parvenus à dépasser des schémas

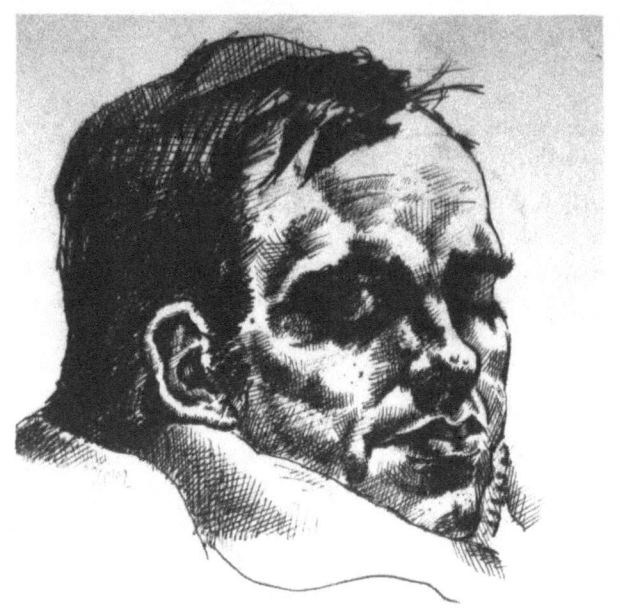

élémentaires. Ses parents pouvaient lui montrer comment obtenir certains effets, bien que cela ne fût pas toujours nécessaire; à la fin de l'enseignement primaire, notamment, il avait découvert par lui-même les lois de la perspective. Très tôt, on a apprécié ses talents de dessinateur. Reconnu par ses camarades et ses éducateurs comme un enfant particulièrement doué, ses dessins exécutés en deuxième année ont même paru dans un manuel d'enseignement artistique.

A seize ans, Gabriel a, de lui-même, de ses aptitudes, de ses aspirations, de ses connaissances techniques et de ses limitations, une vision assez complète et valable. Il se sent en mesure de relever la plupart des défis que pose le dessin figuratif. Ayant en réserve dans son regard intérieur et au bout de ses doigts des milliers de visages, il peut facilement les susciter et exécuter presque n'importe quelle combinaison, trouvant son inspiration aussi bien dans ce qu'il voit que dans ce qu'il imagine. Il prend plaisir à la sensation du crayon dans la main, et il a l'habitude d'observer les réactions du public vis-à-vis de ce qu'il fait. Il ne se tracasse pas de ne pouvoir réaliser graphiquement telle ou telle chose; il se réjouit même de cette difficulté, car cela lui donne l'occasion d'être inventif, de découvrir une solution, et finalement de l'intégrer dans son répertoire artistique.

Gabriel a beaucoup d'ambition. Il veut réussir et devenir célèbre, bien qu'il ne sache pas encore (et ne semble pas s'en préoccuper) s'il arrivera à ce résultat en faisant de l'art commercial, en devenant acteur, réalisateur de films, en illustrant des livres ou en faisant tout simplement comme ses parents. De personnalité sympathique, il sait se mettre en valeur et manifeste peut-être un intérêt excessif pour la manière de se faire apprécier et de faire apprécier ses œuvres. Pourtant, il ne se plonge pas, selon son expression, dans «le monde artistique», allant rarement visiter des musées, et faisant peu de cas des œuvres abstraites contemporaines. Et, comme la plupart des jeunes de son âge, il se méfie de l'enseignement artistique structuré.

Cette méfiance vis-à-vis de l'enseignement structuré est un phénomène curieux que j'ai rencontré chez plusieurs préadolescents et adolescents. Apparemment, ils s'opposent à ce qu'on leur dise ce qu'il faut faire, et préfèrent découvrir par eux-mêmes la direction de leur talent. Cette façon de voir est en partie valable, d'autant plus que l'enseignement qu'ils ont reçu était souvent médiocre et les a sans doute découragés plus qu'éclairés. En outre, dans le cas de Gabriel, à qui ses parents avaient beaucoup appris, le besoin d'un enseignement structuré était évidemment moindre.

Pourtant, cette attitude présente sans doute aussi un aspect moins rationnel. Bien des jeunes de talent ont été considérés pendant plusieurs années par leur entourage comme des êtres un peu particuliers. Ils possèdent un don qu'ils désirent sauvegarder. Ils craignent qu'un enseignement structuré l'entame ou le détruise. Mais je pense qu'ils craignent aussi de perdre leur statut particulier. Dans une école d'art, ils seront entourés par beaucoup d'autres aussi doués qu'eux et ne seront plus des êtres «à part». Ils découvriront également leur inaptitude à beaucoup de choses. Ils peuvent aussi rencontrer des condisciples plus doués; et même découvrir qu'ils ne sont pas aptes à réussir. Ce sont là des perspectives troublantes. Et ainsi, même s'ils se rendent compte de la nécessité de recevoir des leçons — et même s'ils y aspirent — ils craignent que leurs faiblesses soient dévoilées.

La seule occasion où Gabriel est disposé à reconnaître ses faiblesses, c'est quand il parle de son frère aîné, D.L., âgé de dix-huit ans. Les rapports entre les frères sont assez curieux : chacun est extrêmement ambitieux dans le domaine artistique, mais pas, semble-t-il, aux dépens de l'autre. Ils ont travaillé en collaboration non seulement pour des films, mais aussi pour des dessins. Ils parlent en bien l'un de l'autre, et Gabriel envie le talent de dessinateur humoristique de son frère, son aptitude à rendre un visage d'un seul trait, et son habileté verbale : il écrit des histoires et des poèmes et a même composé un palindrome de 10.000 mots !

La comparaison entre les frères est instructive. Elevés dans le même milieu, ils ont tous deux manifesté très tôt une adresse au dessin. Les médias populaires les ont fortement influencés, et chacun est capable de dessiner dans le style d'auteurs de bandes dessinées et de caricaturistes éminents. Etant donné son penchant littéraire, les travaux picturaux de D.L. sont moins visuels. Ils ont généralement un thème et un titre, et ce sont souvent des tentatives pour illustrer un concept abstrait ou un motif autobiographique. On a reproché à D.L. d'avoir abandonné l'école de bonne heure, d'avoir un caractère plutôt buté, et de ne pas employer son temps judicieusement. Répondant par son talent à ces critiques blessantes, il s'en est moqué dans ses dessins quelque peu amers, intitulés Productivité et Bonheur (275, 276). Sa maîtrise étonnante de la bande dessinée, tant pour la forme que pour le sujet, on peut la voir dans une bande de soixante images, qui n'est pas seulement spirituelle et caustique mais se double d'une affirmation sur la nature et l'importance de la bande dessinée (dans la dernière image, la bande dessinée elle-même se désintègre) (277). D.L. est capable de faire des portraits fidèles (278), mais, encore plus que Gabriel, il satisfait son penchant pour le grotesque, le vulgaire et l'absurde qu'il exprime en bruns, gris et bleus sombres (279). Sa chambre est au moins aussi personnelle et bizarre que celle de Gabriel, quoique toute différente. Même dans la manière dont ils vivent et se rebellent contre les règles de la société, les deux garçons manifestent une grande parenté.

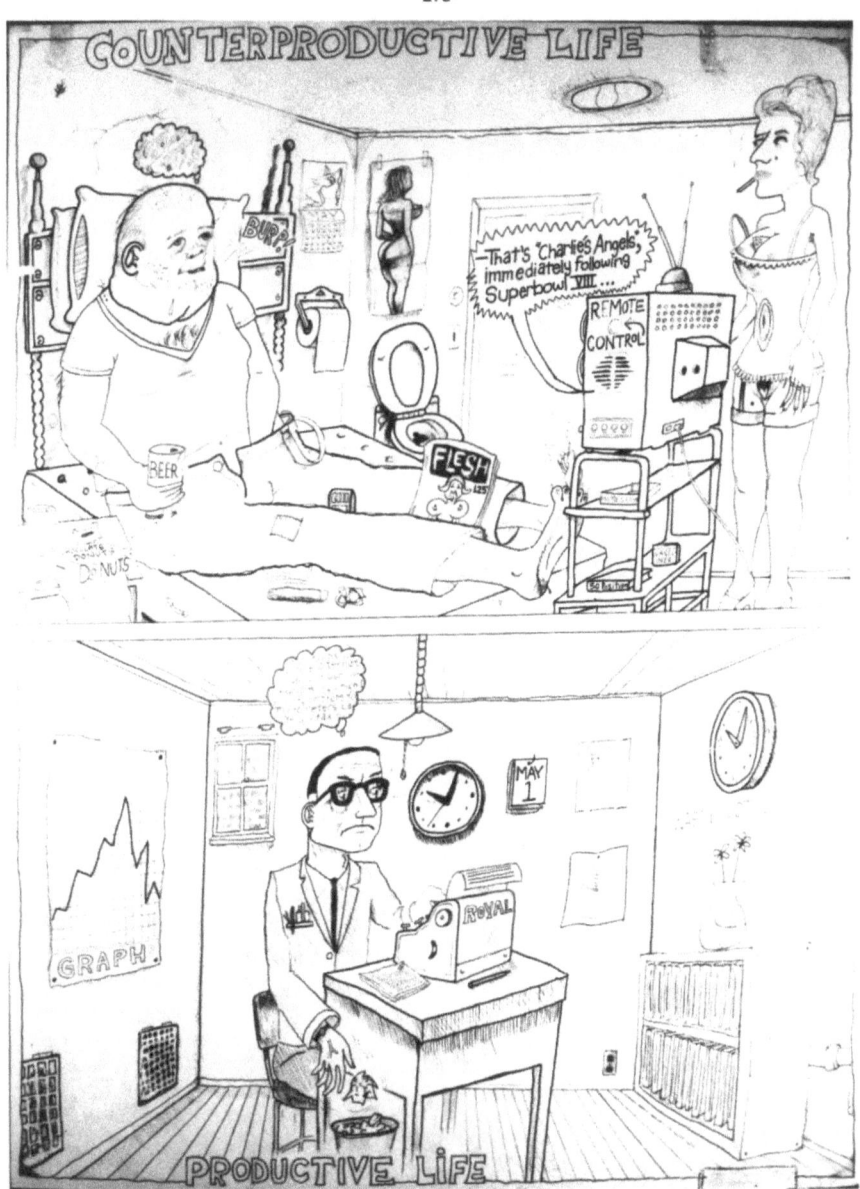

Les fils Foreman illustrent à bien des égards les traits que j'ai souvent rencontrés chez les artistes adolescents doués. Ils ont pratiqué leur art pendant plusieurs années, sans relâchement (quoique parfois par des modes d'expression différents). Ils se sentent bien, et sans doute le plus heureux quand ils se trouvent à leur chevalet ou à leur pupitre. Ils col-

276

lectionnent des objets avec passion et, avec ces trésors, créent leur environnement. Ils ont soif d'accéder aux modèles de leur culture, surtout les modèles populaires, ils les copient assidument et en tirent des leçons. Ils n'hésitent pas à exprimer leurs sentiments dans leurs dessins, même si (ou peut-être surtout si) cela suppose quelque chose d'obscène ou de grotesque. Et ils ne s'intéressent guère aux musées des « beaux-arts », ni à l'art abstrait, tellement en vogue à notre époque.

Mais, de plusieurs façons aussi, les frères Foreman diffèrent des autres artistes adolescents doués. Ce qu'il faut surtout noter peut-être, c'est que — comme les jeunes Mozart ou Picasso — ils ont eu l'occa-

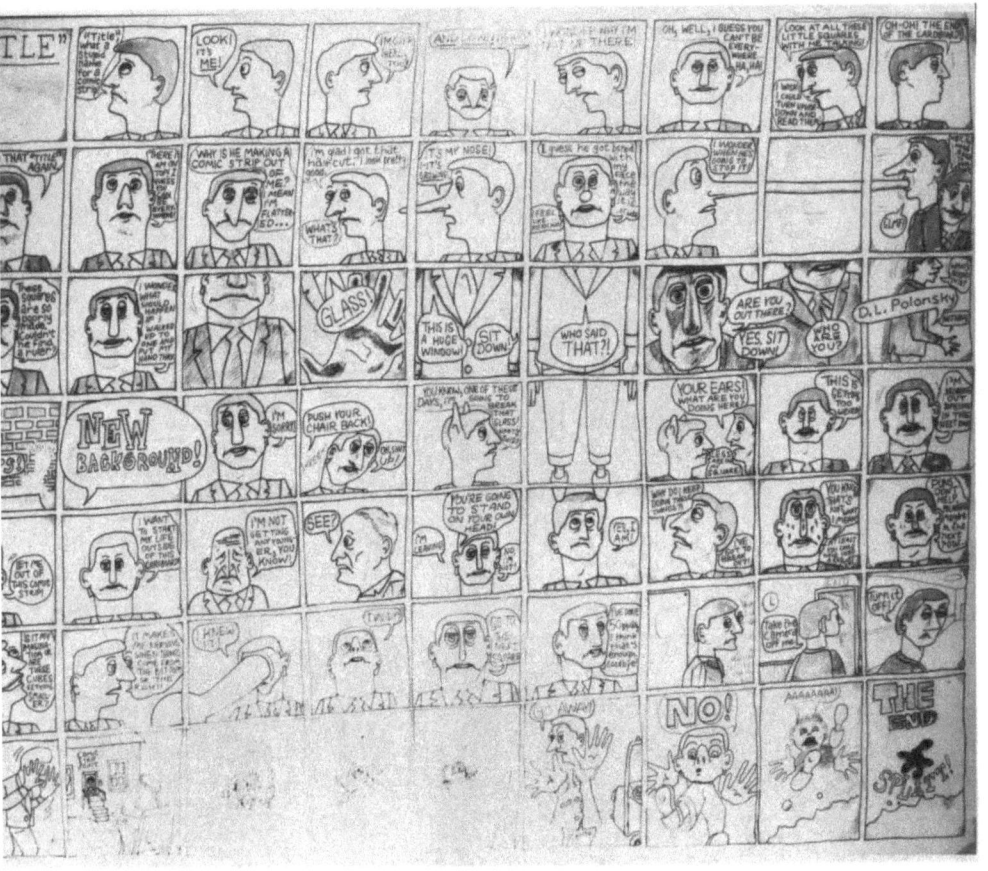

277

sion de se développer de façon spontanée, en sûreté, dans un milieu où le travail artistique était la chose la plus naturelle, en fait *la* chose que l'on faisait. Par contre, d'autres jeunes artistes prometteurs ont dû lutter avec un environnement pas nécessairement hostile (parfois), mais souvent peu compréhensif, ou mettant en doute la valeur d'une activité artistique soutenue.

Ces derniers, par conséquent, ont été vraisemblablement découverts par leurs professeurs qui leur ont dit qu'ils avaient du talent, qui ont défendu leur cause et les ont encouragés à l'étudier l'art, à participer à des concours, à suivre des cours, à envisager une carrière artistique. Pour soutenir ces jeunes dans un contexte social hostile ou du moins peu compréhensif, il faut des facteurs positifs tels que des récompenses pour leurs travaux artistiques, un sentiment de satisfaction et l'acquisi-

278

Self-portrait

279

tion rapide de connaissances. Et il est probable que des facteurs négatifs puissent également jouer un rôle. Par exemple, beaucoup de jeunes artistes doués sont, dans d'autres domaines — personnalité, matières scolaires, sports — des individus assez ordinaires : c'est par opposition à cela et grâce à leur extraordinaire talent artistique, qu'ils se font remarquer.

L'art fournit aux jeunes Foreman un moyen d'exprimer leurs sentiments profonds de même qu'une façon de gagner ultérieurement leur vie, si pas de faire fortune. J'ai rencontré plusieurs artistes adolescents pour qui l'activité artistique revêt une importance émotionnelle encore plus grande. Ils la voient comme un moyen d'affronter et d'arriver à maîtriser leurs sentiments les plus puissants, par exemple, leurs convictions religieuses, leurs idées politiques, leurs positions idéologiques naissantes, leur compréhension, encore en germination, de concepts philosophiques ardus. Ici encore, l'art constitue pour l'individu le moyen d'exprimer, pour lui-même et pour les autres, les sentiments et les idées qui lui tiennent à cœur et auxquels il n'a pas d'autres moyens d'accès. D'ailleurs, lorsque de jeunes artistes se trouvent confrontés à de graves problèmes personnels : familiaux, sexuels, scolaires ou relatifs à leur avenir, on découvre souvent le reflet de ces tensions dans leur travail artistique.

Pour ce genre de jeunes, l'activité artistique acquiert un statut spécial. Alors que les Foreman sont intéressés à faire la publicité de leur art et à le vendre — ils ont protesté quand je leur ai dit que je préférais masquer dans ce livre leur identité et celle de leur famille — d'autres artistes adolescents se montrent beaucoup plus discrets, hésitants, gênés même. Ils ont refusé des offres financières, même des cachets importants pour leurs travaux artistiques. Ils gardent secrets certains de leurs travaux. Et ils hésitent à tirer un profit d'argent et à exploiter ce qu'ils ont réalisé en y mettant tellement d'eux-mêmes.

Il existait, dans le temps, des voies reconnues pour entrer dans la corporation ou la communauté des artistes. On s'engageait dans un atelier, on était l'assistant d'un maître, on passait par une série d'étapes prescrites, et, finalement, on devenait un artiste à part entière. Aujourd'hui, le statut d'artiste est beaucoup plus ambigu, moins bien défini, et les candidats artistes ne disposent pas de carte routière. Cette situation se reflète dans leurs attitudes : allant de la suffisance et parfois de la fanfaronnade que l'on rencontre chez les enfants Foreman, à la réserve et à l'attitude ombrageuse qui prédomine chez d'autres artistes adolescents. Il ne fait pas de doute que les réactions en sens divers que l'on rencontre dans notre société à l'endroit de ceux qui consacrent leur vie à une carrière artistique, contribuent à alimenter cette variété d'attitudes.

Néanmoins, la société ne court aucun risque de se retrouver sans artistes. A Boston, ville de moins de un million d'habitants, avec une aire métropolitaine peut-être deux fois plus peuplée, plus de mille personnes appartiennent à une association artistique, et plusieurs milliers se considèrent et s'appellent artistes. Dans presque toutes les écoles que j'ai visitées, un certain nombre de jeunes s'appellent artistes, et leurs professeurs en considèrent quelques-uns (pas toujours les mêmes) comme de futurs artistes.

Gabriel et D.L. finiront-ils par choisir ce métier et seront-ils considérés comme de véritables artistes dans leur communauté ? Il est impossible de le prédire. Certes, peu de jeunes dans notre milieu ont eu une meilleure préparation. Presque tous les facteurs sont en leur faveur. Ils parlent, ils pensent, ils agissent comme des artistes, ils en ont même l'apparence. La qualité de leur travail est certainement comparable aux meilleurs exemples fournis par d'autres adolescents et rappellent quelquefois les tentatives d'individus devenus des maîtres. Pourtant, pour devenir un artiste authentique, il faut plus que les occasions et le désir : cela implique de la ténacité, la volonté de surmonter les obstacles, la motivation à la réussite. Cela requiert, plus particulièrement, non seulement l'aptitude à dire quelque chose «avec sa propre voix», mais aussi le fait d'avoir quelque chose à exprimer, quelque chose, en outre, qui trouvera un écho auprès du public. On peut discerner des indications de cette aptitude dans certains des dessins réunis dans ce livre. A ce sujet pourtant, les Parques n'ont pas encore dévoilé leur jeu.

Chapitre 9
Prolongements

Que ce soit dans les limites de la vie d'un individu, d'un groupe, ou bien dans toute une culture, le domaine de l'art n'est jamais entièrement statique. De même que les gribouillages de l'enfant donnent naissance aux formes géométriques et, finalement aux formes figuratives, ainsi, l'art, dans toute société, évolue au cours des siècles, plus ou moins vite, plus ou moins sûrement. C'est comme si des forces étaient en jeu — de type hégélien ou darwinien — pour guider l'art et, par extension, la main des artistes.

Cette thèse, nulle ne l'a avancée ou défendue avec plus de force que Suzi Gablik, peintre et critique d'art contemporain. Cette intuition lui est venue à la lecture des ouvrages de Piaget. Elle a réfléchi au fait que tout enfant normal passe par différents stades mentaux qualitativement différents: le *stade préopératoire*, où l'enfant est incapable de suivre une ligne de pensée simple et cohérente; le *stade opératoire concret*, où il peut raisonner systématiquement à partir d'objets physiques et les relier l'un à l'autre; et, enfin, le *stade opératoire formel*, où l'adulte peut exécuter un raisonnement logique, entièrement au niveau de propositions verbales. En outre, Gablik apprit que cette trajectoire générale du développement mental existe dans des domaines spécifiques, par exemple, dans celui de l'intelligence spatiale: l'enfant d'âge préscolaire peut tracer des formes simples non reliées entre elles; l'écolier peut organiser des formes de telle sorte qu'elles reproduisent en gros leur disposition dans le monde réel; et le préadolescent peut maîtriser les lois de la perspective, de manière à rendre une scène telle qu'elle apparaît à un individu placé à un endroit déterminé.

Gablik a eu l'idée d'appliquer l'analyse de Piaget à l'histoire de l'art occidental; elle estima que, tout comme il y a évolution dans l'esprit de l'enfant, il y a évolution dans l'histoire de l'art occidental. «La thèse que j'avance, annonça-t-elle, c'est que l'art est passé par une suite de stades cognitifs, et qu'on peut l'envisager comme une série de modifications dans les modes de pensée. Et je suis convaincue que l'on peut expliquer, du moins en partie, la dynamique des changements stylistiques, suivant des modes de croissance cognitive ... l'évolution en art ne se fait pas, comme on le pensait jadis, grâce à l'accumulation de connaissances dans des systèmes existants; elle se fait par des sauts dans de nouvelles catégories de systèmes».

Gablik ne s'est pas contentée de présenter une simple analogie, où l'on relève certains grands parallèles entre les débuts de l'art enfantin et les débuts de l'art occidental: elle a développé sa thèse en détail. Jusqu'à la Renaissance, selon elle, le travail des artistes est préopérationnel. Les artistes ne présentaient pas de scènes organisées de façon cohérente et systématique, parce qu'il leur manquait le dispositif conceptuel nécessaire. Comme les enfants à qui Piaget demandait de dessiner des objets placés devant eux, ces artistes disposaient les objets d'une façon stéréotypée, mettant le spectateur dans l'impossibilité de savoir «comment les choses étaient réellement».

La grande originalité de Léonard et d'autres artistes de la Renaissance fut la découverte et le perfectionnement des lois de la perspective. Dès que les artistes purent dessiner à partir d'un angle de vue déterminé et appliquer dans leurs œuvres les principes de la géométrie, c'est qu'ils avaient franchi collectivement une étape, telle que décrite par Piaget. Selon Gablik, ils avaient désormais atteint dans leurs œuvres le stade opérationnel concret. Ils pouvaient appliquer leur connaissance du réel dans les caractéristiques d'un dessin donné: comme l'enfant «réaliste» que nous avons étudié, ils pouvaient dépeindre la réalité telle qu'elle apparaît. Toutefois, ils étaient encore rattachés à l'art figuratif, et au point de vue statique de l'observateur unique.

Une fois capable d'opérations structurées, l'individu est à même de traiter toutes les possibilités logiques. Avec n'importe quel ensemble d'outils et n'importe quelles prémisses, il lui est possible d'en tirer toutes les implications et conclusions logiques. Le cubisme, à cet égard, a servi de précurseur: car l'artiste cubiste ne se limitait plus à un seul angle de vision; il essayait de présenter les choses sous divers angles. Cependant, lui aussi, restait lié à la réalité physique concrète et immédiate. C'est l'artiste conceptuel — celui, par exemple, qui conçoit des algorithmes ou des programmes d'ordinateur comme moyens d'explorer toutes les permutations et combinaisons possibles — qui a atteint le stade de pensée opérationnelle formelle. En fait, l'œuvre elle-même, vient presque après coup. L'exercice intellectuel principal consiste à imaginer toutes les possibilités d'une forme donnée — un carré, une série de points, des lignes convergentes — et d'en présenter alors les conclusions essentiellement mathématiques sous les aspects d'une œuvre d'art. Dans l'art contemporain, «les systèmes s'effectuent par déduction, indépendamment de leur application à des objets concrets, et ils s'expriment sous forme de propositions ... le paradigme moderne se caractérise par son aspect ouvert et par le nombre infini de possibilités et de positions». Quoique apparemment plus simple que la peinture de la Renaissance, l'art contemporain est, en réalité, plus complexe; car, alors que la perspective était un système logique, unique, simple et fermé, le paradigme moderne, lui, est ouvert et peut prendre en compte un nombre infini de possibilités.

Le caractère radical de la thèse de Gablik est évident. D'une seule phrase, elle écarte toutes les œuvres d'art d'avant le vingtième siècle comme étant les reflets d'une mentalité guère plus avancée que celle de la moyenne des jeunes d'aujourd'hui à l'âge de onze ans. Bien qu'elle ne prétende pas porter de jugement d'ordre esthétique, elle porte un jugement sur les esprits de ceux qui ont créé ces œuvres d'art, et, en fonction de ses critères de conceptualisation tirés de Piaget, des maîtres tels que Rembrandt ou Léonard, sans parler de Cimabue ou de Giotto, sont relégués, pour ce qui est de leurs créations, à un stade primitif d'activité mentale. Selon elle, l'art des peintres contemporains «procède d'une mentalité différemment orientée et d'un autre mode de pensée».

Quels que soient, en fin de compte, les mérites de la thèse audacieuse de Gablik, elle constitue une tentative de prendre au sérieux les principes du développement et de les appliquer généreusement à l'histoire de l'art. Bref, elle répète une des rengaines favorites du dix-neuvième siècle, c'est-à-dire que l'ontogenèse (dans le cas du dessin d'un enfant) récapitule la phylogenèse du domaine culturel (à savoir, l'histoire de l'évolution de l'art occidental). Sa tentative de généraliser les principes du développement n'est pas la seule. Un autre point de vue, tout aussi audacieux, a été présenté par l'historien de l'art et psychologue Henry Schaefer-Simmèrn.

Schaefer-Simmern, tout comme Gablik, prend comme point de départ, l'évolution naturelle du dessin chez l'enfant. Cet expert affirme que, en l'absence d'entraves sociales, le dessin, chez tout enfant, passe par une évolution préordonnée. En outre, d'après Schaefer-Simmern, le raisonnement et les facteurs culturels n'ont que peu d'influence sur ce développement. Il estime que celui-ci dépend surtout de la croissance perceptuelle, une évolution qui aura nécessairement lieu, pour peu que l'enfant ait l'occasion de dessiner et donc de constater les résultats de ses explorations graphiques. Schaefer-Simmern s'exprime ainsi : « On peut considérer la configuration visuelle comme le résultat d'une activité mentale autonome, une digestion et une transformation mentales de l'expérience sensorielle en une entité visuelle nouvelle. Il faut souligner que cette activité est indépendante d'un calcul conceptuel intellectuel et qu'elle se présente uniquement dans le domaine de l'expérience visuelle ».

C'est fort bien jusque-là, et, en soi, pas particulièrement sujet à controverse. Nous avons déjà rencontré quelques spécialites — tels que Rhoda Kellog et Rudolf Arnheim — qui partagent l'opinion selon laquelle l'enfant, en réalisant les étapes du développement, ne fait que suivre sa nature. Mais Schaefer-Simmern défend, en réalité, une thèse beaucoup plus large et plus audacieuse, de style rousseauiste. Il estime que le développement, en dessin, est à ce point contraignant et inévitable qu'il aura lieu — nécessairement — chaque fois qu'un être humain entreprend de dessiner. Autrement dit, ces étapes ne dépendent pas directement de l'âge de l'individu, de son intelligence, de sa motivation, des attitudes du milieu, ou de quelque période « critique » au cours de la croissance ; elles résultent essentiellement de la persévérance à dessiner. Pour appuyer cette théorie, Schaefer-Simmern engage des individus « naïfs » de tous âges et de tous milieux (ménagères, hommes d'affaires, individus psychotiques, etc.) et leur demande simplement de dessiner.

Comment se présentent donc les étapes ? Tous les sujets commencent par des figures simples, telles que cercles et rectangles, se dégageant sur un fond. Ils passent ensuite à des figures dont la structure est ordonnée en fonction d'un contraste maximum (280), c'est-à-dire dont toutes les parties sont disposées de manière à souligner la différence entre les plans horizontaux et verticaux : chaque partie doit se distinguer le plus possible de toutes les autres. Les principes les plus contraignants de la Gestalt sont ici en jeu : tout changement apporté à une forme nécessite un changement additionnel en guise de compensation.

Jusque-là, la disposition des dessins reste statique, et, dans leur catégorie respective, ces figures schématiques sont interchangeables. Mais vient ensuite un stade où la variabilité se manifeste. Désormais les objets se différencient dans leurs parties : par exemple, un arbre schématique finit par avoir un certain nombre de branches plus petites, attachées les unes aux autres suivant le même angle. La figure devient aussi plus vivante. A remarquer, cependant, qu'il ne s'agit pas d'une simple imitation de la nature ; ce gain de vitalité provient du fait que les formes présentent une plus grande différenciation et des configurations plus variées.

On peut également préciser les étapes suivantes. L'individu finit par pouvoir organiser un plus grand format, à faire preuve d'un équilibre

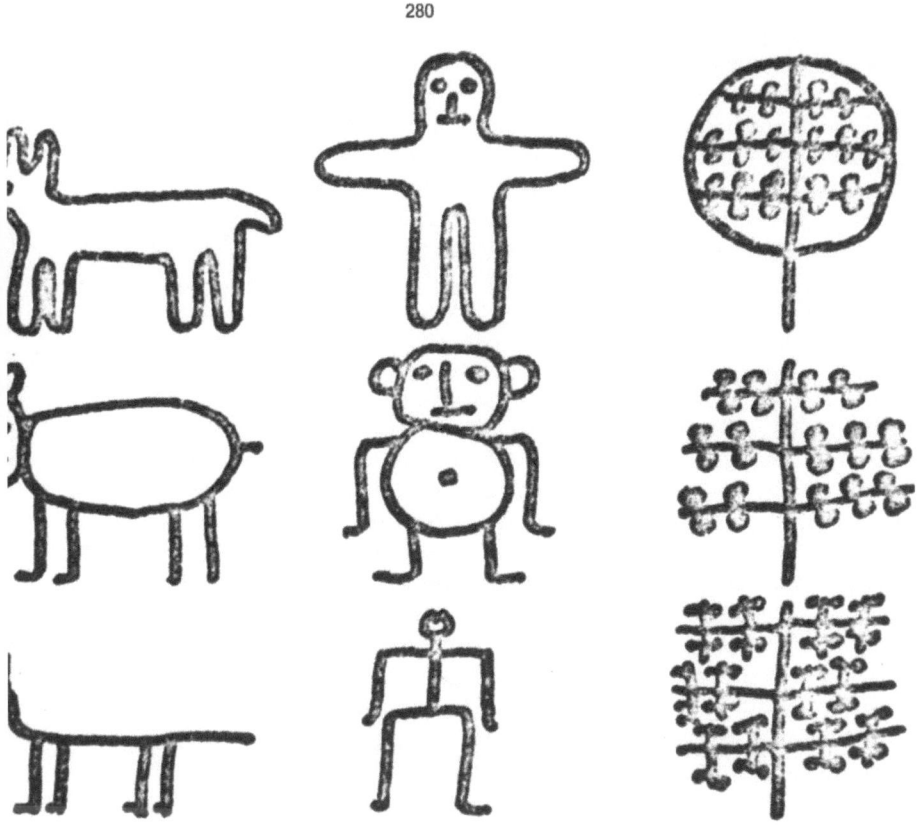

280

plus complet et plus complexe. Finalement, il maîtrise des caractéristiques plus spécifiques de représentation, telles que l'utilisation des ombres, de la lumière et de la couleur; et au lieu de continuer à séparer le plus possible les figures, il tend à les fusionner. Cependant, ces dernières modifications ont plus de chances de se présenter quand il y a enseignement structuré. En conséquence, on ne peut guère les considérer comme des exemples de développement artistique authentique.

A sa façon, Schaefer-Simmern a développé une thèse d'une aussi grande portée, et aussi problématique, que celle de Gablik. Gablik voit un parallélisme entre ce que font les enfants et les périodes d'« enfance » de notre culture. Schaefer-Simmern voit la structure même du mode d'expression graphique comme étant la cause déterminante de tout développement graphique. Que l'on commence à dessiner à deux ou à vingt-deux ans, que l'on ignore jusqu'au mot « perspective » ou que l'on soit un maître en géométrie: cela n'a aucune espèce d'importance; et pas davantage, que l'on ait un tempérament passionné ou bien que l'on soit excessivement rationnel. Si on a l'occasion de dessiner et que l'on n'est pas poussé artificiellement dans l'une ou l'autre direction, l'évolution sera sensiblement la même chez tout le monde. Schaefer-Simmern va jusqu'à affirmer que l'on peut constater cette évolution dans l'histoire de l'art partout dans le monde. Son principal ouvrage est rempli d'exemples de miniatures indiennes, d'œuvres chinoises de la période Sung, de tapisseries flamandes de la Renaissance, de têtes grecques du sixième siècle avant Jésus-Christ, chacun illustrant l'une ou l'autre étape du développement artistique. Une fois encore, on a généralisé la marche du développement de manière à rendre compte de n'importe quel dessin.

Même si nous sommes impressionnés par la portée et le brillant de telles affirmations, et même si, nous aussi, constatons certaines des analogies si savamment présentées par ces experts, la plupart d'entre nous (spécialement ceux de sensibilité anglo-américaine) se sentent mal à l'aise face à semblables théories. Elles sont à la fois trop grandioses et trop faciles. Elles sentent le genre de « systèmes fermés » que Karl Popper a si violemment critiqués, qui tentent de bloquer la trajectoire ouverte de l'histoire et de saper les possibilités de découvertes nouvelles, en faveur d'un pesant esprit hégélien, d'une main invisible contrôlant l'histoire, ce que les autres ont fait, ce que nous avons fait et ce que nous ferons. On s'interroge — à juste titre parfois — sur le choix des exemples. Une autre série d'exemples n'aurait-elle pas étayé une façon différente de voir, à savoir, par exemple, que l'histoire de dessin illustre les stades de Sigmund Freud ? D'autres exemples n'auraient-ils pas contredit les phases de Piaget, en montrant que ce qui influence l'art moderne, ce sont les arrangements topologiques, ces formes de raisonnement géométrique dont il se trouve que, dans l'orthodoxie selon Piaget, elle apparaissent les *premières* ? Et l'on soupçonne — à juste titre aussi, peut-être — que les auteurs étaient, au départ, armés de leurs théories (Gablik a pu prendre la sienne chez l'historien de l'art Alois Riegl, et Schaefer-Simmern chez son professeur Gustaf Britsch) et qu'ils ont ensuite cherché des témoignages pour les confirmer. Et l'on se pose la question la plus pénible, la plus révélatrice et la plus scientifique de toutes : quels genres de témoignages réfuteraient ces positions ? Et leurs auteurs, confrontés à des réfutations évidentes, ne continueraient-ils pas néanmoins, par ferveur idéologique mal placée, à les défendre ?

A ces objections de principe, on peut ajouter d'autres questions gênantes. Gablik souhaite-t-elle vraiment passer à la postérité pour avoir affirmé que le plus grand des artistes prémodernes procédait d'une manière fondamentalement différente de nos contemporains ? Importe-t-il vraiment que Léonard ait essayé des centaines de variantes sur son carnet de croquis, tandis que l'artiste contemporain Don Judd se sert, pour ce faire, d'une calculatrice de poche? Cette différence de méthode affecte-t-elle l'essence de l'art? Schaefer-Simmern veut-il ignorer les énormes différences individuelles existant entre un enfant normal et un adulte psychotique, et prétendre que les mêmes processus et le même comportement caractérisent nécessairement les deux individus? Souhaite-t-il, également, ne pas tenir compte des énormes différences de durée: le fait que ce qui s'élabore durant plusieurs années pour le dessin d'un enfant, peut se réaliser, chez un jeune adulte doué, en quelques semaines ou quelques jours? Ne veut-il reconnaître à des adultes chevronnés aucun truc de métier, stratagème spécial, compréhension supérieure des principes de la lumière, des ombres et de la perspective, et supposer plutôt qu'ils sont obligés de découvrir par eux-mêmes ces formes de connaissance, de la même manière appliquée et pénible que le jeune enfant? Rejette-t-il le témoignage d'autres cultures, qui fait voir que des enfants plus âgés, qui n'ont jamais dessiné, ne présentent pas, dans leurs travaux, la séquence habituelle? Et pour lui appliquer un traitement semblable à celui auquel nous avons soumis Gablik, croit-il réellement que des ressemblances superficielles dans des œuvres d'art réalisées il y a des millénaires dans des milieux culturels complètement différents, reflètent nécessairement les mêmes facteurs que celles réalisées aujourd'hui par ses étudiants? N'est-il pas mesquin de supposer que des similitudes apparentes reflètent le fait que *toutes* les œuvres d'art ont des propriétés communes, plutôt que d'affirmer l'existence d'une «harmonie préétablie» entre les mains, les yeux et les esprits des artistes, quels qu'ils soient?

Il n'est pas difficile d'exposer les limitations de ces universalistes. C'est avec scepticisme, pour le moins, qu'on doit accueillir des formules ambitieuses de ce genre. Mais il n'y a pas grand-chose à gagner à simplement réfuter ces positions. Il existe en effet des relations et des ressemblances entre les étapes, les séquences et les phénomènes exposés dans ce livre, et les phénomènes que l'on observe dans d'autres domaines de l'art graphique. N'est-il pas plus important d'envisager ces théories favorablement, de voir ce qu'elles peuvent avoir de valable, de déterminer où elles prennent trop de libertés, que de les rejeter sommairement et d'ignorer, ce faisant, les parallélismes réels existant entre groupe et individu, enfant et adulte, ontogenèse et phylogenèse?

A mon avis, nos «universalistes» sont sur une piste intéressante, mais pas nécessairement celle qu'ils souhaiteraient. Ils ont abordé les phénomènes du développement — qui sont réels et importants — mais ils ont essayé d'en faire l'application au domaine de l'art d'une façon trop générale et pas assez critique. Les enfants passent par des stades de développement, tout comme les adultes normaux, les artistes et peut-être même des cultures entières. Chaque stade a sa structure, que l'on peut clairement exposer; et chaque stade contient certaines possibilités et certaines limites. La tâche du spécialiste du développement est de découvrir l'étape précise de l'individu, du groupe et de la culture; de l'éclaircir et de la décrire, et puis d'envisager les options possibles à ce moment-là de la croissance. Il n'est pas de son ressort de faire appel à un schéma à la Procuste, qui préordonnerait les stades suivants.

Soyons plus concret. Nous avons vu à plusieurs reprises dans cet ouvrage, comment, à tout moment, le dessin d'un enfant sert à certaines fins et reflète des forces cognitives et motrices qu'il est possible de préciser. En outre, nous avons remarqué comment des phénomènes futurs, immanents à ce stade, ont des chances de se développer, compte tenu de nouvelles stimulations soit personnelles, soit des pairs ou du milieu, tandis que certaines autres possibilités ont très peu de chances d'apparaître à ce moment.

Supposons alors qu'une même situation se présente dans d'autres systèmes de développement. Dans une culture donnée, les œuvres d'art manifesteront certains traits et n'en feront pas apparaître d'autres. La plupart des individus travaillant dans ce milieu personnifieront, consciemment ou non, les caractéristiques de l'époque et du milieu. Quelques-uns (les plus en avance, ou les plus précoces, ou les plus tourmentés) en viendront à voir le monde d'un œil nouveau, à considérer le mode d'expression de façon quelque peu différente, et, par conséquent, à découvrir des visions nouvelles et originales, des stratagèmes graphiques inattendus, et même de nouvelles étapes.

Comme exemple bien établi de ce phénomène, considérons la situation de l'art occidental au milieu du dix-neuvième siècle. L'art figuratif avait atteint un sommet de réalisme. Il n'était guère possible d'encore perfectionner la fidélité scrupuleuse des œuvres d'art. L'invention de l'appareil photographique, dont aucun mortel ne pouvait dépasser les résultats, porta un coup décisif. Suite à cela, la tension sur la «situation de l'art» à ce moment fut extrême. Dans une perspective de développement, un changement qualitatif des œuvres d'art ne pouvait manquer de survenir. Pourtant, il ne semble pas que la forme du changement pût être prévisible. C'est un accident historique, du moins à certains égards, si l'impressionnisme, ou le cubisme ou l'expressionnisme abstrait ont pris le devant de la scène. Rétrospectivement, bien sûr, il est possible de trouver une explication logique à la séquence déterminée qui s'est présentée, mais il ne semble pas qu'il y ait beaucoup d'éléments chez l'individu ou dans la culture, permettant de prédire *la* forme de l'étape artistique suivante. Au mieux, il est seulement possible d'indiquer quelles possibilités sont les plus ou les moins probables.

Ou bien, envisageons, comme autre possibilité, ce qui se passe quand une culture, possédant des genres artistiques bien implantés, entre en contact avec une culture dont les normes sont radicalement différentes. Le choc de l'art occidental contemporain avec les œuvres de la société tribale africaine en est un exemple. Il est évident que les œuvres de nos maîtres ont souvent incorporé des traits de la sculpture et des ornements de l'art nègre. De même, l'art de ces cultures a souvent opéré un syncrétisme en exploitant la technique et les thèmes de l'art occidental. De nouveau, une succession d'étapes apparaît inévitable, mais il est impossible en l'occurrence d'en prédire la forme, la nature et l'étendue exactes.

Il n'est pas nécessaire de faire appel à un esprit invisible pour expliquer les transformations survenant dans les dessins des individus ou des sociétés. Les dessins reflètent un certain niveau de sophistication et ce niveau ne va pas sans certaines préoccupations et certains choix. Gablik et Schaefer-Simmern ont le mérite d'en avoir pris conscience. Malheureusement, ils n'ont pas vu la nature ouverte (et souvent imprévisible) de ce phénomène. Cet aveuglement les a empêchés de répondre à des questions qui se posent avec acuité dans toute enquête de ce genre : *où* les grandes découvertes créatrices ont-elles lieu? Et *quelle* est la source des œuvres d'art qui ouvrent véritablement de nouvelles perspectives ? En d'autres mots, comment naissent les grandes innovations et les grandes réalisations personnelles, dans le contexte des modèles graphiques universels ?

Ici, il serait nécessaire d'aborder le développement humain sous son aspect le plus profond, et, reconnaissons-le, le plus mystérieux et le plus difficile. Aucune création, aucune innovation ne naît jamais *ab ovo* : toute activité de l'imagination reflète des processus de développement qui se sont déroulés pendant une très longue période. Cependant, il doit y avoir aussi certains éléments dans le cours du développement de certains individus, travaillant à des périodes déterminées, dans certaines conditions, qui donnent lieu à des réalisations extraordinaires et qui, de ce fait, sapent à la base toute explication universaliste facile de l'activité créatrice.

A mon avis, dans toute tentative visant à localiser les sources des créations originales, le mieux est de réexaminer d'abord les tout débuts du développement. C'est en effet le jeune enfant qui procède sur la base de ses tendances innées, et qui est le moins influencé (et donc le moins modelé) par la culture qui l'entoure. A part le fait de fournir à l'enfant les instruments et les encouragements nécessaires à entretenir n'importe quelle activité juvénile, nous rencontrons, dans le domaine du dessin, une période de plusieurs années au cours desquelles les phénomènes se déroulent essentiellement à leur rythme et à leur manière. Nous avons vu que, dans l'ensemble, les résultats de ces premières explorations se ressemblent fort d'une population à l'autre. Ce dont on se rend moins compte, c'est que l'enfant, durant cette période, développe plusieurs des comportements (la répétition inlassable, l'exploration des schémas, l'exploration de diverses formes, l'exécution de figures qui lui plaisent à lui et aux autres) qui constituent les bases de toute réalisation artistique ultérieure. Durant cette première période, il existe un moteur décisif du développement : un mécanisme de croissance qui conduit l'enfant, à son rythme propre, à travers les premières étapes. En effet, ainsi que l'a avancé l'architecte Christopher Alexander, les tendances à la répétition, aux variations et à l'affinement des formes au cours de ces variations, suffisent dans une large mesure à expliquer les étapes de développement que l'on discerne dans les réalisations enfantines. Des formes harmonieuses ne manqueront pas de se dégager : elles plairont à l'enfant, « et le processus par lequel on en vient à distinguer nettement les formes les unes des autres est précisément au centre de ce que nous appelons la faculté créatrice, génératrice d'harmonie ... C'est en fonction de l'aptitude progressive de l'enfant à séparer les formes, qu'on peut pleinement comprendre la source du talent créateur ».

Un autre ingrédient important de la réalisation artistique se cristallise entre cinq et sept ans, quand l'enfant parvient pour la première fois à exécuter des œuvres organisées et cohérentes. L'enfant est-il pleinement conscient de ce qu'il fait ? Peut-on considérer qu'il est maître de cette production ? On peut en douter. Cependant, même si cette tendance à réaliser une œuvre ordonnée et harmonieuse résulte en partie de processus inconscients, en partie seulement visibles à l'enfant, ou d'une tentative manquée de réaliser une œuvre parfaitement symétrique, on ne peut en exagérer l'importance. Car même si le gribouillage et les explorations des débuts servent de modèles à l'expérimentation, qui est l'âme même de l'activité artistique adulte, la vision d'un symbole graphique harmonieux constitue, elle aussi, un aspect essentiel de toute réalisation artistique.

Il peut être utile à cet égard de rappeler la notion de virage en forme de U, relativement au développement, c'est-à-dire que certains aspects importants de l'activité artistique, s'ils apparaissent très tôt chez l'enfant, deviennent ensuite « souterrains » au cours de la moyenne enfance. Certes, les témoignages que nous avons exposés au sujet du dessin pendant la moyenne enfance indiquent que certains aspects magiques présents dans les premiers dessins (l'exploration libre, les formes qui ne sont reliées à aucun contenu spécifique, la volonté de faire fi des pratiques conventionnelles) disparaissent chez la plupart des enfants. On peut même dire que, de même que tous les bambins font preuve d'un don particulier dans le domaine du langage, ils ont aussi des étincelles de créativité dans le domaine graphique. Pourtant, c'est au cours de la moyenne enfance que l'individu ou la société décide quels sont ceux qui ont des chances de continuer à produire des œuvres originales et de valeur.

On peut être assuré que la moyenne enfance n'est pas, dans le domaine artistique, une période de stagnation. Plus exactement, elle ne devrait pas l'être. C'est alors que l'enfant acquiert des habiletés techniques, qu'il est ouvert à un enseignement (et désireux de le recevoir), c'est alors qu'il devient capable de concevoir son travail avec minutie et précision; qu'il peut placer délibérément dans ce qu'il fait les caractéristiques esthétiques qui seront présentes dans ses productions ultérieures: détails révélateurs, variations subtiles de coloris, expressivité du trait. Et — ce qui est peut-être encore plus important — c'est à cette période que l'enfant se met à résoudre les problèmes inhérents au domaine graphique: problèmes d'ordre spatial (tels que le fait de rendre la perspective avec exactitude), et également problèmes d'ordre personnel ou affectif (tels que le fait d'éclaircir ses sentiments vis-à-vis d'une personne, d'une situation ou d'une idéologie).

Certains de ces aspects sont d'ordre purement technique. Ce qui ne diminue pas leur importance: en fait, comme les maîtres des ateliers de la Renaissance le savaient bien, ils constituent les préliminaires nécessaires à la maîtrise artistique. Des maîtres incontestés tels que Picasso et Klee sont bel et bien passés par ce stade. Certaines habiletés supposent l'acquisition de ces automatismes qui sont à la portée de l'enfant normal. Autrement dit, avec une formation et des conseils suffisants, la plupart des enfants peuvent apprendre à reproduire fidèlement la réalité, à maîtriser la perspective, à organiser leurs dessins, même à y mettre plus qu'un minimum d'expressivité et de «plénitude». Et quelques enfants privilégiés seront sans doute capables d'acquérir ces habiletés rapidement et tout seuls.

Le développement du dessin peut comporter une période critique. Non parce que le dessin serait impossible si l'on n'a pas réussi à atteindre un certain niveau avant la puberté, mais peut-être parce que la réussite finale devient extrêmement improbable si l'enfant, au début de la puberté, ne possède pas déjà une certaine maîtrise de ces aspects mécaniques et de ces automatismes. Car en vérité, dans notre société du moins, si nos dessins ne peuvent être considérés par nous-mêmes et par autrui comme raisonnablement «compétents», il est probable qu'on les trouvera désespérément médiocres. Le jeune, alors, abandonnera probablement toute activité graphique d'ordre artistique et aura recours à d'autres modes de communication, moins exigeants. Si cette façon de voir a quelque valeur, elle remettrait certainement en question l'affirmation de Schaefer-Simmern, selon laquelle le développement de l'activité artistique est le même partout, à toutes les époques.

L'exposé qui précède ne semble guère sujet à controverse. Nous avons vu comment le dessin se développe chez les enfants normaux : les beoins et les forces en jeu à chaque étape du développement. J'ose ajouter que cette concepion s'accorde avec nos connaissances actuelles de la nature humaine. Mais envisageons les implications de cette description par rapport à l'affirmation selon laquelle certains principes de développement ont cours dans toutes les populations, à toutes les époques de l'histoire, et pour tous les cas pathologiques. Si, en fait, le développement normal du talent artistique reflète les conditions agissant sur l'enfant, alors, les affirmations sur les similitudes que l'on rencontre dans les dessins réalisés par d'autres, supposeraient que la race, ou le groupe, ou l'histoire dans son ensemble, présentent de profondes similitudes avec l'enfant. Cette affirmation est à ce point dépourvue de tout fondement, que l'accepter serait prendre ses désirs pour la réalité.

Je conclus donc qu'il se peut qu'il y ait des similitudes entre les processus chez les diverses populations étudiées par Gablik et, d'une façon plus empirique, par Schaefer-Simmern, mais que toute tentative visant à relier les conduites de ces diverses populations au développement normal des enfants, et laissant entendre qu'elles sont fondamentalement les mêmes, suppose un véritable tour de passe-passe. En d'autres termes, il est abusif de supposer que des analogies superficielles reflètent invariablement des homologies sous-jacentes. Disons plutôt qu'il existe, dans les processus de dessin chez les divers groupes, *certaines* similitudes superficielles et *certaines* similitudes sous-jacentes, mais que les similitudes profondes restent à prouver. En outre, il y a beaucoup de chances pour que la signification des œuvres soit profondément différente suivant les personnes et les groupes : cela aussi remet en question la conception universaliste. Si la perspective présentée dans ces pages est juste (le développement du dessin étroitement relié au développement de l'enfant), alors ces vastes parallélismes individuels et culturels sont probablement erronés.

En attirant à juste titre l'attention sur le danger d'établir des analogies, je me suis moi-même approché d'un dangereux précipice. Je n'ai pas été loin de soutenir que la liberté et l'exploration des débuts chez l'enfant ressemblent à celles de l'artiste adulte. Et j'ai laissé entendre que seuls ceux qui survivent aux dangers de la période de latence conservent la possibilité de devenir des artistes authentiquement créateurs. Il est temps à présent de dépasser ce raisonnement par analogie et d'envisager quelque activité incontestablement créatrice, et ce, au plus haut niveau.

Peu d'œuvres en histoire de l'art ont immédiatement suscité autant d'intérêt ou aussi fortement frappé l'imagination des spécialistes et des profanes, que la peinture murale de Picasso *Guernica*, évocation de la destruction, par l'aviation fasciste, d'une petite ville espagnole, pendant la Guerre civile (281). On ne conteste guère l'originalité et le caractère sublime de cette œuvre, témoignage évident du génie créateur du plus grand artiste de ce siècle. Si nous voulons établir une comparaison entre la vie et l'esprit d'un enfant, et le travail de l'imagination artistique, *Guernica* nous fournit un redoutable défi en même temps qu'une occasion exceptionnelle.

Deux ans avant de peindre *Guernica*, Picasso observa: «Il serait très intéressant de photographier, non pas les étapes, mais les métamorphoses d'une peinture. Peut-être pourrait-on suivre le cheminement de l'esprit vers la matérialisation d'un rêve. Et, curieusement, de constater que, fondamentalement, une peinture ne se transforme pas, que la première vision, en dépit des apparences, reste presque intacte». On ne sait si Picasso garda cette réflexion présente à l'esprit, mais le fait est qu'il conserva des dizaines d'esquisses préparatoires à *Guernica*, classées et datées. Rudolf Arnheim a écrit un ouvrage magistral sur *Guernica*, dans lequel il présente plusieurs de ces esquisses et offre un compte rendu cohérent et convaincant de la manière dont Picasso a procédé, depuis la première esquisse jusqu'au résultat final.

Dans la rédaction d'un ouvrage, voici un de ces moments — plutôt fréquents — où l'on voudrait pouvoir insérer une immense parenthèse et marquer un temps d'arrêt. On voudrait permettre au lecteur de consulter pendant une ou deux soirées l'ouvrage de Arnheim et les es-

281 Pablo Picasso. *Guernica*. 1937, mai-début juin. Huile sur toile. 11'51 1/2" × 25'5 3/4". En dépôt au Museum of Modern Art, New York. Collection de l'artiste.

quisses de Picasso, et de la sorte, prendre en considération les témoignages qui corroborent la thèse présentée ici. Cependant, il n'est pas facile de faire droit à une telle interruption. Aussi, avec l'espoir que les lecteurs accepteront mon résumé et se reporteront plus tard aux preuves elles-mêmes, voici quelques commentaires sur la genèse de l'œuvre remarquable de Picasso.

Cette œuvre confirme l'observation citée plus haut. Arnheim écrit: « La première ébauche de *Guernica* contient beaucoup d'éléments de la forme finale; le petit dessin sur un morceau de papier bleu se rapproche de la composition de la peinture murale plus que tout ce que le peintre a encore dessiné avant de s'attaquer à la toile proprement dite ». Cette affirmation est particulièrement surprenante étant donné l'originalité et la puissance de l'œuvre en question. Que Picasso, en quelques grands traits, tracés *ex abrupto* semble-t-il, ait pu préfigurer la structure générale ou les dimensions de l'œuvre — sans même peut-être s'en rendre compte — cela tient du prodige.

Une bonne partie de l'œuvre finale est, en effet, déjà contenue dans les premières esquisses (282). Cependant, le travail suivant était loin de n'être que vaines explorations ou simples mises au point. On dirait plu-

282 Pablo Picasso. Esquisse pour *Guernica*. 1ᵉʳ mai 1937. Crayon sur plâtre, sur bois, 21 1/8" × 25 1/2". En dépôt au Museum of Modern Art, New York. Collection de l'artiste.

tôt que, d'une manière rappelant ces trésors d'efflorescence créatrice que sont les carnets de notes de Dostoïevski et les cahiers d'ébauches de Beethoven, Picasso s'applique à essayer des dizaines de variations sur les thèmes et formes principales de l'œuvre. Il se concentre sur une figure d'abord, puis sur une autre, faisant dans chaque cas l'essai de diverses dimensions, proportions, rapports, tonalité émotionnelle, etc., avant d'en adopter, du moins provisoirement, une qui le satisfasse. Il change les outils de travail, la dimension du papier, la disposition des principaux éléments, et même, à plusieurs reprises, l'identité des éléments. Parfois, son travail semble nettement orienté, lorsqu'il modifie systématiquement l'angle d'une figure; d'autres fois, c'est beaucoup plus fortuit, comme quand l'absence de place au bord du papier l'entraîne à donner à une patte une forme particulière, qui se retrouvera effectivement dans le dessin final (283).

Ces observations, néanmoins, exagèrent la logique et l'ordre dans la façon de procéder de Picasso. Il y a de l'ordre, certes, mais une bonne part de cet ordre reste tapie sous la surface. Picasso, dans ses dessins, ne se lasse pas d'explorer: il a le sentiment que ces explorations sont nécessaires, opportunes, efficaces, sans bien savoir pour autant où elles le mèneront exactement. Les nombreuses ébauches et même (selon Pi-

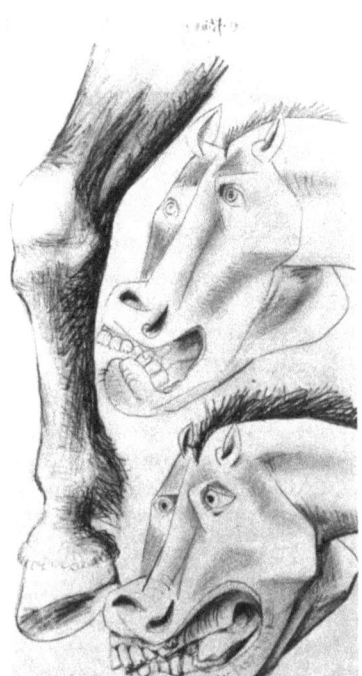

283 Pablo Picasso. Etudes de cheval. Esquisse pour *Guernica*. 10 mai 1937. Crayon sur papier blanc 9 1/2" × 17 7/8". En dépôt au Museum of Modern Art, New York. Collection de l'artiste.

casso) la peinture finale, sont toutes des expériences, elles font partie de la recherche picturale. Si ces explorations avaient pris un autre cours (avec d'autres papiers, d'autres incidents, d'autres pensées, d'autres expériences affectives), le dessin final se serait avéré différent : peut-être pire, peut-être plus frappant encore, en tout cas différent.

C'est dans le processus illustré par Picasso (et probablement par d'autres esprits créateurs du plus haut rang) que l'on trouve des similitudes indéniables avec le travail de l'enfant. Nous avons ici une solution visuelle des problèmes (comment, par exemple, s'y prendre avec un bras qui s'égare, ou comment placer la queue d'un taureau); c'est le genre de situation avec laquelle se trouve régulièrement confronté le jeune écolier. Il y a exploitation des événements fortuits : cela aussi, se passe couramment dans les dessins du jeune enfant. Il y a beaucoup d'expérimentation en forme de jeu, comme celle qui caractérise les gribouillages du bambin et les fioritures de l'adolescent. Arnheim écrit à ce sujet : « Le badinage pictural a toujours été très utile à l'exploration artistique ... Il témoigne du plaisir que l'on retire de la variété des formes visuelles, de l'affection que tout artiste ressent pour son mode d'expression ... qu'il s'agisse de faire rimer des mots ou d'improviser au piano. C'est là que réside l'affinité profonde, souvent signalée, entre les explorations du jeune enfant et les expérimentations, chez l'artiste, de ses facultés conscientes et inconscientes ». Ou bien, comme l'a exprimé avec conviction l'artiste contemporain Saul Steinberg : « Je suis de ceux, peu nombreux, qui continuent à dessiner au-delà de l'enfance, continuant et perfectionnant le dessin enfantin. ... Mon exercice continu du dessin date de l'enfance et constitue probablement une façon d'écrire datant de l'époque où j'étais illettré ».

Mais de telles similitudes dans la façon de procéder prennent place parmi des différences profondes quant à l'habileté, la formation, les attitudes. Picasso, après tout, était, dès la petite enfance, un peintre de génie, capable, avant l'adolescence, de surpasser son père à tel point que ce dernier déposa définitivement son pinceau. En effet, au terme de la période critique précédant la véritable habileté artistique, il avait déjà atteint un statut de maître. Il reçut une formation incomparable, tant de la part d'autres maîtres que grâce à la sûreté de son œil, de sa mémoire et de sa main. Quand il peignit *Guernica* en 1937, il approchait de la soixantaine; il avait créé plusieurs milliers de chefs-d'œuvres et possédait un coffre à trésors où il pouvait puiser, apparemment sans effort, et qu'il pouvait mettre au service d'une nouvelle et grande tâche. En tant qu'Espagnol, voyant son pays bien-aimé au bord de la ruine, il était à la fois profondément motivé et émotionnellement impliqué. Enfin, il avait acquis un sens très sûr de la forme et de la composition, qui lui permit, une fois exprimée la vision d'ensemble, d'en garder en réserve toutes les potentialités tout en travaillant à chacune des composantes, et puis de les orchestrer en l'une des compositions les plus complexes jamais réalisées. Arnheim observe que : « L'artiste est constamment confronté au problème de l'élaboration des parties en fonction de l'ensemble ... Il développe les entités partielles, agissant sur chacune d'elles de façon dialectique. Un jeu combiné d'interférences, de modifications, de restrictions, de compensations, mène petit à petit à l'unité et à la complexité de la composition globale ... Chaque ajoute, chaque perfectionnement ou liaison nouvelle met l'unité du travail à l'épreuve, et nécessite un ajustement des divers éléments. Le résultat global, obtenu par cette succession d'opérations, se présente comme une merveille de complexité organisée ». Même si nous avons raison de dire que l'enfant de cinq ans possède déjà un sens fondamental de l'organisation, l'écart entre ce qu'il fait et ce que fait l'artiste adulte est certainement plus frappant que toutes les similitudes formelles que l'on pourrait détecter.

Il serait au mieux erroné, et probablement très irresponsable, de dire qu'un seul facteur ou même une série de facteurs peuvent expliquer l'émergence d'un Picasso des rangs des enfants ordinaires, ou même du groupe des jeunes artistes doués ayant surmonté les obstacles de la préadolescence, et engagés dans des carrières artistiques prometteuses. Le talent peut faire l'objet de généralisations, mais le génie et la créativité échappent à toute formule. D'ailleurs, quand on tente de dresser une liste des facteurs significatifs (l'hérédité, les circonstances, la formation précoce, un dynamisme exceptionnel, le climat social, la motivation), cela se révèle aussi banal que ces films hollywoodiens relatifs à de grandes réussites dans différents domaines de la créativité. Il est aussi sensé de dire que chaque génie est différent des autres et que c'est là que réside son génie, que de dire qu'une série de variables plus ou moins connues, quand elles sont associées à un concours de circonstances favorables, produiront des œuvres originales et des génies créateurs.

Néanmoins, en considérant les nombreuses caractéristiques de Picasso qui le rendent, lui (et son œuvre), si différent des autres artistes, nous pouvons peut-être trouver un dernier point d'appui à la question fondamentale qui a guidé cette enquête : la relation entre l'art de l'enfant et les grandes œuvres artistiques dues à des mains d'adultes. Chez Picasso, il est évident que nous voyons en jeu quantité d'éléments qui le séparent de l'enfant : son aisance technique perfectionnée, son aptitude à représenter presque instantanément l'image désirée, la capacité de concevoir un projet longtemps à l'avance et de le réaliser sur une longue période de temps. Il possède aussi une connaissance incomparable de ce qu'ont fait les autres artistes et de la manière dont ils l'ont fait ; de même qu'une conscience très vive des normes et pratiques en vigueur tant à son époque qu'antérieurement. Lorsqu'un artiste du calibre de Picasso viole l'une ou l'autre norme ou pratique, il est parfaitement conscient de cette violation et de ses résultats. Tant à cet égard qu'à d'autres, l'artiste adulte se démarque du jeune enfant.

En même temps, pourtant, Picasso nous rappelle les nombreux liens qui rattachent l'enfant moyen — a fortiori l'enfant doué — avec ce qui constitue l'essence même de l'art. Il y a le plaisir, la satisfaction intense qu'on éprouve à dessiner. Il y a l'inclination à ne pas tenir compte de ce que font les autres, de passer outre aux conventions, de mener ses propres idées, ses propres buts, de quelque façon que ce soit, à leurs conclusions graphiques. Il y a un sens intuitif de la forme et de l'équilibre. A un niveau plus profond, on trouve chez les deux groupes d'artistes une dimension affective très développée. En même temps que le jeune enfant retire une vive satisfaction psychologique en se livrant à l'exercice des arts, cela l'aide aussi à faire face à des problèmes émotifs: sentiments pressants, appréhensions, anxiétés et souhaits, qui ne sont nulle part plus clairement exprimés que dans les dessins. Ne voyons-nous pas que des phénomènes très semblables sont en jeu lorsque Picasso recourt à son mode d'expression préféré en vue de clarifier ses sentiments — leur forme aussi bien que leur contenu — pour lui-même et pour autrui?

On peut dire, en fait, que les œuvres créatrices sont pour l'artiste le moyen nécessaire de s'exprimer, de traduire des sentiments inexprimables d'une autre façon. Il se sent contraint d'extérioriser ses pensées et d'adopter pour ce faire, un mode d'expression donné. Et c'est ici que nous trouvons un lien direct et authentique avec le jeune enfant, car, encore incapable de s'exprimer mais déjà habité de sentiments très vifs, il recourt spontanément et avec un besoin pressant aux modes d'expression dont il dispose: le plus souvent et de façon très significative, au dessin.

Après avoir, pendant tant de pages, « penché » du côté de la dimension cognitive de l'artiste, il me faut à présent reconnaître la matrice affective de l'art, qui engage si puissamment et le jeune enfant et l'artiste doué. Un individu adulte s'est développé d'une manière encore inexistante pour l'enfant: il a vécu des expériences, des crises, connu des satisfactions inconnues de l'individu plus jeune. Dès lors, ses dessins peuvent refléter une profondeur de vie émotive inaccessible à l'enfant même le plus précoce, même à l'enfant en possession d'habiletés et automatismes graphiques bien développés. Les dessins des jeunes enfants peuvent nous charmer, nous séduire, nous émouvoir même, mais il est difficile de comprendre pourquoi l'œuvre d'art d'un individu pas encore adulte peut parvenir à nous toucher profondément. Et, ainsi que nous le rappellent les écrits de Otto Rank, c'est l'individu à la sensibilité la plus développée, à la personnalité la plus riche, qui a le plus de chances d'accéder au statut d'artiste, de réaliser des œuvres susceptibles d'être appréciées par un large public.

Une voix qui aspire à se faire entendre, de solides connaissances techniques, une personnalité riche: ce sont là des conditions nécessaires, mais aucune ne peut remplacer l'aspect le plus fondamental de tout art, à savoir le sens de la forme dans laquelle sentiments et savoir-faire technique doivent être «enveloppés». Les plus grandes œuvres, dans tous les domaines — de Shakespeare ou de Milton, de Beethoven ou de Stravinski, de Rembrandt ou de Picasso — se distinguent surtout par leur sens de l'organisation, ce sens foncier de la forme ou de la composition, où tous les éléments résonnent entre eux et se valorisent mutuellement. L'orchestration, la planification, les astuces, les trompe-l'œil, l'intelligence, l'esprit, le génie contribuent tous à cette forme et, paradoxalement, plus grande et plus puissante est la réalisation, plus la forme semble naturelle et nécessaire.

Les artistes continuent de grandir et de se développer plus longtemps que la plupart des gens: à l'instar des juges et des philosophes, leurs visions leur servent jusqu'à la fin de leur vie. Plus ils travaillent et explorent leur mode d'expression, plus ils en découvrent intuitivement les possibilités, et plus aisément peuvent-ils intégrer des thèmes et des éléments qui, même dans une première ébauche, s'harmonisent. C'est précisément parce que ce sens de l'organisation et de la forme prend tant d'années pour s'épanouir, qu'il constitue intrinsèquement un phénomène de développement, phénomène qu'il est impossible d'accélérer ou d'imposer du dehors. En fait, il prend toute une vie pour se développer. C'est pourquoi les tentatives visant à découvrir des analogies entre les étapes du développement chez l'enfant et celles d'autres individus ou d'entités supra-individuelles peuvent sembler forcées. Et pourtant, en dépit des nombreuses années qui s'écoulent entre-temps, les analogies entre l'art de l'enfant et celui du maître méritent d'être prises en considération. Car c'est dans l'activité du jeune enfant — son sens préconscient de la forme; sa volonté d'explorer, de résoudre les problèmes qui surgissent, son aptitude à prendre des risques, ses besoins affectifs cherchant un exutoire dans le domaine symbolique — que se trouvent en germes les plus grandes réalisations artistiques.

Références bibliographiques

Page
19-20   Citations de Töpffer et Baudelaire, extraites de l'étude de Meyer Shapiro: «Courbet et l'imagerie populaire», parue dans *Modern Art* (New York: Braziller, 1978), pp. 61-63.
19-21   Sur l'historique de l'intérêt porté aux œuvres artistiques enfantines, voir (entre autres) H. Read, *Education through art* (New York: Pantheon, n.d.); L. Chapman, *Approaches to art in education* (New York: Harcourt, Brace, 1978); et L. Chapman, *Children's development in art: A survey* (manuscrit non publié, Cincinnati, Ohio, 1977).
19   Ce commentaire de Picasso est cité par F. Meredieu dans *Le dessin d'enfant* (Paris: Editions universitaires Jean-Pierre de Large, 1974), p. 13.
19-20   Les observations de Malraux sont tirées de *The Voices of Silence* (Garden City: Doubleday, 1953), pp. 280, 285, 286 et 287.
20   L'observation de Nancy Smith se trouve dans un article, «Creativity and aesthetics in the paintings of children and artists», dans *The Creative process*, C.S. Winsor (ed.), (New York: Bank Street College of Education, 1976), p. 44.
20   La réflexion de Montessori est citée par H. Read dans *Education through art* (New York: Pantheon, n.d.), p. 114.
20   On trouve les observations de Klee dans *The issue of childhood in the art of Paul Klee* de O.K. Werckmeister, p. 146.
21   J'ai eu connaissance de l'œuvre de Caroto et de l'enfant à l'ardoise lors d'un échange de points de vue repris dans B. Lark-Horovitz, H. Lewis et M. Luca, *Understanding children's art for better teaching*, deuxième édition (Columbus, Ohio: Charles F. Merrill, 1973), p. 4.
21   Sur l'attitude générale envers les enfants dans les temps anciens, voir P. Aries, *Centuries of childhood* (Londres: Jonathan Cape, 1962).
21   Parmi les premiers à avoir étudié les dessins d'enfants, on trouve G. Kerchensteiner (1905), C. Ricci (1887), G. Luquet (1913), et F. Cisek (1912).
24   A titre d'exemple d'une description complètement neutre des dessins d'enfants, voir A. Gesell, *The First five years of life* (New York: Harper & Row, 1940).

Page	
	On trouve une approche nettement affective chez R. Alschuler et L. Hattwick, *Painting and personality: A study of young children*, édition revue et corrigée (Chicago: University of Chicago Press, 1969). Un point de vue cognitif s'exprime dans les écrits de G. Luquet, *Les dessins enfantins* (Paris: Alcan, 1927).
25	La première citation («les dessins d'enfants...») est tirée de J. Goodnow, *Children's drawing* (Cambridge: Harvard University Press, 1977). La seconde citation («L'enfant qui n'a pas accès...») est tirée de Jean Houston, signalée dans R. Williams, «Why children should draw», *Saturday Review*, 3 septembre 1977, p. 14.
27	Sur le langage figuré, voir H. Gardner, E. Winner, R. Bechhofer et D. Wolf, «The development of figurative language», dans K. Nelson (ed.), *Children's language* (New York: Gardner Press, 1978), vol. I.
33	Sur le répertoire des conduites du nourrisson, voir H. Gardner, *Developmental Psychology* (Boston: Little, Brown, 1978), chap. 3.
39	Sur les études microgénétiques, voir H. Werner, *Comparative psychology of mental development* (New York: Science Books, 1961).
47	Le monologue de Anthony Weir a paru dans R. Weir, *Language in the crib* (The Hague: Mouton, 1962), pp. 138-39.
54	Les rêves du patient de Jung sont décrits dans *Psychology and religion* (New Haven: Yale University Press, 1960), pp. 70 et 89. Les commentaires de Jung se trouvent aux pages 81, 87-88 et 96.
56	La description que fait Kellog, du dessin chez les enfants, a paru dans *Analyzing children's art* (Palo Alto, Calif.: National Press Books, 1969).
59	Sur l'importance des contraires dans les premières activités cognitives de l'enfant, voir R. Jakobson, *Child language, aphasia, and phonological universals* (The Hague: Mouton, 1968).
63	Sur les 'patterners' et les 'dramaturges', voir D. Wolf et H. Gardner, «Style and sequence in symbolic play», dans N. Smith et M. Franklin (eds), *Symbolic functioning in childhood* (Hillsdale, N.J.: Erlbaum Press, 1979).
67	Les dessins de Moja sont décrits dans A.R. Gardner et B.T. Gardner, «Comparative psychology and language acquisition», dans K. Salzinger et F. Denmark (eds), *Psychology the state of the art*, p. 50.
67	Les réflexions de Desmond Morris ont paru dans *The Biology of art* (Chicago: Aldine Atherton, 1967).
72	L'expérience de Lewis est décrite dans M. Lewis et L. Rosenbaum (eds), *The origins of fear* (New York: Wiley, 1975).
72	Sur l'apparition de la capacité d'appréhender les symboles, voir H. Werner et B. Kaplan (ed.), Symbol formation (New York: Wiley, 1967); et D. Wolf (ed.), «Early symbolization», *New Directions for Child Development*, 1979, *3*.
75	Sur l'acquisition du langage, voir L. Bloom, *One word at a time: the use of single word utterance before syntax* (The Hague: Mouton, 1973).
78	Sur les figures de têtards, voir R. Hoffmann, «The bonhomme têtard: A developmental stage in human figure drawing» (communication présentée à la Société Jean Piaget, Philadelphie, juin 1976); et R. Arnheim, *Art and visual perception: The new version* (Berkeley: University of California Press, 1974), chap. 4.
80	Les constatations de C. Golomb ont paru dans *Young children's sculpture and drawing: A study in representational development* (Cambridge, Mas.: Harvard University Press, 1974).
80	Freeman fait état de ses constatations dans «How young children try to plan drawings», dans G. Butterworth (ed.), *The child's representation of the world* (New York: Plenum, 1977).
84	Sur la tendance des enfants à classifier les objets suivant un certain niveau de généralité, voir E. Rosch, C.B. Mervis, W.D. Gray, D.M. Johnson, et P.

Page	
	Boyes-Braem, « Basic objects in natural categories », *Cognitive Psychology*, 1976, *8*, pp. 383-439.
88	L'expérience initiale de Clark a été exposée dans A.B. Clark, « The child's attitude toward perspective problems », *Studies in Education* (Stanford University, 1896-97), pp. 283-94. La même expérience refaite par Lewis en 1971 est exposée dans B. Lark-Horowitz et al., *Understanding children's art*, p. 104.
89	Sur les ressemblances entre les solutions enfantines et celles que l'on trouve dans les cultures antérieures à l'écriture, voir L. Adam, *Primitive Art* (Hardmondsworth, Angleterre : Penguin, 1949) ; et F. Boas, *Primitive Art* (New York : Free Press, 1965).
92	Deux bonnes sources sur les dessins s'écartant de la norme sont : J. Di Leo, *Young children and their drawings* (New York : Brunner/Mazel, 1970), et J. Di Leo, *Children's drawings as diagnostic aids* (New York : Brunner/Mazel, 1973).
114	Les œuvres de Ed Emberley ont paru dans *Make a world* (Boston : Little, Brown, 1972).
122	Sur la synesthésie enfantine, voir H. Gardner, *The arts and human development* (New York : Wiley, 1973), chap. 4 et les références qui y sont citées.
140	Sur les filles et les chevaux, voir S. Fein, *Heidi's horse* (Pleasant Hills, Calif. : Exelrod Press, 1976).
159	Les critères esthétiques de Nelson Goodman sont exposés dans *Language of art* (Indianapolis : Bobbs-Merrill, 1968).
159	L'expérience de Carothers est décrite dans T. Carothers et H. Gardner, « When children's drawings become works of art », *Developmental Psychology*, 1979.
162-63	La recherche de Diana Korzenik est relatée dans « Children's drawings : changes in representation between the ages of five and seven » (thèse de doctorat non publiée, Harvard Graduate School of Education, 1972).
167	La citation de Picasso se trouve dans F. de Meredieu, *Le dessin d'enfant* (Paris : Editions universitaires Jean-Pierre de Large, 1974), p. 13. La citation de Malraux est extraite de *The voices of silence* (Garden City : Doubleday, 1953), p. 285.
173	Sur le souci de la représentation la plus fidèle possible et ses dangers, voir J. Silverman, E. Winner, et H. Gardner, « On going beyond the literal : The development of sensitivity to artistic symbols », *Semiotica*, 1976, *18*, pp. 291-312 ; V. Lowenfeld et W. Brittain, *Creative and mental growth* (New York : Macmillan, 1970) ; et H. Read, *Education through art* (New York : Pantheon, n.d.).
175	Sur la façon d'envisager la représentation exacte, voir H. Gardner, « Unfolding or training : On the optimal approach to art education », in E. Eisner (ed.), *The arts, human development, and education* (Berkeley, Calif. : McCutchan Publishing Co., 1976).
175	A propos de « l'affadissement », voir S.W. Ives, J. Silverman, H. Kelly et H. Gardner, « Artistic development in the early school years : A cross-media study of storytelling, drawing and clay modelling », *Harvard Project Zero Technical Report* n° *8*, 1979.
176	Sur le souci d'exactitude dans le langage, voir H. Gardner, E. Winner, R. Bechofer et D. Wolf, « The development of figurative language », in K. Nelson (ed.), *Children's language* (New York : Gardner Press, 1978).
178	Sur les troubles de la latéralité et les problèmes d'apprentissage concomitants, voir S. Witelson, « Neural and cognitive correlates of developmental dyslexia : Age and sex differences », in C. Shagass et al. (eds), *Psychopathology and brain dysfunction* (New York : Raven Press, 1977).
178	On peut trouver la citation de R. Alschuler et L. Hattwick dans leur *Painting*

Page	
	and personality: A study of young children, édition revue et corrigée (Chicago: University of Chicago Press, 1969), p. 9.
181	Sur l'apprentissage de l'écriture, voir E. Ferreiro, « Vers une théorie génétique de l'apprentissage de la lecture », *Schweizerische Zeitschrift für Psychologie und ihre Anwendungen*, 1977, *36*, pp. 109-30.
182	La recherche sur les trains a paru dans G. Hildreth, *The child mind in evolution* (New York: Kings Crown Press, 1941).
184	Sur l'apprentissage des conventions utilisées en dessin, voir J. Goodnow, *Children drawing* (Cambridge, Mass.: Harvard University Press, 1977).
186	L'information relative au dessin dans différentes cultures provient d'une conversation que j'ai eue avec le professeur Alexander Alland de l'Université Columbia, le 22 novembre 1978.
190	Les remarques de Leondar se trouvent dans son article « The arts in alternative schools », *Journal of Aesthetic Education*, 1971, *5*, p. 80.
196	La citation de Quentin Bell se trouve dans B. Wilson et M. Wilson, « An iconoclastic view of the imagery sources in the drawings of young people », *Art Education*, 1977, *30*, pp. 5-11.
198	V. Lowenfeld, *Creative and Mental Growth* (New York: Macmillan, 1947).
198	Les réflexions de E.H. Gombrich sont extraites de *Art and illusion* (New York: Pantheon, 1960).
199	La position des Wilson est exposée dans leur article « An iconoclastic view... » cité plus haut.
200	La recherche égyptienne est décrite dans B. Wilson et M. Wilson, « Cognicomics, art learning, and art teaching », communication présentée à la National Art Education Association, Houston, Texas, mars 1978.
201	La recherche faite à l'Université Stirling est relatée dans W. Phillips, S.B. Hobbs, et F.R. Pratt, « Intellectual realism in children's drawings of cubes », *Cognition*, 1978, *6*, pp. 15-33.
204	Ce patient inhabituel constitue le sujet d'une étude de cas: W. Wapner, T. Judd, et H. Gardner, « Visual agnosia in an artist », *Cortex*, 1978, *14*, pp. 343-64.
208	La citation de Alexander Marshack est extraite de sa brochure *Ice age art* (New York: American Museum of Natural History, 1978). On trouvera de plus amples renseignements sur l'art paléolithique dans B. Rensberger, « The world's oldest works of art », *New York Times Magazine*, 21 mai 1978, pp. 27-42; et A. Marshack, « The art and symbols of ice age man », *Human Nature*, septembre 1978, pp. 32-41.
210	Sur l'autisme infantile, on trouvera des renseignements précieux dans l'ouvrage de Bernard Rimland *Infantile autism* (New York: Appleton-Century, 1964).
211	Depuis la publication de *Nadia*, Clara Park a signalé d'autres exemples d'artistes autistiques précoces. Voir sa critique de *Nadia* dans *Journal of autism and Childhood Schizophrenia*, 1978, *8*, pp. 457-72.
214	La citation sur Nadia est extraite d'une étude de E. Newson, dans G. Butterworth (ed.), *The child's representation of the world* (New York: Plenum, 1977). D'autres indications ont paru dans L. Selfe, *Nadia: A case of extraordinary drawing ability in an autistic child* (New York: Academic Press, 1977).
221	On trouvera les remarques de William Hogarth au sujet de l'entrainement de la mémoire visuelle dans H. Read, *Education through art* (New York: Pantheon, n.d.), p. 42.
241	Leo Steinberg fait une excellence analyse de *La Dernière Cène* dans « Leonardo's Last Supper », *The Art Quarterly*, 1973, *36*, pp. 297-410.
243-44	Les passages extraits des carnets de Léonard se trouvent dans *The notebooks*

Page	
	of Leonardo da Vinci, publié par Pamela Taylor (New York: Mentor, 1960), pp. 30-32, 28, 53, 63, 74 et 62.
248	Je suis redevable à Thomas Carothers pour son compte rendu incisif de l'exposition tenue au Musée National d'Israël au cours de l'hiver 1979, et à Elen Winner pour ses commentaires additionnels.
249	La recherche de John Willat est relatée dans «How children learn to draw realistic pictures», *Quarterly Journal of Experimental Psychology*, 1977, *29*, pp. 367-682; et dans «How children learn to represent three-dimensional space in drawings», G. Butterworth (ed.), (New York: Plenum, 1977).
254	On peut voir les caricatures de visages de Töppfer dans son «Essai de physiognomonie», analysé par E.H. Gombrich dans *Art and illusion* (New York: Bollingen Foundation, 1960), pp. 339-41.
254-61	Les œuvres de jeunesse de Picasso ont été rééditées par Juan-Eduardo Cirlot (ed.), Picasso: *Birth of a genius* (New York: Praeger, 1972). Les œuvres de jeunesse de Klee ont paru dans J. Glaesemer (ed.), *Paul Klee: Handzeichnungen I. Kindheit* (Berne: Kunstmuseum, 1973).
265	La recherche de J. Getzels et M. Csikszentmihalyi fait l'objet de leur ouvrage *The creative vision* (New York: Wiley, 1976). La citation se trouve à la page 224.
297	Les thèses de Otto Rank sont exposées dans son ouvrage *Art and Artist* (New York: Knopf, 1932).
287	Suzi Gablik présente sa thèse dans *Progress in art* (New York: Rizzoli, 1976); les citations se trouvent aux pages 154, 45, et 12.
289	L'œuvre maîtresse de Henry Schaefer-Simmern est *The unfolding of artistic activity* (Berkeley: University of California Press, 1948); ses commentaires se trouvent à la page 8.
292	Voir Karl Popper, *The open society and its enemies* (Princeton: Princeton University Press, 1966), et *The poverty of historicism* (New York: Harper & Row, 1977).
296	La citation de Christopher Alexander est extraite de son article «The origin of creative power in children», *British Journal of Aesthetics*, 1962, *2*, pp. 207-26.
299	La remarque de Picasso est citée dans Rudolf Arnheim *The genesis of a painting: Picasso's Guernica* (Berkeley: University of California Press, 1962), p. 31; les autres citations de Arnheim se trouvent aux pages 30, 80-81, 131-134.
302	La réflexion de Saul Steinberg a paru dans le *New York Times* du 16 avril 1978, p. 48.
304	Sur les thèses de Otto Rank, voir la référence du chapitre 8, p. 267.

Index des auteurs et des artistes

Alexander, Christopher, 296
Alland, Alexander, 186-87
Alschuler, Rose, 178
Aristote, 245
Arnheim, Rudolf, 59, 78, 80, 106, 203, 290, 299-300, 302
Baudelaire, Charles, 19
Beethoven, Ludwig van, 301, 305
Bell, Quentin, 196, 198
Braque, Georges, 263
Britsch, Gustaf, 59, 292
Carothers, Thomas, 159-164
Caroto, Giovanni Francesco, 21
Castagno, Andrea del, 242
Cimabue, 289
Clark, Arthur B., 88
Constable, John, 13
Crumb, R., 273
Csikszentmihalyi, Mihaly, 265-266
Darwin, Charles, 245
de Kooning, Willem, 155, 157, 158
Dostoïevski, Fiodor, 301
Dubuffet, Jean, 19
Dürer, Albrecht, 194-195
Einstein, Albert, 245
Emberley, Ed, 114-115
Frankenthaler, Helen, 155
Freeman, Norman, 80-81
Freud, Sigmund, 53, 178, 266, 292
Gablik, Suzi, 287-289, 295, 298
Gardner, Beatrice et R.A., 67-69
Gérôme, Jean-Léon, 28
Getzels, Jacob, 265-266
Giotto, 289
Golomb, Claire, 80
Gombrich, E.H., 196, 198
Goodman, Nelson, 159
Gottlieb, Adolph, 155-157
Hals, Frans, 273
Hildreth, Gertrude, 182
Hirschfeld, Albert, 184
Hogarth, William, 221
Holbein, Hans, 235
Ingres, Jean-Auguste Dominique, 13
Jansem, Jean Léon, 273
Judd, Don, 293
Jung, Carl Gustav, 53-56
Kanner, Leo, 210
Kant, Emmanuel, 245

Kellog, Rhoda, 53, 56, 58, 73, 187, 290
Klee, Paul, 15, 19-20, 166, 220, 253, 260-261
Korzenik, Diana, 162-164, 167
LaBerta, Hattwick, 178
Léonard de Vinci, 231, 241-246, 252, 266, 268, 288, 289, 292
Leondar, Barbara, 190
Lewis, Hilda, 89
Lewis, Michael, 72
Malevich, Kazimir, 13
Malraux, André, 19-20, 167
Marshack, Alexander, 208
Martin, Don, 273
Martini, Simone, 196
Michel-Ange, 19
Millet, Jean-François, 13
Milton, John, 305
Miró, Joan, 15, 106, 166
Mondrian, Piet, 19, 263
Montessori, Maria, 20
Morris, Desmond, 67
Nadia, 15, 18, 26, 207, 210-218
Newton, Isaac, 245
Pariser, David, 194-195, 201, 210, 216
Piaget, Jean, 287-289, 292
Picasso, Pablo, 15, 19, 52, 128-129, 164, 166, 229, 253-259, 263, 273, 298, 305
Pollock, Jackson, 15-16
Rank, Otto, 267, 304
Raphaël, 19, 167, 196
Rembrandt, 289, 305
Riegl, Alois, 292
Rousseau, Jean-Jacques, 21
Schaefer-Simmern, Henry, 59, 289-295, 297-298
Selfe, Lorna, 214, 216
Shakespeare, William, 305
Smith, Nancy, 20
Socrate, 245
Stravinski, Igor, 305
Szep, Paul, 228
Tolkien, J.R.R., 223
Töpffer, Rodolphe, 19, 253
Uccello, Paolo, 15, 18, 19
van Doesburg, Theo, 13, 14
Willats, John, 249-252
Wilson, Brent et Marjorie, 199-200, 203

Index des sujets

Adolescence, 245-48, 262-64, 267-86
Aggrégats, 58
Agnosie visuelle, 204.
Agression, 137-38
Apprentissage (difficultés), 178
Argile, 75
Art abstrait, 15, 155-59, 230, 253, 263-64
Art africain, 295
Art préhistorique, 207
Art primitif, 198
Art et affectivité, 304; définition, 158; développement, 122, 268; évolution, 287; formation artistique, 198
Autisme infantile, 210

Bali, 187
Ballon, 73, 77
Bandes dessinées, 125, 138, 184, 226, 280
Blocs, 75, 121
Bonhomme (test), 177
Bras, 92

Caricatures, 226, 229
Carrés, 55, 77
Catégories, 84, 85
Cercles, 40, 42, 98
Cerveau (lésion), 29, 67-69, 158; dominance, 177, 220
Chant, 26, 45, 121
Chevaux, 140, 154, 212-13
Chimpanzé (art), 28, 67-69, 158

Cognitif (développement), 245
Combinaisons (Kellog), 58, 75
Composition, 106, 142, 143, 145, 167; importance, 305; *Dernière Cène* de Vinci, 242-43
Contes de fée, 59, 139
Contrastes maximums, 59
Conventions, 86, 214
Copiage, 193-207, 220-21; dans l'art de Nadia, 210-17; personnages, 223-27
Couleur, 247
Culture, 186
Cubisme, 288, 294

Danse, 26, 121
Dernière Cène, 241
Dessins d'enfants et développement, 14; histoire de l'intérêt, 19, 21; signification, 140; figuratif, 78; motifs, 232
Développement affectif, 24, 33, 304-305; cognitif, 25, 245, 247

Ecoles alternatives, 190
Ecritures, 181
Education artistique, 198
Egypte, 200
Eidétique (imagerie), 214
Espaces clos, 101
Etape opératoire concrète, 287
Expressivité, 117, 155

Figuratif (dessin), 81
Figures humaines, 77
Formes géométriques, 32, 36

Glaise, 76-77
Graffiti, 19
Gribouillages, 57, 97-99
Guernica, 298-304
Guerre des étoiles, 128-40

Héros, 124-30
Harvard (Université), 159

Imagerie éidétique, 214
Impressionnisme, 176, 255, 294
Influences culturelles, 186
Israël (Musée National), 248

Japon, 187-88
Jeu symbolique, 85

Langage, 59, 75, 176
Lascaux, 207

Mad Magazine, 273
Maisons, 82, 234, 235
Mandala, 38, 58, 70, 74, 101
Mass medias, 139, 199, 239
Mathématiques, 211, 288
Métaphore, 27-28
Microgenèse, 39, 49
Minoen, 21-22
Modelage, 75
Modèles, 203
Motifs, 72, 201
Musée National d'Israël, 248
Musique et autisme, 75, 85
Mythes, 139

Naïfs, 20, 29
Nadia, 15, 18, 210-220
New York (Ecole de), 263
Nourrissons, 71-72
Nouveau Réalisme, 263

Op'art, 263
Opposés, 59
Ordinateur, 211
Organisation spatiale, 105

Paléolithique (art), 207
Patterners, 63
Peinture et personnalité, 265, 267, 305
Personnalité, 247
Perspective, 186, 241, 243-44, 249
Plénitude, 159
Poèmes, 121, 141, 144
Pop art, 263
Portraits, 262, 273

QI (tests), 177
Quaternité, 56

Réalisme, 189
Relations interpersonnelles, 139
Religion, 55-56
Renaissance, 241, 243, 261
Répétition, 82
Retard mental, 92, 211
Rêves, 53-55
Russie soviétique, 189

Saveur, 172
Schémas, 32
Schèmes, 32
Seigneur des anneaux, 233
Sensibilité esthétique, 159-62
Soleil, 74
Star Wars, 128-40
Super-héros, 123
Symboles, 73, 75, 81, 85, 159, 181, 245
Symbolique (jeu), 26
Symétrie, 166
Synesthésie, 122

Taïwan, 187
Talent, 189
Teacher's College, 182
Télévision, 123
Test du bonhomme, 177; d'intelligence, 177
Têtards, 79, 80, 81, 92
Trains, 178
Transparents (dessins), 88
Triangles, 57
Trinité, 56
Trois musiciens, 128-29

Violence, 137-38
Visages, 48, 79, 105

Washoe (chimpanzé), 66

Table des matières

Remerciements 7

Chapitre 1. - Introduction : l'examen des dessins d'enfants 13

Chapitre 2. - Premiers gribouillages 31

Premier intermède. - L'évolution du gribouillage 39

Chapitre 3. - La romance des formes 53

Chapitre 4. - Les têtards en tant que choses 71

Deuxième intermède. - Etapes vers une maison de poupée 95

Chapitre 5. - Les dessins d'enfants comme œuvres d'art 117

Chapitre 6. - En marche vers le réalisme 169

Chapitre 7. - Copier ou ne pas copier 193

Troisième intermède. - La création de personnages 223

Chapitre 8. - Perspectives personnelles 241

Quatrième intermède. - Portrait d'un artiste adolescent 269

Chapitre 9. - Prolongements 287

Références bibliographiques 307

Index des auteurs et des artistes 313

Index des sujets 315

CHEZ LE MÊME ÉDITEUR

PSYCHOLOGIE ET SCIENCES HUMAINES
collection publiée sous la direction de MARC RICHELLE

1. Dr Paul Chauchard : LA MAITRISE DE SOI. 9ᵉ éd.
7. Paul-A. Osterrieth : FAIRE DES ADULTES. 16ᵉ éd.
9. Daniel Widlöcher : L'INTERPRETATION DES DESSINS D'ENFANTS. 9ᵉ éd.
11. Berthe Reymond-Rivier : LE DEVELOPPEMENT SOCIAL DE L'ENFANT ET DE L'ADOLESCENT. 9ᵉ éd.
22. H. T. Klinkhamer-Steketée : PSYCHOTHERAPIE PAR LE JEU. 3ᵉ éd.
24. Marc Richelle : POURQUOI LES PSYCHOLOGUES? 6ᵉ éd.
25. Lucien Israel : LE MEDECIN FACE AU MALADE. 5ᵉ éd.
26. Francine Robaye-Geelen : L'ENFANT AU CERVEAU BLESSE. 2ᵉ éd.
27. B.F. Skinner : LA REVOLUTION SCIENTIFIQUE DE L'ENSEIGNEMENT. 3ᵉ éd.
29. J.C. Ruwet : ETHOLOGIE : BIOLOGIE DU COMPORTEMENT. 3ᵉ éd.
38. B.-F. Skinner : L'ANALYSE EXPERIMENTALE DU COMPORTEMENT. 2ᵉ éd.
40. R. Droz et M. Rahmy : LIRE PIAGET. 3ᵉ éd.
42. Denis Szabo, Denis Gagné, Alice Parizeau : L'ADOLESCENT ET LA SOCIETE. 2ᵉ éd.
43. Pierre Oléron : LANGAGE ET DEVELOPPEMENT MENTAL. 2ᵉ éd.
45. Gertrud L. Wyatt : LA RELATION MERE-ENFANT ET L'ACQUISITION DU LANGAGE. 2ᵉ éd.
49. T. Ayllon et N. Azrin : TRAITEMENT COMPORTEMENTAL EN INSTITUTION PSYCHIATRIQUE
52. G. Kellens : BANQUEROUTE ET BANQUEROUTIERS
55. Alain Lieury : LA MEMOIRE
58. Jean-Marie Paisse : L'UNIVERS SYMBOLIQUE DE L'ENFANT ARRIERE MENTAL
59. Jacques Van Rillaer : L'AGRESSIVITE HUMAINE
61. Jérôme Kagan : COMPRENDRE L'ENFANT
62. Michel S. Gazzaniga : LE CERVEAU DEDOUBLE
64. X. Seron, J.L. Lambert, M. Van der Linden : LA MODIFICATION DU COMPORTEMENT
65. W. Huber : INTRODUCTION A LA PSYCHOLOGIE DE LA PERSONNALITE. 2ᵉ éd.
66. Emile Meurice : PSYCHIATRIE ET VIE SOCIALE
67. J. Château, H. Gratiot-Alphandéry, R. Doron et P. Cazayus : LES GRANDES PSYCHOLOGIES MODERNES
68. P. Sifnéos : PSYCHOTHERAPIE BREVE ET CRISE EMOTIONNELLE
69. Marc Richelle : B.F. SKINNER OU LE PERIL BEHAVIORISTE
70. J.P. Bronckart : THEORIES DU LANGAGE
71. Anika Lemaire : JACQUES LACAN. 2ᵉ éd. revue et augmentée.
72. J.L. Lambert : INTRODUCTION A L'ARRIERATION MENTALE
73. T.G.R. Bower : DEVELOPPEMENT PSYCHOLOGIQUE DE LA PREMIERE ENFANCE
74. J. Rondal : LANGAGE ET EDUCATION
75. Sheila Kitzinger : PREPARER A L'ACCOUCHEMENT
76. Ovide Fontaine : INTRODUCTION AUX THERAPIES COMPORTEMENTALES
77. Jacques-Philippe Leyens : PSYCHOLOGIE SOCIALE. 2ᵉ éd.
78. Jean Rondal : VOTRE ENFANT APPREND A PARLER
79. Michel Legrand : LE TEST DE SZONDI
80. H.J. Eysenck : LA NEVROSE ET VOUS
81. Albert Demaret : ETHOLOGIE ET PSYCHIATRIE
82. Jean-Luc Lambert et Jean A. Rondal : LE MONGOLISME
83. Albert Bandura : L'APPRENTISSAGE SOCIAL
84. Xavier Seron : APHASIE ET NEUROPSYCHOLOGIE
85. Roger Rondeau : LES GROUPES EN CRISE?

86 J. Danset-Léger : L'ENFANT ET LES IMAGES DE LA LITTERATURE ENFANTINE
87 Herbert S. Terrace : NIM. UN CHIMPANZE QUI A APPRIS LE LANGAGE GESTUEL
88 Roger Gilbert : BON POUR ENSEIGNER?
89 Wing, Cooper et Sartorius : GUIDE POUR UN EXAMEN PSYCHIATRIQUE
90 Jean Costermans : PSYCHOLOGIE DU LANGAGE
91 Françoise Macar : LE TEMPS, PERSPECTIVES PSYCHOPHYSIOLOGIQUES
92 Jacques Van Rillaer : LES ILLUSIONS DE LA PSYCHANALYSE. 2ᵉ éd.
93 Alain Lieury : LES PROCEDES MNEMOTECHNIQUES
94 Georges Thinès : PHENOMENOLOGIE ET SCIENCE DU COMPORTEMENT
95 Rudolph Schaffer : COMPORTEMENT MATERNEL
96 Daniel Stern : MERE ET ENFANT, LES PREMIERES RELATIONS
97 R. Kempe & C. Kempe : L'ENFANCE TORTUREE
98 Jean-Luc Lambert : ENSEIGNEMENT SPECIAL ET HANDICAP MENTAL
99 Jean Morval : INTRODUCTION A LA PSYCHOLOGIE DE L'ENVIRONNEMENT
100 Pierre Oleron et al. : SAVOIRS ET SAVOIR-FAIRE PSYCHOLOGIQUES CHEZ L'ENFANT
101 Bernard I. Murstein : STYLES DE VIE INTIME
102 Rondal/Lambert/Chipman : PSYCHOLINGUISTIQUE ET HANDICAP MENTAL
103 Brédart/Rondal : L'ANALYSE DU LANGAGE CHEZ L'ENFANT
104 David Malan : PSYCHODYNAMIQUE ET PSYCHOTHERAPIE INDIVIDUELLE
105 Philippe Muller : WAGNER PAR SES REVES
106 John Eccles : LE MYSTERE HUMAIN
107 Xavier Seron : REEDUQUER LE CERVEAU
108 Moreau/Richelle : L'ACQUISITION DU LANGAGE
109 Georges Nizard : ANALYSE TRANSACTIONNELLE ET SOIN INFIRMIER
110 Howard Gardner : GRIBOUILLAGES ET DESSINS D'ENFANTS, LEUR SIGNIFICATION
111 Wilson/Otto : LA FEMME MODERNE ET L'ALCOOL
112 Edwards : DESSINER GRACE AU CERVEAU DROIT
113 Rondal : L'INTERACTION ADULTE-ENFANT
114 Blancheteau : L'APPRENTISSAGE CHEZ L'ANIMAL
115 Boutin : FORMATION ET DEVELOPPEMENTS
116 Húsen : L'ECOLE EN QUESTION
117 Ferrero/Besse : L'ENFANT ET SES COMPLEXES
118 R. Bruyer : LE VISAGE ET L'EXPRESSION FACIALE
119 J.P. Leyens : SOMMES-NOUS TOUS DES PSYCHOLOGUES?
120 J. Château : L'INTELLIGENCE OU LES INTELLIGENCES?
121 M. Claes : L'EXPERIENCE ADOLESCENTE
122 J. Hayes et P. Nutman : COMPRENDRE LES CHOMEURS
123 S. Sturdivant : LES FEMMES ET LA PSYCHOTHERAPIE
124 A. Pomerleau et G. Malcuit : L'ENFANT ET SON ENVIRONNEMENT
125 A. Van Hout et X. Seron : L'APHASIE DE L'ENFANT
126 A. Vergote : RELIGION, FOI, INCROYANCE
127 Sivadon/Fernandez-Zoïla : TEMPS DE TRAVAIL, TEMPS DE VIVRE
128 Born : JEUNES DEVIANTS OU DELINQUANTS JUVENILES?
129 Hamers/Blanc : BILINGUALITE ET BILINGUISME
130 Legrand : PSYCHANALYSE, SCIENCE, SOCIETE
131 Le Camus : PRATIQUES PSYCHOMOTRICES
132 Lars Fredén : ASPECTS PSYCHOSOCIAUX DE LA DEPRESSION
133 Mount : LA FAMILLE SUBVERSIVE
134 Magerotte : MANUEL D'EDUCATION COMPORTEMENTALE CLINIQUE
135 Dailly/Moscato : LATERALISATION ET LATERALITE CHEZ L'ENFANT
136 Bonnet/Tamine-Gardes : QUAND L'ENFANT PARLE DU LANGAGE
137 Bruyer : LES SCIENCES HUMAINES ET LES DROITS DE L'HOMME

138 Taulelle : L'ENFANT A LA RENCONTRE DU LANGAGE
139 de Boucaud : PSYCHOLOGIE DE L'ENFANT ASTHMATIQUE
140 Duruz : NARCISSE EN QUETE DE SOI
141 Feyereisen/de Lannoy : PSYCHOLOGIE DU GESTE
142 Florin et al. : LE LANGAGE A L'ECOLE MATERNELLE
143 Debuyst : MODELE ETHOLOGIQUE ET CRIMINOLOGIE
144 Ashton/Stepney : FUMER
145 Winkel et al. : L'IMAGE DE LA FEMME DANS LES LIVRES SCOLAIRES
146 Bideau/Richelle : PSYCHOLOGIE DEVELOPPEMENTALE
147 Schmid-Kitsikis : THEORIE CLINIQUE ET FONCTIONNEMENT MENTAL
148 Guggenbühl/Craig : POUVOIR ET RELATION D'AIDE
149 Rondal : LANGAGE ET COMMUNICATION CHEZ LES HANDICAPES MENTAUX
150 Moscato et al. : FONCTIONNEMENT COGNITIF ET INDIVIDUALITE
151 Château : L'HUMANISATION OU LES PREMIERS PAS DES VALEURS HUMAINES
152 Avery/Litwack : NEE TROP TOT
153 Rondal : LE DEVELOPPEMENT DU LANGAGE CHEZ L'ENFANT TRISOMIQUE 21
154 Kellens : QU'AS-TU FAIT DE TON FRERE?
155 Rondal/Henrot : LE LANGAGE DES SIGNES
156 Lafontaine : LE PARTI PRIS DES MOTS
157 Bonnet/Hoc/Tiberghien : AUTOMATIQUE, INTELLIGENCE ARTIFICIELLE ET PSYCHOLOGIE
158 Giovannini et al. : PSYCHOLOGIE ET SANTE
159 Wilmotte et al. : LE SUICIDE
160 Giurgea : L'HERITAGE DE PAVLOV
161 Ionescu : MANUEL D'INTERVENTION EN DEFICIENCE MENTALE N° 1
162 Ionescu : MANUEL D'INTERVENTION EN DEFICIENCE MENTALE N° 2
163 Pieraut-Le Bonniec : CONNAITRE ET LE DIRE
164 Huber : PSYCHOLOGIE CLINIQUE AUJOURD'HUI
165 Rondal et al. : PROBLEMES DE PSYCHOLINGUISTIQUE
166 Slukin : LE LIEN MATERNEL
167 Baudour : L'AMOUR CONDAMNE
168 Wilwerth : VISAGES DE LA LITTERATURE FEMININE
169 Edwards : VISION, DESSIN, CREATIVITE
170 Lutte : LIBERER L'ADOLESCENCE
171 Defays : L'ESPRIT EN FRICHE
172 Broome Walace : PSYCHOLOGIE ET PROBLEMES GYNECOLOGIQUES
173 Aimard : LES BEBES DE L'HUMOUR
174 Perruchet : LES AUTOMATISMES COGNITIFS
175 Bawin-Legros : FAMILLES, MARIAGE, DIVORCE
176 Pourtois/Desmet : EPISTEMOLOGIE ET INSTRUMENTATION EN SCIENCES HUMAINES
177 Sloboda : L'ESPRIT MUSICIEN
178 Fraisse : POUR LA PSYCHOLOGIE SCIENTIFIQUE
179 Ruffiot : PSYCHOLOGIE DU SIDA
180 McAdams/Deliège : LA MUSIQUE ET LES SCIENCES COGNITIVES
181 Argentin : QUAND FAIRE C'EST DIRE...
182 Van der Linden : LES TROUBLES DE LA MEMOIRE
183 Lecuyer : BEBES ASTRONOMES, BEBES PSYCHOLOGUES : L'INTELLIGENCE DE LA 1re ANNEE
184 Immelmann : DICTIONNAIRE DE L'ETHOLOGIE
185 Collectif : ACTEUR SOCIAL ET DELINQUANCE
186 Fontana : GERER LE STRESS
187 Bouchard : DE LA PHENOMENOLOGIE A LA PSYCHANALYSE
188 Chanceaulme : MOURIR, ULTIME TENDRESSE
189 Rivière : LA PSYCHOLOGIE DE VYGOTSKY

190 Lecoq : APPRENTISSAGE DE LA LECTURE ET DYSLEXIE
191 de Montmolin/Amalberti/Theureau : MODÈLES DE L'ANALYSE DU TRAVAIL
192 Minary : MODÈLES SYSTÉMIQUES ET PSYCHOLOGIE
193 Grégoire : ÉVALUER L'INTELLIGENCE DE L'ENFANT
194 Gommers/van den Bosch/de Aguilar : POUR UNE VIEILLESSE AUTONOME
195 Van Rillaer : LA GESTION DE SOI
196 Lecas : L'ATTENTION VISUELLE
197 Macquet : TOXICOMANIES ET FORMES DE LA VIE QUOTIDIENNE
198 Giurgea : LE VIEILLISSEMENT CÉRÉBRAL
199 Pillon : LA MÉMOIRE DES MOTS
200 Pouthas/Jouen : LES COMPORTEMENTS DU BÉBÉ : EXPRESSION DE SON SAVOIR ?
201 Montangero/Maurice-Naville : PIAGET OU L'INTELLIGENCE EN MARCHE
202 Colin A. Epsie : LE TRAITEMENT PSYCHOLOGIQUE DE L'INSOMNIE
203 Samalin-Amboise : VIVRE À DEUX
204 Bourhis/Leyens : STÉRÉOTYPES, DISCRIMINATION ET RELATIONS INTERGROUPES
205 Feltz/Lambert : ENTRE LE CORPS ET L'ESPRIT
206 Francès : MOTIVATION ET EFFICIENCE AU TRAVAIL
207 Houziaux : ÉDUCATION DU PATIENT ET ORDINATEUR
208 Roques : SORTIR DU CHÔMAGE
209 Bléandonu : L'ANALYSE DES RÊVES ET LE REGARD MENTAL
210 Born/Delville/Mercier/Snad/Beeckmans : LES ABUS SEXUELS D'ENFANTS
211 Siguan : L'EUROPE DES LANGUES
212 de Bonis : CONNAÎTRE LES ÉMOTIONS HUMAINES
213 Retschitzki/Gurtner : L'ENFANT ET L'ORDINATEUR
214 Leyens/Yzerbyt/Schadron : STÉRÉOTYPES ET COGNITION SOCIALE

Manuels et Traités

Droz-Richelle : MANUEL DE PSYCHOLOGIE
Hurtig-Rondal : MANUEL DE PSYCHOLOGIE DE L'ENFANT (Tome 1)
Hurtig-Rondal : MANUEL DE PSYCHOLOGIE DE L'ENFANT (Tome 2)
Hurtig-Rondal : MANUEL DE PSYCHOLOGIE DE L'ENFANT (Tome 3)
Rondal-Seron : LES TROUBLES DU LANGAGE (DIAGNOSTIC ET RÉÉDUCATION)
Fontaine/Cottraux/Ladouceur : CLINIQUES DE THERAPIE COMPORTEMENTALE
Godefroid : LES CHEMINS DE LA PSYCHOLOGIE